DER NATIONAL GEOGRAPHIC TRAVELER

ALASKA

DER NATIONAL GEOGRAPHIC TRAVELER

ALASKA

Bob Devine

Fotografien von Michael Melford

Inhalt

Seite 1: Bergsteigerin im Basislager am Mount McKinley
Seite 2: Im Prince William Sound unweit des Columbia Glacier
Page 4: Totempfahl im Totem Bight State Historical Park in Ketchikan

Benutzerhinweise

Text- und Kartensymbole auf der hinteren Umschlagklappe

Der NATIONAL-GEOGRAPHIC-Reiseführer vermitteln Ihnen das Beste von Alaska in Text, Bildern und Karten. Er ist in drei Hauptabschnitte unterteilt: Auf den ersten Abschnitt, der einen Überblick über Geschichte und Kultur liefert, folgen sieben Regionalkapitel mit den vom Autor ausgewählten Sehenswürdigkeiten. Jedes Kapitel hat ein eigenes Inhaltsverzeichnis. Eine Karte zu Beginn jedes Kapitels gibt einen Überblick über die beschriebenen Stätten. Detailkarten laden zu Entdeckungen mit dem Auto oder dem Boot ein.

Das letzte Kapitel listet Hotels, Restaurants, Geschäfte, Veranstaltungen und sportliche und andere Aktivitäten auf.

Wir haben uns bemüht, die Informationen über die Sehenswürdigkeiten auf den neuesten Stand zu bringen; trotzdem empfiehlt es sich, vorher anzurufen.

Die Karte in der vorderen Umschlaginnenseite zeigt den gesamten Staat Alaska, die Karte in der hinteren Umschlaginnenseite den Verlauf der Inside Passage.

158

Farbkodierung

Werfen Sie einen Blick auf die Karte auf der vorderen Umschlagklappe. Jede Region ist in einer anderen Farbe dargestellt. Das Farbleitsystem ermöglicht es Ihnen, sie sofort zu finden. Auch im Abschnitt **Reiseinformationen** sind die Regionen farbig kodiert.

McNeil River State Game Sanctuary
www.wildlife.alaska.gov/mcneil
151 F2
333 Raspberry Rd., Anchorage, AK 99518
907/267-2182
$$$$$ (*permit* für Auswärtige) plus Bewerbungsgebühr und Charterflug

Besucherinformation

Für jede wichtige Sehenswürdigkeit werden am Rand praktische Informationen geliefert (siehe Liste der Symbole auf der hinteren Umschlagklappe). Der Kartenhinweis nennt die Seite sowie die Koordinaten. Es folgen Anschrift, Telefonnummer, Öffnungszeiten und Eintrittsgebühr, gestaffelt nach $ (unter 5 US$) bis $$$$$ (über 25 US$). Informationen über weniger wichtige Stätten stehen im Text in Klammern und kursiv..

TRAVELWISE

ANCHORAGE UND MAT-SU — Farbkodierter Name der Region

ANCHORAGE — Ortsname

THE HISTORIC ANCHORAGE HOTEL $$$$ — Hotelname und Preiskategorie

330 E. ST.
TEL 907/272-4553 oder 800/544-0988
FAX 907/277-4483 — Adresse, Telefon und Faxnummer

www.historicanchoragehotel.com
Kleines Hotel in der Innenstadt mit großer Geschichte. Der beliebte Komiker Will Rogers und der Flugpionier Wiley Post übernachteten hier. Das Gebäude (1916) wurde hübsch renoviert: Die Möbel sind aus dunklem Kirschbaum, die Zimmer haben Internetanschluss und großformatige digitale Fernseher. — Kurze Beschreibung des Hotels

26
Alle gängigen Karten — Hotelangebote und akzeptierte Kreditkarten

Hotel- und Restaurantpreise

Eine Erklärung der Preiskategorien für Hotels und Restaurants finden Sie auf S. 242

Übersichtskarte

- Eine Übersichtskarte ergänzt jede Regionalkarte und zeigt die Lage der Region in Alaska
- Auf angrenzende Regionen wird mit Seitenverweisen aufmerksam gemacht

Touren mit dem Auto, Bootsfahrten

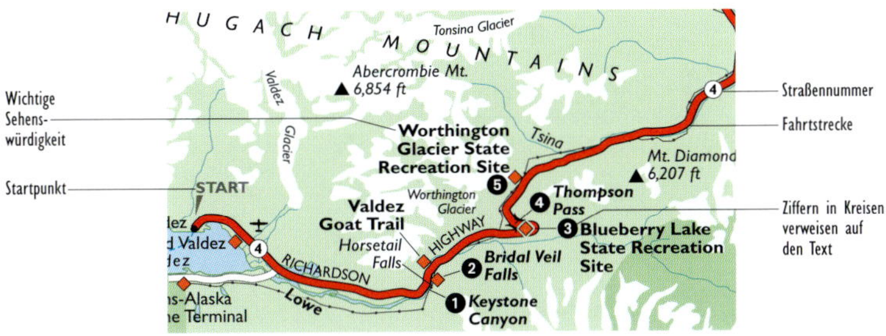

- Ein Kasten nennt Start- und Endpunkt, sehenswerte Orte sowie die Dauer und Länge der Strecke

DER NATIONAL GEOGRAPHIC TRAVELER

ALASKA

Über den Autor und den Fotografen

Bob Devine schreibt von seiner Heimat in Oregon aus über Umweltthemen, Naturkunde und Reisen. Sein letztes Buch ist *Bush Versus the Environment.* NATIONAL GEOGRAPHIC hat viele seiner Arbeiten veröffentlicht, u. a. *Guide to America's Outdoors: Western Canada* und *Alien Invasion:America's Battle with Non-native Animals and Plants.* Bob Devine reiste erstmals 1987 nach Alaska und kehrt seither immer wieder dorthin zurück.

Michael Melford ist ein angesehener Fotograf, der neben seinen sonstigen Aufträgen schon eine Reihe von Reisebänden bebildert hat. Seine preisgekrönten Arbeiten erschienen in vielen US-amerikanischen Publikationen, darunter auch *National Geographic Traveler, Travel and Leisure, Life, Fortune* und *Newsweek.* Er lebt mit seiner Familie in Mystic, Connecticut.

Geschichte und Kultur

Junge Tänzerin in traditioneller Tracht

Alaska heute

ALASKA – ALLEIN SCHON DER NAME WECKT DIE ASSOZIATION LEGENDÄRER Abgeschiedenheit, Freiheit und Abenteuer. Für viele Menschen ist Alaska mehr Mythos als Realität: eine ungezähmte Wildnis mit Grizzlys, Elchen und Wölfen. Alaska steht für dramatische Landschaften mit nackten Felswänden, nebelverhangenen Wäldern, windumtoster Tundra und Gletschern, die ins Meer kalben. Ein Land, in dem nur Eskimos und Pioniere auf Dauer leben können.

All diese Aspekte sind Teil von Alaska, doch das Bild, das sie zeichnen, ist so unvollständig, dass es in der Tat an Mythos und Legende grenzt. Auch in Alaska gibt es Espresso-Bars, Farmen, Luftwaffenstützpunkte, Kunstgalerien, Vier-Sterne-Restaurants, Sommertage mit 27 °C, College-Basketballturniere, Internetcafés, Sanddünen – und natürlich Bürokraten. Das reale Alaska ist eine faszinierende Mischung aus unwegsamer

Wildnis und Zivilisation, aus Tradition und Moderne sowie aus sehr unterschiedlichen Landschaften und Klimazonen.

Der Hauptgrund, warum es in Alaska noch so viel ursprüngliche Natur gibt, liegt auf der Hand: Das Land fordert seinen Bewohnern viel ab, und dementsprechend dünn ist es besiedelt. Obwohl Alaska der bei weitem größte Bundesstaat der USA ist – mehr als fünfmal so groß wie Deutschland –, leben hier nur knapp 655 400 Menschen. Alaskas einziges echtes urbanes Zentrum ist Anchorage. Dort leben über 275 000 Menschen in einem Ballungsraum, der sich kaum von anderen US-amerikanischen Städten unterscheidet: Die Stadt hat Wolkenkratzer, Verkehrsstaus, Clubs, Schlafvorstädte, gute Museen und die übrigen Annehmlichkeiten und Probleme einer modernen Großstadt. Andererseits zeigt sich selbst in Anchorage die Nähe der Wildnis: Elche und Bären sind häufiger Gast in Vorgärten und Hinterhöfen. Nicht weit entfernt ragen die vergletscherten Chugach Mountains in den Himmel. Und selbst von der Innenstadt aus braucht man mit dem Auto keine 20 Minuten in die unberührte Natur.

Wer so nahe an der Natur lebt, lebt automatisch auch mit und von der Natur. Ob Buchhalter in Fairbanks oder Lehrerin in Juneau – es scheint, dass die meisten Einwohner Alaskas zum Angeln oder Jagen (oder beidem) gehen. Zur Lachssaison im Sommer und Herbst kommen viele Auswärtige, um »Kings«, »Reds« und »Silvers« zu fangen, aber die meisten Angler sind Einheimische, die ihre Gefriertruhen füllen wollen. Und es kommt vor, dass man in einem Restaurant in Anchorage einen Gast erzählen hört, wie er am Vortag einen Elch geschossen hat.

Für viele Bewohner Alaskas stellen Lachs und Elch nicht irgendein Nahrungsmittel dar, das man im Supermarkt kauft. Tausende sind Selbstversorger: Sie fangen Lachse, aber auch Äschen, Tomcods (Microgadus proximus), Sheefish (Stenodus leucicthys), Aale und ein gutes Dutzend weitere Arten. Nicht weniger lang ist die Liste der Säugetiere, die sie jagen und die neben Elchen, Bären und Karibus auch Gattungen einschließt, die man in diesem Zusammenhang nicht erwarten würde: Weißwale (Belugas), Seehunde, Stachelschweine und Walrosse. Darüber hinaus stellen sie Fallen für Füchse, Biber, Marder und andere Pelzlieferanten und sammeln Beeren, Vogeleier, Grüngemüse und Muscheln. Mit dem, was man bei uns als Sport ausübt, bestreiten sie ihren Lebensunterhalt. Manchen gefällt diese Lebensweise, vielen aber auch nicht, doch es bleibt ihnen keine andere Wahl – insbesondere angesichts der enormen Lebenshaltungskosten in Alaska (die auch der Besucher zu spüren be-

Das Wandgemälde sagt »Alaska«, der Kleidung nach passen diese Jugendlichen in Juneau in jede andere amerikanische Stadt

kommt). Je weiter man in die Wildnis vordringt, desto teurer werden Nahrungsmittel; oft zahlt man hier das Doppelte wie in anderen amerikanischen Bundesstaaten.

VOM LAND LEBEN

Zum Glück für all jene, die sich von den Erträgen des Landes ernähren müssen, hier jagen, angeln oder Erholung suchen, gehört Alaska zum größten Teil der öffentlichen Hand, und die meisten Gebiete genießen zumindest eine gewisse Art von Naturschutz. Flächenmäßig große Regionen unterstehen der Aufsicht des Staates und Organisationen der Ureinwohner, und über die Hälfte des Landes wird von der Bundesregierung verwaltet. Anders als in den meisten anderen amerikanischen Bundesstaaten darf dieses öffentliche Land zur Subsistenzwirtschaft sowie weithin auch zur Jagd und zum Fischfang genutzt werden. Dies gilt sogar für so bekannte Gebiete wie den Denali

National Park. Besucher realisieren meist nicht, dass der offizielle Name Denali National Park and Preserve lautet. Der Zusatz »and Preserve«, der sich übrigens bei den meisten Nationalparks Alaskas findet, bedeutet, dass in den solchermaßen ausgewiesenen Teilen eines Parks Jagd und Fischfang zur Selbstversorgung (und mitunter auch als Sport) erlaubt sind. Lediglich der als »Wilderness« gekennzeichnete Bereich (der gewöhnlich die wichtigsten Touristenattraktionen einschließt) ist für Jäger und Angler strikt tabu. Wer indes das Hinterland bereist, kann durchaus auf Fischernetze, Fallen und andere Gerätschaften von Selbstversorgern stoßen. Sie sollte man unbedingt in Ruhe lassen.

Gigantische Kreuzfahrtschiffe mit mehr als 2000 Passagieren an Bord laufen im Sommer Ketchikan und andere Häfen Südostalaskas an

DIE URBEVÖLKERUNG

Viele, die sich als Jäger und Sammler selbst versorgen, zählen zu den Ureinwohnern, die rund 19 Prozent der Gesamtbevölkerung Alaskas ausmachen. Entgegen der landläufigen Meinung sind sie keineswegs alle Eskimos. Die Bezeichnung »Eskimo« wird für alle Völker verwendet, die entlang der West- und Nordküste leben. Die Menschen fühlen sich kleineren kulturellen Gruppen zugehörig. Die beiden wichtigsten sind die Inupiat, die die Nordküste sowie die Westküste nördlich des Norton Sound bewohnen, und die Yupik, die man südlich des Norton Sound entlang der Westküste bis hinab zur Bristol Bay antrifft. Beide Völker lassen sich in Untergruppen unterteilen, beispielsweise die Nunamiut, die eigentlich weiter landeinwärts wohnende Inupiat sind.

Da Landesinnere Alaskas sowie einige kleinere Stücke der Südküste sind der Lebensraum der Athabascan. Sie sind mit den

Indianern (First Nations) Kanadas und des US-amerikanischen Festlands verwandt und nennen sich selbst Indianer, bevorzugen in der Regel aber den Namen kleinerer Gruppierungen wie Dena'ina, Ahtna und Tanana. Die Halbinsel Alaska und die rund 2500 Kilometer lange Inselkette der Aleuten sind die Heimat der Aleuten, die sich selbst Unangan nennen. Eng mit ihnen verwandt (manchmal mit ihnen zusammengefasst) sind die Alutiiq, die im Südosten der Halbinsel Alaska, auf dem Kodiak-Archipel und am Prince William Sound wohnen. Schließlich gibt es noch die Völker des Südostens: die Tlingit, die Haida, die Tsimshian und die Eyak. Sie haben viele kulturelle Gemeinsamkeiten mit den Ureinwohnern British Columbias und

Wasserflugzeuge sind teilweise der einzige Zugang in unzugängliche Regionen, z. B. den Kulik Lake im Hinterland des Katmai National Park

Washingtons, sprechen aber andere Sprachen.

Wie bei indigenen Völkern rund um den Erdkreis, markierte auch in Alaska die Ankunft fremder Eroberer einen kulturellen Wendepunkt. Die Russen drangen Mitte des 18. Jahrhunderts in das Gebiet der Aleuten vor. Die gut bewaffneten Europäer und Asiaten brachten die meisten Einheimischen direkt (mittels Waffengewalt) oder indirekt (mittels eingeschleppter Seuchen und Hungertod) um und unterwarfen die restlichen als Sklaven. Von schätzungsweise 20 000 Aleuten überlebte nur ein winziger Bruchteil. Mitte des 19. Jahrhunderts führten russische, amerikanische und britische Walfänger dann Alkohol ein, der das Leben der Ureinwohner veränderte. Obwohl die indigenen Gemeinden hart dagegen angingen und angehen und auch gewisse Erfolge verbuchen können, stellt Alkoholismus nach wie vor ein ernsthaftes Problem dar. Es ist

daher verständlich, dass in zahlreichen Gemeinden absolutes Alkoholverbot herrscht.

Immerhin konnten viele Ureinwohner Alaskas ihre Position in jüngster Zeit deutlich verbessern. Zu verdanken ist dies nicht zuletzt dem 1971 ausgehandelten Abkommen ANCSA (Alaska Native Claims Settlement), das ihnen umfassende Landnutzungsrechte einräumte. Zwölf regionale sowie Dutzende dörfliche Gemeinschaften wurden eingerichtet, die zusammen knapp

Von Einheimischen oft einfach »the mountain« genannt, überragt der 6194 Meter hohe Mount McKinley den Kettle Lake im Denali National Park

18 Millionen Hektar Land besitzen. Durch Fischfang, Forstwirtschaft, Bergbau, Erdölförderung, Exploration und Tourismus erwirtschaften sie mehrere Milliarden Dollar. Folglich leben zwar viele Ureinwohner Alaskas weiterhin mit und von ihrem Land,

doch viele andere arbeiten in festen Jobs, besuchen die Universität oder leiten eigene Unternehmen.

EUROPÄISCHE EINFLÜSSE

Obwohl die Russen starken Einfluss auf die Entwicklung der Region nahmen, siedelten sie sich niemals in größerer Zahl an. Doch sie hinterließen eine beträchtliche Anzahl an religiösen Konvertiten, deren Nachfahren bis heute die vielen russisch-orthodoxen Kirchen des Bundesstaates besuchen. Eine Ausnahme bilden die so genannten Russian Old Believers, die jedoch nicht auf die frühen russischen Eroberer zurückgehen, sondern erst im 20. Jahrhundert nach Alaska einwanderten. Sie zählen nur wenige Tausend, und die meisten leben sehr abgeschieden auf der Kenai-Halbinsel und rund um Kodiak. Als Besucher begegnet man ihnen zuweilen in Geschäften oder beim Fischfang; die Frauen tragen knöchellange Klei-

der und Haube oder Schal, die Männer ausnahmslos einen Bart.

Die Siedler, die in den ersten Jahren nach dem Verkauf Alaskas an die USA im Norden eintrafen, waren fast ausschließlich westeuropäischen Ursprungs und stammten insbesondere aus Deutschland und Irland. In jüngster Zeit ändert sich das Bild, wenngleich die Volkszählung 2000 nur einen vergleichsweise geringen Anteil an Bewohnern afrikanischen, lateinamerikanischen oder

Dank Teleobjektiv und geführter Wandertouren kann man sich Braunbären im Katmai National Park relativ gefahrlos nähern

asiatischen Ursprungs aufzeigte: Es waren jeweils gerade einmal vier Prozent.

ALASKAS WICHTIGSTE WIRTSCHAFTSZWEIGE

Auch wenn ihre Tiefkühltruhen randvoll mit Lachsen und Elchfleisch sind, müssen

Ein Fang Dungeness-Krabben (oben) wird in Petersburg angeliefert und geprüft. Die Trans-Alaska-Pipeline (rechts) transportiert Rohöl mehr als 1200 Kilometer weit vom Polarmeer zum Hafen von Valdez

die meisten Einwohner Alaskas dennoch einer geregelten Arbeit nachgehen, mit der sie Geld verdienen. Wegen der hohen Transportkosten und weiterer durch die isolierte Lage bedingten Schwierigkeiten gibt es in Alaska nur wenige Großbetriebe, die Lebensmittel verarbeitende Industrie einmal ausgenommen. Klima und Topographie schließen andernorts übliche Erwerbszweige wie etwa großflächigen Ackerbau und Viehzucht aus. Von Verwaltungstätigkeiten abgesehen, arbeiten die meisten Menschen daher in der Rohstoffwirtschaft, namentlich in der Erdölförderung, dem Bergbau, in Holzbetrieben sowie in der Tourismusbranche.

Der bekannteste Erwerbszweig Alaskas dürfte die Ölindustrie sein, die dem Staatssäckel beträchtliche Einnahmen beschert. Sie bietet mehreren Tausend Menschen Arbeit, und ihre Zulieferbetriebe zählen zu den größten Unternehmen der Region. Von dem Rohöl, das in der Prudhoe Bay gefördert wird, profitiert jeder Einwohner Alaskas: Einem 1976 verabschiedeten Gesetz zufolge fließt ein gewisser Prozentsatz der Einnahmen aus Öl und anderen Bodenschätzen in einen Fonds, der jedem Einwohner Alaskas eine jährliche Dividende zahlt. Für 2005 waren dies 845,76 US-Dollar pro Kopf.

Auch der kommerzielle Fischfang ist ein riesiger Wirtschaftszweig. Unalaska, Dillingham, Kodiak, Cordova und andere Städte in der Nähe reicher Fischgründe sind Heimathafen Tausender Fischereischiffe und Standorte zahlreicher Fisch verarbeitenden Fabriken. Mehr als die Hälfte der US-amerikanischen Fischereierzeugnisse werden in Alaska produziert.

Der drittgrößte Wirtschaftssektor Alaskas ist der Fremdenverkehr, der ökologisch weitgehend nachhaltig zu sein scheint, wenngleich bestimmte Nationalparks notorisch überlaufen sind und die Luftverschmutzung durch Wohnmobile kontinuierlich zunimmt. Kulturell wie wirtschaftlich ist es aber wenig nachhaltig, wenn die Tourismusindustrie von auswärtigen Firmen gelenkt wird, wie es in einigen Hafenstädten Südostalaskas der Fall ist, die von großen Kreuzfahrtschiffen angelaufen werden. Nationale und internationale Konzerne kaufen dort Ladenflächen auf und verdienen an den täglich 5000 und mehr Passagieren viel Geld.

Andererseits gibt es auch einheimische Führer, die ihren Lebensunterhalt mit ihrem Wissen und ihrer Liebe zum Land bestreiten können. An Stelle von Stoffbären bieten sie Ausflüge an, bei denen man echte Grizzlys oder Wale beobachten, Hundeschlittenfahrer kennen lernen oder den Gemäßigten Regenwald erkunden kann, dazu Flüge über Gebirge, Aufenthalte in Reservaten, Kajak- und Kanufahrten. Von dieser Art Geschäft profitieren beide: die Bewohner Alaskas und die Besucher. ■

Alaskas Landschaften

UNGEZÄHMTE WILDNIS UND URWÜCHSIGE NATUR KENNZEICHNEN ALASKA, das »letzte Grenzland«, das vom Polarkreis zum Golf von Alaska und vom kanadischen British Columbia bis in die Nähe Russlands reicht. Das Klima, die Landschaften, das Ökosystem sowie natürlich Flora und Fauna sind legendär – und ringen selbst den verwöhntesten Besuchern ehrfürchtige Bewunderung ab.

GEOLOGIE

So jung und dynamisch Alaska hinsichtlich seiner Bevölkerung und Besiedelung ist, so jung und dynamisch ist es auch hinsichtlich seiner Geologie. Die Pazifische Platte driftet nordostwärts auf die Nordamerikanische Platte zu. Da sie insgesamt dichter und somit schwerer ist, schiebt sie sich dabei unter die Nordamerikanische Platte. Alaskas mächtige Berge sind das Ergebnis dieses Aufeinandertreffens, und viele werden immer noch weiter gehoben. Auch Mount McKinley, mit 6194 Metern bereits höchster Gipfel des Kontinents, wächst immer noch.

Allerdings verursacht diese langsame Plattenkollision auch Erdbeben und Vulkanismus. Allein auf der Halbinsel Alaska liegen 15 aktive Vulkane. Zeugnisse vergangener Vulkanausbrüche sind allgegenwärtig. So erinnert die knapp zehn Kilometer breite und über 600 Meter tiefe Aniakchak-Caldera an die gewaltige Explosion, die vor 3500 Jahren einen 2000 Meter hohen Vulkan zerriss. Und Vulkanismus gab es nicht nur in der Geschichte. Als 1912 der Novarupta ausbrach, war dies 1600 Kilometer weit zu hören. Während der 60-stündigen Eruption wurden gigantische Gesteins- und Aschemengen in die Luft geschleudert.

Noch jüngeren Datums ist ein anderes geologisches Ereignis, das die Geschichte Alaskas nachhaltig beeinflusste: Am 27. März 1964 erschütterte ein von einer Verwerfungslinie im Prince William Sound ausgehendes Erdbeben das südliche Zentralalaska mehrere Minuten lang. Es hatte eine Stärke von 9,2 auf der Richterskala, war also 80-mal so verheerend wie das berühmte

Das schwerste Erdbeben in der Geschichte Nordamerikas erschütterte 1964 Alaska. Es riss Anchorage buchstäblich den Boden unter den Füßen weg

Erdbeben von San Francisco 1906. An einigen Stellen hob sich der Boden um zehn Meter, an anderen sackte er über drei Meter ab, so dass das Meer die flacheren Landstriche überfluten konnte und nach und nach alle Bäume abstarben. In manchen Ortschaften wölbten sich Straßen wie Zugbrücken. Im Zentrum von Anchorage brach die gesamte Nordseite der Fourth Street ein. Doch noch Schlimmeres sollte folgen: Tsunamis. Eine über 20 Meter hohe Flutwelle spülte das Ureinwohnerdorf Chenega fort. In Seward schlugen durch das Beben Brennstofftanks leck und fingen Feuer – der Tsunami trug die brennende Flüssigkeit mehrere hundert Meter weit landeinwärts, brachte

Überflutung und Feuersturm in einem. Der am Wasser gelegene Teil von Valdez rutschte ins Meer ab, der Rest wurde von einem Tsunami überrollt. Die Einwohner lernten daraus und bauten ihre Stadt 6,5 Kilometer vom alten Ort entfernt an einem sichereren Platz wieder auf.

Gletscher sind ein weiteres geologisches Phänomen. Sie kerbten Fjorde und Bergtäler

Inuit-Kinder (oben) sind mit ihrer traditionellen Pelzkleidung gut gegen die Kälte gewappnet. Ein Fluss fließt durch ein Gletschertal im Katmai National Park and Preserve (rechts)

aus und setzen Schmelzwasser frei, das in Form von Bächen und Flüssen ebenfalls die Landschaft formt. Die gewaltigen Eisströme findet man nahezu überall in Alaska: von den höchsten Bergen bis hinab zum Meer. Zählt man auch die kleineren dazu, gibt es über 100 000 Gletscher, von denen allerdings nur 616 einen Namen tragen.

Überraschenderweise blieb Alaska während der Eiszeit frei von Eis. Durch das weltweite Gefrieren von Wasser zu Eis sank der Meeresspiegel um mehrere hundert Meter. In der Zeit zwischen etwa 40 000 und 10 000 v. Chr. fiel der Boden der seichten Beringstraße deshalb mehrfach trocken und bildete eine breite Landbrücke zwischen Asien und Nordamerika. Man nimmt an, dass die ersten Einwohner Nordamerikas über diese Landbrücke aus Sibirien einwanderten.

KLIMA

Zum Klima Alaskas sollte man zweierlei wissen. Erstens: Das Wetter kann unglaublich rasch umschlagen. Selbst für eine zweistündige Tour sind Regenzeug und warme Sachen notwendig. Wer eine Exkursion mit einem Kleinflugzeug gebucht hat, muss immer damit rechnen, dass es wegen ungünstiger Witterung nicht starten kann. Das gilt natürlich für beide Richtungen: Es ist genauso möglich, dass sich der Aufenthalt in einer abgelegenen Lodge ungewollt um ein oder zwei Tage verlängert.

Zweitens: Alaska ist riesig – je nach Region herrschen völlig unterschiedliche klimatische Verhältnisse. Attu an der Westspitze der Aleuten liegt mehr als 3500 Kilometer vom Arctic National Wildlife Refuge in der nordöstlichen Ecke des Bundesstaates entfernt, und genauso weit ist es von Ketchikan im Südosten nach Barrow im Nordwesten.

Ketchikan, Kodiak und der Rest der Südküste liegen in einer Zone, die der warmen Kuroschio-Meeresströmung ein relativ mildes maritimes Klima verdankt. Es gibt zwar keine lauen Nächte, aber immerhin steigen die sommerlichen Temperaturen auf 10–25 °C. Auch im Winter bleiben die Temperaturen häufig oberhalb des Gefrierpunktes. Allerdings ist es hier auch sehr feucht: In Ketchikan liegt die jährliche Niederschlagsmenge bei rund 4000 Millimetern, andernorts sind es durchschnittlich 2000–2500 Millimeter. Und es regnet nicht nur im Winter, sondern auch im Sommer sehr häufig.

Zentralalaska unterliegt den Extremen des Kontinentalklimas: In Fairbanks kann das Thermometer auf über 30 °C klettern, die Durchschnittstemperatur im Sommer liegt bei gut 20 °C. Und obwohl der Sommer hier Regenzeit ist, bleibt es meist trocken; die jährlichen Niederschläge erreichen gerade einmal wüstenähnliche 380 Millimeter. Dafür wird es im Winter bitterkalt – mona-

Der Mount McKinley überragt die umliegenden Täler um teilweise mehr als 5000 m. Die Ureinwohner nennen den Berg Denali – »der Hohe«

telang zeigt das Thermometer Temperaturen oft weit unter null an, manchmal herrschen tagelang -35 °C bis -45 °C.

Dann ist da die Arktis, das »obere Drittel« Alaskas nördlich des Polarkreises. In Barrow, dem nördlichsten Punkt, liegen die Temperaturen an durchschnittlich 324 Tagen im Jahr unter dem Gefrierpunkt. Die pelzbesetzten Inuit-Anoraks sind hier also kein modisches Accessoire, sondern ein absolutes Muss. Im Sommer steigt die Quecksilbersäule bestenfalls bis auf 10 °C, und es ist sehr trocken – nur rund 110 Millimeter Niederschlag fallen hier jährlich.

Überall in Alaska kommt man im Sommer in den Genuss der Mitternachtssonne. Der Nordpol der Erde neigt sich in diesen Monaten der Sonne zu, wodurch die Tage umso länger werden, je weiter nördlich man sich befindet. Der Polarkreis markiert den

Breitengrad, jenseits dessen die Sonne zur Zeit der Sommersonnenwende nicht mehr unter den Horizont sinkt. An der Küste des Eismeers, 400 Kilometer nördlich des Polarkreises, geht die Sonne 80 Tage lang nicht unter. In Anchorage, rund 550 Kilometer südlich dieser Linie, steht sie 18 oder 19 Stunden lang über dem Horizont. Noch um 2 Uhr früh ist es hell. Im Polarwinter ist es dann umgekehrt: 80 sonnenlose Tage am Polarmeer und gerade einmal 5 oder 6 Stunden Tageslicht in Anchorage. Ein kleiner Vorteil der langen Nächte: Das einzigartige Naturschauspiel der Nordlichter (Aurora borealis) lässt sich ungestört bestaunen.

LANDSCHAFTEN

Wie bei einem Land so gewaltiger Größe nicht anders zu erwarten, finden sich in Alaska ganz verschiedene Lebensräume, die von Sanddünen bis hin zu Eisfeldern reichen. Grob kann man Alaska in drei Vegetationszonen gliedern: Küstenregenwald, Taiga und Tundra.

Die Inseln und Küstenregionen im Südosten, in Südzentralalaska und einem kleinen Teil Südwestalaskas werden von gemäßigtem Küstenregenwald überzogen. Gemäßigter Regenwald ist weit seltener als tropischer Regenwald, braucht aber ebenso gleichmäßig über das Jahr verteilte hohe Niederschlagsmengen wie das tropische Pendant.

Im Küstenregenwald Alaskas herrschen Sitkafichten und Hemlocktannen vor, dazwischen gibt es aber auch andere Nadelbäume wie Zedern und Kiefern. Diese Wälder sind die einzigen in Alaska, deren Bäume mit den 60–75 Meter hohen Riesen British Columbias, Washingtons und Oregons konkurrieren können. Im dichten Unterholz fühlen sich Lachsbeere, Teufelskeule, Heidelbeere, Akelei, Farne und viele andere Feuchtigkeit liebende Arten wohl.

Weiter landeinwärts beginnt jenseits der Küstengebirge der Boreale Nadelwald bzw. die Taiga . Taiga bedeckt den größten Teil des Landesinneren. Im Süden erreichen die Bäume der relativ üppig grünen Wälder noch 25–30 Meter Höhe, in der Gegend des Polarkreises werden die verkrüppelten Gewächse gerade noch drei Meter hoch. Vorherrschend ist die Fichte, jedoch nicht die hohe Sitkafichte des Regenwalds, sondern die kleinere Weiß- und Schwarzfichte. Dazu kommen Birken, Espen, Lärchen, Erlen, Weiden und Balsampappeln. In der nördlichen Taiga und dort, wo der Boden mager oder moorig ist, findet man riesige Areale verkümmert wirkender Schwarzfichten.

Die Tundra (das finnische Wort für »Kältesteppe«) schließt sich oberhalb der Baumgrenze an: Dort gedeihen wegen der Kälte, der kurzen Vegetationszeit, der dünnen Humusschicht und der schneidenden Winde keine größeren Pflanzen mehr. In Alaska hat dieses »oberhalb« zweifache Bedeutung: höhere Lage oder höherer geographischer Breitengrad. Im Süden Alaskas liegt die Baumgrenze bei 600–900 Metern, oberhalb davon beginnt die Tundra. Reist man weiter nordwärts in noch kältere Klimazonen, sinkt die Baumgrenze kontinuierlich, bis sie, knapp nördlich des Polarkreises, auf Höhe des Meeresspiegels angelangt ist. In anderen Worten: Auf der von Tundra bedeckten North Slope zwischen Brooks Range und Eismeer wachsen keine Bäume mehr.

In tiefer gelegenen Gebieten und geographischen Breiten herrscht die »feuchte Tundra« vor: Wanderer verfluchen dieses Dickicht aus hüfthohen Weiden und Zwergbirken, großen Gräser- und Seggen und jeder Menge Pfützen, Tümpel und Teiche. Ungleich besser wandert es sich in der alpinen, trockenen Bergtundra in höheren Lagen. Hier gibt es keine hinterhältigen Grasbüschel, keine stehenden Gewässer, und die Vegetation ist deutlich niedriger. Auf den ersten Blick erscheint diese Tundra karg, doch wer genauer hinschaut, entdeckt eine faszinierende farbenfrohe Pflanzenwelt, die den unwirtlichen Bedingungen tapfer trotzt. Je nach Region findet man hier Lupinen, Krähenbeere, Zypressenheide, Bärentraube, Rispensteinbrech, Storchschnabel, Stängelloses Leimkraut, Alpenazalee, Moosbeere, Lappenrose, Strauchfingerkraut und das himmelblau blühende Vergissmeinnicht, die Wappenblume Alaskas.

Berge gehören in Alaska immer zum Landschaftsbild. Lediglich ganz im Norden gibt es eine Ebene, die diesen Namen verdient. Selbst viele der Inseln im Südosten sowie die Aleuten warten mit zerklüfteten Gipfeln auf – kein Wunder freilich, wenn man bedenkt, dass diese Inseln nichts anderes sind als die Spitzen wesentlich größerer Berge, die vom Meeresboden aufragen.

Der König aller Berge, der Mount McKinley (6194 m), ist gleichzeitig der höchste Gipfel Nordamerikas und der kälteste der Erde. Er krönt die Alaska Range, die sich durch das südliche Zentralalaska zieht. Fast noch beeindruckender sind die vulkanischen vergletscherten Wrangell Mountains und St. Elias Mountains, die sich südwärts anschließen. Zu ihnen zählen 12 der 15 höchsten Berge Alaskas und 10 der 15 höchsten Nordamerikas.

Die nördlich des Polarkreises gelegene Brooks Range ist geologisch wesentlich älter. Ihre höchste Erhebung, der Mount Michelson, erreicht lediglich 2816 m, doch was ihre Ausmaße angeht, ist diese Gebirgskette dem Land der Superlative durchaus würdig: Mehr als 150 Kilometer breit, bildet sie einen fast 1000 Kilometer langen mächtigen Wall, der sich von der kanadischen Grenze im Osten bis zu Tschuktschensee im Westen quer durch den Bundesstaat zieht. Außerdem ist die Brooks Range, die genau nördlich des Polarkreises liegt, eine bedeutende Wasserscheide, die Arctic Divide. Die am Südhang entspringenden Flüsse fließen zur Beringsee, die an den Nordhängen entspringenden zum Nordpolarmeer.

ALASKAS TIERWELT

Wenn von der Tierwelt Alaskas die Rede ist, denkt man an Bären. Es soll Besucher geben, die sich während ihres Aufenthalts aus Angst kaum vor die Türe wagen, während andere völlig ungeniert durch die Wälder stapfen und keinen Gedanken an Meister Petz verschwenden. Beide Einstellungen sind gleichermaßen unvernünftig. Darüber, wie man sich Bären gegenüber richtig verhält, informiert die Broschüre *Bear Safety in Alaska's Parklands,* das der National Park Service herausgibt. Wer die dort genannten Ratschläge beherzigt, wird alle Begegnungen mit Bären unbeschadet überstehen. Letzteres wäre leichtfertig gesagt, wenn in den viel

Ein Buckelwal zeigt seine Fluke und taucht ab in die Glacier Bay. Im Sommer trifft man Buckelwale entlang der gesamten Südküste Alaskas; besonders häufig sind sie im Südosten

Besucher bekommen sie zwar nur selten zu Gesicht, aber an der Nordküste Alaskas gibt es noch zahlreiche Eisbären. Sie halten sich bevorzugt am Rande des Packeises auf

besuchten Touristengebieten Alaskas mehr Eisbären lebten. Diese cremeweißen Riesen sind in der Tat gefährlich und machen auch Jagd auf Menschen. Zum Glück bewohnen sie jedoch die abgeschiedene West- und Nordküste Alaskas und verbringen die meiste Zeit in der Packeiszone.

Grizzlys (oder Braunbären) und Schwarzbären machen Alaska zum einzigen amerikanischen Bundesstaat, in dem alle drei nordamerikanischen Bärenarten leben. (Der Kodiak-Bär ist nur eine Unterart des Grizzlys, der auf Grund genetischer Isolation eine abweichende Schädelform entwickelte.) Weil sie sich vorwiegend von den nahrhaften Lachsen ernähren, werden diese Küstenbraunbären fast doppelt so groß wie ihre Artgenossen im Landesinneren. Männchen können aufgerichtet 2,70 Meter erreichen und über 550 Kilogramm auf die Waage bringen. Grizzlybären gibt es überall in Alaska – an den Stränden, in den Wäldern, in der Tundra, hoch auf den Bergen und sogar auf vielen Inseln. Verständlicherweise wirken Grizzlys schon allein ihrer Größe wegen Furcht einflößend, doch die nur ein Drittel so großen Schwarzbären sind mindestens genauso gefährlich. Sie trifft man allerdings kaum jemals außerhalb der Waldgebiete. Besucher, die Grizzlys, Küstenbraunbären oder Schwarzbären gefahrlos beobachten möchten, werden in Alaska jedenfalls sicher Gelegenheit dazu finden.

Viele Einwohner Alaskas haben aber mehr Respekt vor Elchen als vor Bären. Für Außenstehende ist dies schwer nachvollziehbar, denn die Pflanzenfresser sehen so harmlos aus. Doch Elche sind genauso groß wie Braunbären, genauso schnell, wesentlich häufiger verbreitet, weitaus launischer und, vor allem Kühe mit Kälbern, auch wesentlich aggressiver. Trotzdem kann man einem Elch natürlich leichter entkommen als einem Bären. Und wenn Sie Abstand halten und aufpassen, dass Sie nicht zwischen eine Kuh und ihren Nachwuchs geraten, ist es ein entspannter Zeitvertreib, diesen Tieren zuzusehen, wenn sie genüsslich fressen oder in Teichen herumstapfen. Sofern man sie nicht füttert oder reizt, sind alle anderen Tiere Alaskas ungefährlich. Ganz im Gegenteil: Die ebenso vielfältige wie faszinierende Fauna ist einer der Höhepunkte jedes Alaskaaufenthalts. Vom Regenwald bis hinauf zur arktischen Tundra kann man dem Heulen der Wölfe lauschen. Auf den Steilhängen des Hochlandes weiden weiße Dallschafe. Sie sind enge Verwandte der weiter südlich beheimateten Dickhornschafe. Die Männchen lassen bei Rivalenkämpfen ihre langen gewundenen Hörner geräuschvoll aufeinander prallen. In noch höher gelegenen und steileren Regionen sieht man mit etwas Glück cremeweiße Schneeziegen, die Kletterkünstler unter den Huftieren. Zentralalaska und der hohe Norden sind die Weidegebiete der Karibus. Bei entsprechender Planung können Sie vielleicht sogar eine der riesigen Karibuherden bestaunen, die mehrere Zehntausend Tiere umfassen.

Aber es gibt in Alaska nicht nur faszinierende Pelztiere. Mehr als 400 Vogelarten sind hier heimisch oder machen im Sommer Zwischenstation. Weißkopfseeadler sind entlang der Küste verbreitet, während die Steinadler über der Tundra kreisen und nach Murmeltieren und Hasen Ausschau halten. Bekannt sind auch Trompeterschwan, Kanadakranich und Wanderfalke.

Wer Papageitaucher, Alken und die riesigen Brutkolonien der Seevögel sehen will, muss sich aufs Wasser begeben. Bootsfahrten bieten auch Gelegenheit, einen Blick auf die vielfältige Meeresfauna zu werfen, zu den Stars gehören Buckelwale, Schwertwale (Orka), Weißwale, Seelöwen, Walrosse, Seehunde und natürlich die putzigen Seeotter.

Zu guter Letzt muss noch eine weitere Kategorie von Tieren erwähnt werden: Blut saugende Insekten. Angeführt von den lästigen Stechmücken (und weiteren stechenden Fliegen), können diese zu einer echten Plage werden und unvorbereiteten (und manchmal sogar den vorsorgenden) Besuchern jeden Ausflug verderben. Erkundigen Sie sich vorab, wann an den Orten, die Sie besuchen wollen, die Plage am schlimmsten ist, und planen Sie Ihre Reise entsprechend.

LAND IN STAATSBESITZ

Das Beobachten der Tierwelt, der Besuch der Regenwälder, der Taiga und Tundra wird in Alaska dadurch vereinfacht, dass der größte Teil Alaskas in Staatsbesitz ist. Der Bundesstaat unterhält den größten Nationalpark, das größte Wildlife Refuge und den größten State Park. Allerdings darf man in vielen dieser Gebiete keine aufwendigen Besucherzentren, Toilettenhäuschen, beschilderte Wanderwege, Campingplätze und ähnliche Annehmlichkeiten erwarten. Die meisten Schutzgebiete sind relativ unbe-

rührte Wildnis mit bestenfalls ein oder zwei Besucherzentren oder Ranger-Stationen. Informationen erhalten Sie beim entsprechenden Park oder über die ausgezeichneten Alaska Public Lands Information Centers *(www.nps.gov/aplic)*.

ORGANISIERTE TOUREN

Wegen der abgeschiedenen Lage, des unbeständigen Wetters und diverser anderer Umstände sind organisierte Touren in Alaska eine empfehlenswerte Ergänzung zu Fahrten auf eigene Faust. Das Spektrum ist riesig:

Karibus ziehen durch weite Teile Alaskas. Die größte Herde, die in Nordwestalaska zu Hause ist, zählt an die 500 000 Tiere

Kajaktouren, Bootsfahrten, Angelausflüge, Bären- und Vogelbeobachtungen, Wanderungen und Rundflüge sind nur einige der unzähligen Angebote. Die Dauer variiert von einstündigen Ausflügen bis zu mehrwöchigen Exkursionen. In Begleitung eines ortskundigen Führers erlebt man das Land nicht nur sicherer, sondern man erfährt auch viel mehr über das Land. ■

Alaska damals

IN DER GESCHICHTE ALASKAS SPIELEN ROHSTOFFE EINE BEDEUTENDE ROLLE. Die ersten Menschen, die über die Bering-Landbrücke nach Nordamerika kamen, folgten vermutlich Mammuts und anderen großen Beutetieren. Als die Europäer erstmals die Gewässer Alaskas erreichten, geschah dies auf der Jagd nach Seehunden und Seeottern. Und die ersten Amerikaner, die in nennenswerter Zahl Alaska besiedelten, waren auf der Suche nach Gold – und später dem »schwarzen Gold« der Ölfelder.

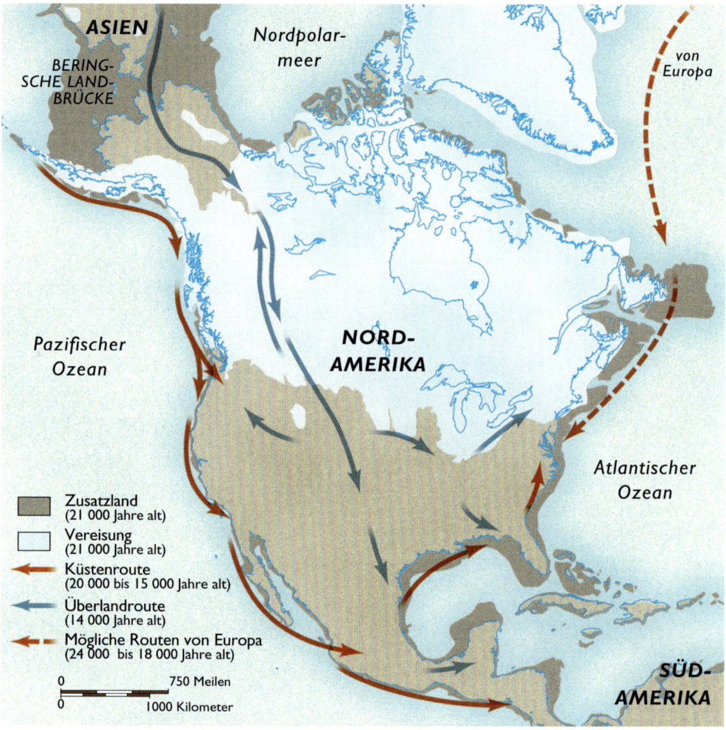

Einer bekannten Theorie zufolge kam der Mensch über die Bering-Landbrücke nach Nordamerika

Doch mit den Glückjägern kamen immer auch Menschen nach Alaska, die sich auf Dauer ansiedeln wollten. Ob Ureinwohner, die seit nahezu 500 Generationen hier leben, oder kürzlich Angekommene: Diese »Alaskans« sind fester Bestandteil der Geschichte des 49. Bundesstaates der USA. Sie sind es, die die Häuser bauen, die Buschflugzeuge fliegen und Fischerboote steuern.

DIE ERSTEN SIEDLER

Darüber, wie die ersten Menschen auf den amerikanischen Kontinent gelangten, streiten sich die Wissenschaftler bis heute. Die meisten vertreten die Ansicht, dass sie zwischen 10 000 und 30 000 Jahren vor unserer Zeitrechnung eintrafen, als die Gletscher während der Eiszeit so viel Wasser gebunden hielten, dass der Meeresspiegel um rund 75

Meter sank. Die seichte Beringstraße, an der Russland und Alaska nur 90 Kilometer weit auseinander liegen, wurde damals zu einer Landbrücke (Beringia). Sie war vermutlich mehrere Hundert Kilometer breit und könnte jahrtausendelang existiert haben. Möglicherweise wurde sie sogar zwischenzeitlich wieder überflutet, um anschließend wieder trocken zu fallen. Angesichts dieser langen Zeitspanne liegt die Vermutung nahe, dass sibirische Jagdvölker ihrer Beute über die Landbrücke bis nach Alaska folgten.

Ob diese ersten »Nordamerikaner« sich sofort in Alaska ansiedelten oder zunächst südwärts wanderten und später zurückkehrten, wird man wohl nie erfahren. Anthropologen und Archäologen sind sich jedoch sicher, dass die heutigen Ureinwohner seit vielen Jahrtausenden in Alaska leben. Während dieser Zeit – und möglicherweise auch schon vor ihrer Ankunft in Alaska – spalteten sie sich in unzählige Sprach- und Kulturgruppen. Einige lebten weiterhin als Nomaden, während andere feste Siedlungen bauten. Alle aber entwickelten immer ausgefeiltere Methoden zur Jagd auf Karibus, Lachse, Grönland- und Weißwale sowie zum Sammeln von Pflanzen aus Wald und Tundra. Und auch die Künste blühten: Elfenbeinschnitzerei und Steinmetzarbeit ebenso wie Korbflechterei, Tanz und das Geschichtenerzählen, das Schnitzen von Totempfählen und die Fertigung kunstvoller Masken.

Zar Peter der Große schickte Vitus Bering auf seine erste Fahrt nach Alaska

DIE RUSSEN KOMMEN

Im frühen 18. Jahrhundert waren die europäischen Großmächte damit beschäftigt, die Welt, einschließlich Nordamerika, unter sich aufzuteilen. Doch sie ignorierten zunächst den östlich von Sibirien gelegenen großen weißen Fleck auf ihren Landkarten. Lediglich der russische Zar Peter der Große zeigte Interesse. Kurz vor seinem Tod sandte er Vitus Bering mit dem Befehl los, von der Halbinsel Kamtschatka aus ostwärts zu segeln. Erst 1741 entdeckten Berings zwei Schiffe das heutige Südalaska.

Berings Expeditionsmannschaft kehrte mit zahlreichen Pelzen zurück, darunter auch Seeotterfellen, die von der wohlhabenden Oberschicht wegen ihrer unvergleichlichen Wärme besonders geschätzt wurden. Ein gutes Seeotterfell kostete in etwa den dreifachen Jahreslohn eines gewöhnlichen Handwerkers. Berichte über den Pelzreichtum der Region lockten die so genannten promýschlenniki an – Fallensteller und Händler, die oft auch einheimische Geiseln nahmen und als Lösegeld Felle forderten. Außerdem schleppten die promýschlenniki europäische Seuchen ein, die einen Großteil der Bevölkerung dahinrafften. Nicht minder profitorientierte russische Geschäftsleute gründeten in Südost- und dem südlichen Zentralalaska Handelsniederlassungen. Mehrere Jahrzehnte lang konnten die Russen das Geheimnis der Seeotter bewahren, doch in den 1770er Jahren erkundeten auch britische und spanische Seefahrer Alaska. Die Jagd auf Seeotter sowie die Suche nach der legendären Nordwestpassage, politische Überlegungen und wissenschaftliche Neugier führten bis 1805 zu rund 200 europäischen Forschungsfahrten in die Gewässer Alaskas. Dennoch konnten die Russen dank Alexander Baranov (1746–1819), dem mit eiserner Faust regierenden Direktor der Russian-American Company ihre Machtposition in Alaska nicht nur behaupten, sondern sogar ausbauen.

Drastische Überjagung ließ die Pelztierpopulationen zwischen 1820 und 1840 massiv zurückgehen. Wegen diverser Kriege, innenpolitischer Rückschläge und verminderter Fellausbeute verloren die Russen zunehmend das Interesse an Alaska. In den 1850er Jahren waren sie schließlich bereit, Alaska zu verkaufen. Da die Russen jedoch nicht wollten, dass die Region in die Hände der Briten oder anderer europäischer Konkurrenten fiel, boten sie Alaska nach dem Ende des Amerikanischen Bürgerkriegs den USA an.

SEWARDS GENIESTREICH

Der US-amerikanische Außenminister William H. Seward und andere führende Politiker waren ebenso begierig, Alaska zu kaufen, wie die Russen es loswerden wollten. Seward war ein strenggläubiger Verfechter der »Manifest Destiny«, d. h. der vermeintlichen Bestimmung der USA, ganz Nordamerika (inklusive Kanada) zu beherrschen. Doch es gab auch Kritiker, die Alaskas abgeschiedene Lage und das extreme Klima als Gegenargumente anführten und das Land spöttisch wahlweise »Sewards Eisschrank«, »Walrussia« oder »Icebergia« nannten. Dennoch unterzeichnete Seward 1867 den Vertrag mit den Russen und erwarb das »große Land« für 7,2 Millionen US-Dollar.

Nach Abschluss des Geschäftes fragten sich immer mehr Amerikaner, was man sich da eigentlich eingehandelt hatte. Weder Russen noch Amerikaner waren je weit über die Küstenregion hinaus vorgedrungen (die Ureinwohner waren natürlich mit dem Landesinneren vertrauter, doch niemand machte sich die Mühe, sie zu fragen). Die neuen Eigentümer wussten nicht einmal, wie sie ihre Neuerwerbung nennen sollten. Seward entschied sich schließlich für »Alaska«, das aleutische Wort für »großes Land«. Die Aleuten hatten diesen Begriff zwar nur für die heutige Alaska Peninsula gebraucht, doch Seward übernahm ihn als Namen für das gesamte ... ja, das gesamte Was?

Die Bundesregierung weigerte sich zunächst einmal, das Land zum Territory zu erklären, wie es beispielsweise bei Lousiana der Fall gewesen war. Dieser Status hätte alle Einwohner Alaskas zu vollwertigen US-Bürgern und Alaska zum Anwärter für einen souveränen Bundesstaat gemacht, was Alaska nach Ansicht des Kongresses nicht verdiente. Stattdessen ließ man den Status Alaskas in der Schwebe, was zur Folge hatte, dass weder Russen noch Ureinwohner Anspruch auf eine US-amerikanische Staatsbürgerschaft hatten. Im Grunde genommen war Alaska somit nichts anderes als eine Kolonie.

Die folgenden Jahrzehnte überließ die Regierung das Land – wie vor ihnen die Russen – der Verwaltung durch eine Pelzhandelskompanie, der Alaska Commercial Company. Sie interessierte sich eigentlich nur für Seehundfelle – die Seeotter waren mittlerweile so gut wie ausgerottet. Als der

Die Unterzeichnung des Vertrags von 1867, der den russischen Verkauf Alaskas an die USA besiegelt. Gemälde von Edward Leutze

Seehundbestand massiv einbrach, vereinbarten das Unternehmen und die Regierung, »nur« noch 100 000 Tiere im Jahr zu erlegen und Weibchen und Junge ganz zu schonen. Doch selbst mit dieser Selbstbeschränkung erwirtschaftete die Company immer noch immense Gewinne.

In den ersten Jahren unter amerikanischer Ägide erhielt Alaska allerdings auch Besuch von dem Naturforscher John Muir, der sich vor allem für die Gletscher interessierte, von denen es hier ja genügend gab. 1879 nahm er ein Schiff nach Wrangell in Südostalaska und begab sich von dort in Begleitung von vier Tlingit-Paddlern und einem presbyterianischen Missionar auf eine 1300 Kilometer lange Kanu-Expedition. Unter den vielen Orten, die er erkundete, war die Glacier Bay, in der heutige Besucher den Muir-Gletscher besuchen (er wurde erst später so benannt). Muirs begeisterte Reiseberichte und eine zweite Expedition 1880 legten sozusagen den Grundstein für den Alaska-Tourismus. Tatsächlich folgten in den nächsten Jahren mehrere Tausend Menschen seinen Spuren und befuhren die »Inside Passage«, um die einzigartige Glacier Bay mit eigenen Augen zu sehen.

Zwischen 1879 und 1880 kamen aber auch zahlreiche andere, darunter viele Missionare und Soldaten. Langsam begann sich abzuzeichnen, dass Sewards Erwerbung vielleicht gar nicht so dumm gewesen war. Schließlich gab es hier interessante Kultu-

Ein Theaterstück (1897) von vielen, das den Goldrausch thematisiert

ren, reiche Fischgründe, jede Menge ungezähmte Natur und atemberaubende Landschaften – doch all dies verblasste angesichts der Entdeckung von Gold.

DER GOLDRAUSCH

Wenn die Einwohner Alaskas von dem Goldrausch sprechen, meinen sie damit den Massenansturm der Goldgräber auf den Klondike, der 1898 einsetzte. Daneben gab es jedoch viele weitere bedeutende Fundstätten in der Region. Joe Juneau und Richard Harris etwa wurden 1880 am Gold Creek fündig – dort, wo heute die Stadt Juneau liegt. Allerdings lag das Gold in sehr hartem Gestein. Um es freizulegen, brauchte man große Unternehmen, die schweres Gerät und das nötige Kleingeld besaßen, um Pochwerke und all die anderen notwendigen Einrichtungen zu bauen, die man zur Ausbeutung solcher Goldvorkommen benötigte. Einen klassischen Goldrausch, bei dem Tausende eine Region stürmten, gab es nur an Stellen, wo das kostbare Metall bereits in Flüssen vorkam und die Goldwäscher einzeln ihr Glück versuchen konnten.

Zu einem solchen Ansturm kam es in Nome, wo 1898 drei Goldsucher fündig wurden und andere 1899 am Strand der Beringsee unweit der Stadt Goldflocken entdeckten. Im Sommer 1900 kampierten rund 20 000 Glücksjäger am dortigen Strand. Einer fand ein 3,03 Kilogramm schweres Nugget – das größte jemals in Alaska entdeckte!

Und dann gab es den Klondike-Goldrausch. Das Verrückte war, dass das Ziel dieser bekanntesten Goldfundstelle nicht zu Alaska gehörte: Der Klondike River und seine Nebenflüsse, in denen das Gold entdeckt wurde, liegen fast 100 Kilometer östlich der Grenze im kanadischen Yukon Territory. Dennoch fand dieser Goldrausch Eingang in die Geschichte Alaskas, denn die bekanntesten Routen zu der Fundstelle führten durch Alaska, und der »Rausch« war in diesem Fall wahrhaft gigantisch.

Im Juli 1897 trafen die ersten Schiffe mit der Neuigkeit in Seattle ein – als Beweis brachten sie über eine Tonne Gold mit. Da der Klondike sehr entlegen und nur unter großen Mühen zu erreichen war, war es im Juli für den Aufbruch bereits zu spät. Im Frühjahr 1898 jedoch machten sich rund 50 000 Goldgräber auf, und weitere 50 000 folgten ihnen noch im gleichen Jahr oder im Jahr darauf. Von diesen 100 000 erreichten nur etwa 30 000 bis 50 000 überhaupt die Goldfelder. Erschreckend viele bezahlten ihre Goldgier mit dem Leben.

Viele Todesfälle ereigneten sich, weil es keinen »optimalen Weg« zu den Goldfeldern gab und die Goldsuchenden deshalb alle möglichen Routen ausprobieren mussten. Eine Gruppe von 18 New Yorkern entschied sich für die Überquerung des Malaspina-Gletschers in Südostalaska – sicherlich ohne sich bewusst zu sein, dass dies der größte Vorlandgletscher Nordamerikas ist. Volle drei Monate lang kämpften sie sich quer über das Eis. Ein Mann fiel in eine Gletscherspalte und starb; drei weitere wurden Opfer einer Lawine. Der Rest schaffte es über den Gletscher – doch dann kam der blind. Nach ihrer Ankunft in Seattle wurde durch unverantwortlichen Journalismus aus der Geschichte, die als abschreckendes Beispiel hätte dienen können, ein neuerlicher Anreiz, Richtung Klondike aufzubrechen: Die Seattle Times berichtete fälschlicherweise, die Männer seien mit Gold im Wert von einer halben Million Dollar zurückgekehrt.

Die meisten Goldgräber fuhren per Schiff nach Skagway oder Dyea, zwei be-

Nach einer Rast im Basislager The Scales quälen sich die Goldgräber über die »Goldene Treppe«, die am Chilkook-Pass in den Schnee geschlagen wurde. Sie führte zu den kanadischen Klondike-Goldfeldern

Winter, und sie mussten eine behelfsmäßige Schutzhütte bauen, um das Frühjahr abzuwarten. Einige Männer bekamen den Hüttenkoller und rannten in die Eiswüste hinaus; man hörte nie wieder von ihnen. Die sieben, die bis zum Frühling durchhielten, machten sich auf den Rückweg über den Gletscher zu ihrem Ausgangspunkt, der Yakutat Bay. Als ein Schiff sie auflas, waren nur noch vier am Leben, zwei davon schnee-

nachbarte Ortschaften in Südostalaska, die das »Tor zum Klondike« wurden. Von dort ging es über den Chilkoot-Pass 53 Kilometer weit steil bergauf zum Lake Lindemann oder Lake Bennett. Die Route nutzten die Tlingit seit Jahrhunderten als Handelsweg ins Landesinnere. An den Seen mussten sich die Glücksjäger Boote zusammenzimmern und 880 Kilometer weit zu den Goldfeldern fahren. Diese Route war anstrengend, aber bei weitem nicht so schlimm wie der Malaspina-Gletscher oder einige andere Routen. Hatten die erschöpften Männer schließlich den 1140 Meter hohen Pass erreicht, wurden sie von der kanadischen Northwest Mounted Police empfangen. Nachdem die Uniformierten, die ursprünglich nur für Ruhe und Ordnung sorgen und den gesetzlichen Zoll eintreiben sollten, von der Lebensmittelknappheit am Klondike hörten, verlangten sie, dass jeder Goldsucher Lebensmittel für mindestens ein Jahr dabeihaben musste – ungefähr eine Tonne. Nun musste jeder Goldgräber den Pass ein

US-Soldaten inspizieren japanische U-Boote, die im Zweiten Weltkrieg bei den Aleuten beschädigt wurden

Dutzend Mal oder noch häufiger auf- und absteigen, um die geforderten Mengen hochzutransportieren.

Obwohl die Vorkommen am Klondike rund 300 Millionen US-Dollar einbrachten, wurde die Mehrheit der Goldgräber keineswegs reich. Einige versuchten ihr Glück anschließend in Nome oder an anderen Fundstätten. Die meisten fuhren aber nach Hause. Aber viele blieben auch und ließen sich in Alaska nieder: Zwischen 1890 und 1900 verdoppelte sich die Zahl der ganzjährig in Alaska Ansässigen von 30 000 auf 60 000. Diese Massenzuwanderung Anfang des 20. Jahrhunderts beschleunigte den Bau von Eisenbahnen, die Gründung von Städten und das Anwachsen von Industrien wie Fischerei und Holzwirtschaft. Alaska wuchs und wuchs, erlebte aber bis zum Zweiten Weltkrieg keinen echten Boom mehr.

DER ZWEITE WELTKRIEG

Kaum jemand weiß, dass die Japaner im Zweiten Weltkrieg in Alaska einmarschierten. Anders als bei der Bombardierung von Pearl Harbor wurden hier tatsächlich Bodentruppen abgesetzt. Fast ein Jahr lang wehte die japanische Flagge über amerikanischem Staatsgebiet. Die Invasion kann freilich nicht wirklich überraschend gekommen sein: US-Militärs wussten sehr wohl, dass die westlichsten Inseln der Aleuten näher an Japan als an Anchorage lagen. Es gab heftige Bombenangriffe von beiden Seiten. Im Mai 1943 fand auf der Aleuteninsel Attu, wo 11 000 Amerikaner auf 2600 Japaner trafen, eine der brutalsten Schlachten des Krieges

Arbeiter säubern einen Kormoran, dessen Federkleid durch die Exxon-Valdez-Ölkatastrophe verklebt wurde

statt. Im Verlauf der mehrwöchigen Kämpfe fielen fast 4000 Amerikaner, auf japanischer Seite gab es nur 28 Überlebende.

Weitere Kampfhandlungen gab es in Alaska nicht, aber andere, durch den Krieg initiierte Entwicklungen veränderten Alaska in der Nachkriegszeit. So wurde der Bau von Flughäfen und des Alaska Highways vorangetrieben. Der Highway stellte endlich eine Straßenverbindung zu den 48 »südlichen« US-Bundesstaaten her. Vielleicht noch bedeutsamer war, dass der Krieg Zehntausende Soldaten nach Alaska führte.

MODERNE ZEITEN

Der Zweite Weltkrieg war noch nicht lange vorbei, da begann der Kalte Krieg. Und da die Sowjetunion nicht weit von Alaska entfernt lag, wurden in den Nachkriegsjahrzehnten Truppenverbände in Alaska stationiert. Viele Soldaten holten ihre Familien nach: Die Bevölkerung von Anchorage stieg innerhalb von elf Jahren (1940–1951) von 3000 auf etwa 47 000 Einwohner. Um 1950 stand jeder sechste Einwohner Alaskas im Dienste des Militärs. Die Neuankömmlinge und die massiven militärischen Baumaßnahmen lösten einen wirtschaftlichen Boom aus. Die rasche Modernisierung und die strategisch wichtige Position im Verteidigungssystem der USA erleichterten 1959 Alaskas Aufnahme in die Union als 49. Bundesstaat.

1968 entdeckten die Geologen eines Ölkonzerns auf der North Slope, der weiten Küstenebene nördlich der Brooks Range, riesige Erdölvorkommen. Umweltschützer und Ureinwohner kritisierten die Rechtmäßigkeit der Erschließung dieses Ölfelds. Insbesondere der Bau einer knapp 1300 Kilometer langen Pipeline sowie der Weitertransport in Öltankern durch unberührte Gewässer schien ihnen mehr als riskant. Dann aber lieferte das arabische Ölembargo von 1973 den Ölkonzernen die nötige Argumentationshilfe. Aus Furcht vor einer möglichen Ölknappheit genehmigte der Kongress mit 50 zu 49 Stimmen den Bau der Pipeline. Bald flossen Ölgelder nach Alaska und in die Taschen der großen Ölkonzerne. Öl floss aber auch in den Prince William Sound, als 1989 die *Exxon Valdez* havarierte. Diese Episode bringt alle Themen auf den Punkt, mit denen Alaska im 21. Jahrhundert konfrontiert wird: Es gilt, ein Gleichgewicht zwischen der Nutzung und der Bewahrung der natürlichen Ressourcen Alaskas zu finden. ■

Kunst und Kultur

FÜR EINE REGION MIT NUR 655400 EINWOHNERN HAT ALASKA EINE überraschend vielfältige und aktive Kunstszene. Das gilt vor allem für die bildenden Künste, aber auch Liebhaber von Musik, Theater, Tanz und Literatur kommen mit Sicherheit auf ihre Kosten. Angesichts der gewaltigen Schönheit der Natur überrascht es nicht, dass viele Künstler Alaskas sich mit entsprechenden Themen beschäftigen: der Wildnis, der Tierwelt und der Beziehung zwischen Mensch und Natur. Einige arbeiten mit traditionellen Techniken, andere sind echte Avantgardisten. Nachfolgend einige Porträts von alaskanischen Künstlern.

BILDENDE KUNST

Die ersten bildenden Künstler Alaskas waren die Ureinwohner vergangener Jahrhunderte, deren Namen längst vergessen sind. Auch die meisten ihrer Werke existieren nicht mehr, doch einige wenige Stücke findet man in Museen. Die University of Alaska Museum of the North besitzt mehrere Arbeiten aus Walrosselfenbein, die Archäologen auf St. Lawrence Island ausgegraben haben. Küsten-Eskimos fertigen solche Figuren seit mindestens 500 v. Chr.

Mit den Europäern gelangte dann eine andere Kunstform nach Alaska. Zu jeder Expedition gehörte gewöhnlich ein Maler, der das Entdeckte im Bild festhielt, und einige dieser Zeichnungen und Skizzen haben neben dem dokumentarischen durchaus auch einen künstlerischen Wert. Ein bekannter Vertreter dieses Genre war John Webber, der James Cook auf seiner dritten und letzten Fahrt von 1776 bis 1780 begleitete. Webber zeichnete und malte Landschaften, Flora und Fauna sowie einige der Ureinwohner, denen er in Alaska begegnete. Auf derselben Reise malte auch William Ellis, ein mitreisender englischer Arzt, eindrucksvolle Bilder.

Der erste akademisch ausgebildete Maler in Alaska war Sydney Laurence (1865–1940), der zum berühmtesten und einflussreichsten Maler des Bundesstaates wurde. Der gebürtige Brooklyner bereiste als junger Mann die Welt und studierte Malerei in Paris und London. Später berichtete er als Illustrator und Fotograf vom Boxeraufstand in China, vom Zulukrieg in Südafrika und vom Spanisch-Amerikanischen Krieg. 1904 fuhr er nach Alaska, wo er mehrere Jahre den Zeichenblock gegen die Goldgräberschaufel tauschte – auch Künstler können vom Goldfieber gepackt werden. Dass er

Der weltberühmte Tlingit-Bildhauer Nathan Jackson verleiht einem traditionellen Totempfahlmotiv seine persönliche Note

wieder zum Pinsel griff, hatte seinen eigenen Aussagen nach einen ganz prosaischen Grund: »Ich war pleite und konnte nicht weg. Deshalb fing ich wieder an zu malen«, bekannte er offen. Laurence malte vorwiegend traditionelle Motive wie den Mount McKinley und Trapper. Seine Spezialität waren großformatige Darstellungen der ungezähmten Wildnis Alaskas. Heute verkaufen sich seine Bilder für sechsstellige Summen. Die meisten befinden sich in Privatbesitz, aber einige hängen im Anchorage Museum of History & Art sowie im Alaska Heritage Library and Museum, ebenfalls in Anchorage.

Ein Zeitgenosse von Laurence und fast ebenso berühmt war der aus Detroit stammende Eustace Ziegler (1881–1969). Er begann als Siebenjähriger zu malen und lebte schon mit 20 Jahren von seinen Arbeiten. Bis wenige Monate vor seinem Tod im Alter von 87 Jahren produzierte er Jahr für Jahr rund 40 Gemälde. Der Sohn eines Geistlichen kam auf Bitten des Episkopalbischofs von Alaska nach Cordova am Prince William Sound, um die dortige Sozial- und Missionsstation zu leiten. Später studierte er Theologie und kehrte als Pastor an die St. George's Church in Cordova zurück.

Genau wie Laurence war Ziegler von der Natur Alaskas fasziniert, doch anders als dieser interessierte er sich auch für die Menschen. Teils zu Pferd, teils per Kanu, Schiff oder Hundeschlitten reiste er kreuz und

Schnitzereien an Totempfählen wie diesem im Totem Bright State Historic Park, Ketchikan, erzählen durch ihre vielen Details ganze Geschichten

quer durchs Land, lernte Leute aus allen Schichten und Berufen kennen und malte Eskimomütter, Goldgräber, Glücksspieler, Priester und Prostituierte – alle mit gleicher Anteilnahme und ohne Vorbehalte. Bis 1924 war er als Geistlicher tätig, dann überzeugte ihn eine Kommission der in Seattle ansässigen Alaska Steamship Company, sich ganz der Malerei zu widmen. Er zog schließlich nach Seattle, kehrte aber fast jeden Sommer nach Alaska zurück, um sich neue Inspiration zu holen.

Machen wir einen Sprung ins Jahr 2005 und in die Einzelausstellung »Breakup III« im Alaska State Museum in Juneau. Kunstbeflissene Besucher schlendern durch eine faszinierende, aber auch verwirrende Vielfalt von Arbeiten aus Klebeband, Licht, Wasser, Raum und Videoprojektionen, die den Betrachter zur Interaktion auffordern und ihn einladen, selbst Teil des Kunstwerks zu werden. Die Künstlerin ist Kat Tomka, Professorin an der University of Alaska, Anchorage, deren Multimedia-Arbeiten weltweit Beachtung finden. Sie gilt als führende Repräsentantin der aktiven zeitgenössischen Kunstszene Alaskas und hat insofern mit Laurence und Ziegler nicht viel gemein. Doch selbst Tomka gibt zu, dass ihre Vorliebe für transparentes Klebeband zumindest teilweise von den wasserfesten Seehunddarm-Anoraks herrührt, die die Aleuten früher trugen. Insofern steht auch ihr avantgardistisches Werk in einer gewissen Verbindung zu Alaska und seinen Menschen.

MODERNE KUNST DER UREINWOHNER

Anolic Unneengnuzinna Aalughuk, auch als Ted Mayac sen. bekannt, ist ein Inupiat-Eskimo aus King Island, einem Inselchen rund 50 Kilometer vor der Küste der entlegenen Seward Peninsula. Seit Jahrtausenden bearbeiten die Inupiat Walrosselfenbein, und Mayac setzt diese Tradition fort – mit der Ausnahme, dass er seine Stücke auf innovative Art bemalt. Nach 25 Jahren beim Alaska Department of Transportation ging Mayac in den Vorruhestand und widmet sich nun ausschließlich seinem künstlerischen Schaffen und der King-Island-Gemeinde. Von den Zugvögeln inspiriert, die die Insel anfliegen, fertigt er unglaublich schöne lebensechte Figuren von rund 70 Vogelarten. Sie zeigen, dass Mayac nicht nur seine Kunst beherrscht, sondern auch über beträchtliches ornithologisches Wissen verfügt. James Schoppert, ein Tlingit, hatte tiefen Respekt vor der traditionellen Ureinwohnerkunst, nahm sie in seinen eigenen Arbeiten aber lediglich als Ausgangspunkt zu Vorstößen in gänzlich neue, bisweilen surrealistische Richtungen. Nach intensivem Studium der Ureinwohnerkunst Alaskas gelangte Schoppert zu dem Schluss, dass Innovation selbst eine Tradition der indigenen Völker Alaskas war. Seine eigenen Stücke betrachtete er als Brücke zwischen Vergangenheit und Zukunft.

Schoppert war ein Multitalent – er malte, schnitzte, unterrichtete, schrieb Gedichte und übernahm eine Führungsrolle unter den Native Artists, den Künstlern unter den Ureinwohnern. Er fertigte kunstvolle Masken, von denen viele seinen Sinn für Humor spiegeln. Eine trägt den Titel »Walrus Goes to Dinner« und zeigt ein Walrossgesicht mit Gabel und Löffel als Stoßzähne. Eine andere, die auf einer alten, einohrigen Chugach-Maske basiert, taufte er »Art is a One-eared Madman« und verstand sie als Hommage an Vincent van Gogh. Schoppert starb 1992 mit nur 45 Jahren.

Sonya Kelliher-Combs, 1969 in Bethel geboren, ist eine aufstrebende junge Native Artist, deren Methoden und Medien auf den

Seit Jahrtausenden fertigen Eskimos Tierfiguren wie dieses Karibu aus Walrosselfenbein

Mit seinen kraftvollen Mustern und Symbolen erzählt das noch unvollendete Werk des Tlingit-Bildhauers Donald Varnell aus Saxman Village, Nähe Ketchikan, eine spannende Geschichte

ersten Blick kaum etwas mit ihrem Inupiat- oder athabaskischen Erbe zu tun haben (sie hat auch deutsches und irisches Blut). Bei näherem Hinschauen erkennt man jedoch gewisse Materialien und Symbole, die auf ihre Kindheit in Nome zurückgreifen, wo ihre Familie im Sommer als Selbstversorger lebte. Zum Beispiel integriert sie in Schichten aus Acrylpolymer – Grundlage der meisten ihrer Arbeiten – manchmal Walrossmagen, der in traditionellen Häusern gern als Fenster verwendet wurde, weil er Licht herein- und den Rauch hinauslässt. Außerdem verwendet sie Schnur, Perlen, Seehund- und Schweinedarm, Netze, Papier, Menschenhaar und ähnliche Dinge. Arbeiten von Kelliher-Combs sind in allen großen Museen und Galerien Alaskas zu sehen; sie hatte auch Ausstellungen in den USA und Kanada.

Zu den bekanntesten und ungewöhnlichsten Medien der Native Artists aus Alaska zählt der Totempfahl – ein zwischen sechs und neun Meter hoher beschnitzter Stamm, der gewöhnlich aus Zedernholz besteht. (Der höchste in Alaska überragt mit 40,2 Meter das Dorf Kaka auf Kupreanof Island.) Totempfähle sind Teil der Kultur der North West Coast Natives, zu denen auch die Völker Südostalaskas gehören: die Tlingit, die Haida, die Eyak und die Tsimshian. Der Name dieser traditionellen Kunstwerke rührt daher, dass sie gewöhnlich zumindest eine geschnitzte Darstellung des Totems eines Clans oder einer anderen Gruppe enthalten; meist ist dies ein Tier wie der Rabe, der Wolf oder der Schwertwal.

Obwohl sie oft hohen künstlerischen Standards entsprechen, sind Totempfähle mehr als Kunstwerke. Einige dienen als Erinnerung an ein verstorbenes Mitglied der Gemeinschaft, andere erinnern an bedeutende Ereignisse oder erzählen Begebenheiten aus der Geschichte des Clans. Es gibt sogar »Schandpfähle«, die aufgestellt werden, um jemanden auf seine schamhafte Tat hinzuweisen. Sobald der betreffende Reue bekundet, wird der Pfahl entfernt. Historisch gesehen dienten Totempfähle auch oft dazu, Wohlstand und Macht eines Clans zur Schau zu stellen.

Der gegenwärtig bekannteste Totempfahlkünstler ist der Holzschnitzer Nathan Jackson, ein Tlingit, der seit mehreren Jahrzehnten wunderschöne Pfähle gestaltet, die zwar fest in der Tradition verankert sind, gleichzeitig aber auch kreatives Engagement zeigen. Seine Pfähle schmücken öffentliche Plätze und Museen in Alaska, den übrigen US-amerikanischen Bundesstaaten, Großbritannien und Japan. Er vertrat Alaska beim Smithonian Festival of American Folklife. Neben Totempfählen schnitzt Jackson Masken, Kanus und Türen, obendrein malt er und arbeitet mit Metall. Sein größtes Verdienst dürfte jedoch sein, dass er der aussterbenden Kunst des Totempfahlschnitzens zu neuem Leben verhalf und eine neue Generation junger Künstler aus Südostalaska motivierte, diese traditionelle Kunst zu erlernen.

Es überrascht nicht, dass Anchorage als einzige Metropole Alaskas das Zentrum der Kunstszene ist. Neben ihrer Bevölkerungszahl hat die Stadt außerdem etwas, was vielen anderen fehlt: Geld. Über Steuern und direkte Zuschüsse fördern die Ölfirmen, die die Wirtschaft des Landes beherrschen, die darstellenden Künste in Alaska (besonders in Anchorage) mit Millionen Dollars. Das Alaska Center for the Performing Arts, in dem international bekannte Künstler auftreten, ist auch Sitz des Anchorage-Symphonieorchesters und der Anchorage Opera, die praktisch immer vor ausverkauftem Haus spielen.

Die bekannte Native-Band Pamyua bei einer Feier für Native-American-Grammy-Nominierte in New York City, 2003

DARSTELLENDE KUNST

Das Großstadtflair, Nährboden für hochrangige künstlerische Darbietungen, sucht man in Alaska vergebens. Dennoch gibt es eine ganze Reihe von Gruppen, die hervorragende Musik-, Tanz- und Theatervorstellungen bieten.

Auch unabhängige Musiker und Bands haben in Anchorage ihr Publikum. Ein Beispiel unter vielen ist die bekannte Native-Band Pamyua (ausgesprochen: Bam-jo-a). Die vier jungen Yupik und Inuit, die sich 1996 zusammenschlossen, sind heute eine der beliebtesten Gruppen des Bundesstaates, genießen aber auch über die Grenzen Alaskas hinaus Erfolg. Sie treten auf Musikfestivals in aller Welt auf und gewannen 2003

Jo-Ann Mapson, Literaturdozentin an der University of Alaska, Anchorage, ist eine Bestsellerautorin. Ihr Roman *Blue Rodeo* wurde sogar 1996 für das Fernsehen verfilmt

den Native American Music Award – als erste Künstler aus Alaska überhaupt. Ihre Darbietungen zu beschreiben ist nicht leicht – ein ungemein kreativer Mix aus traditionellen Liedern, Trommeln und Tanz, der Elemente von Jazz, Gospel, Rhythm-and-Blues, Funk, Hip-Hop und Doo-wop enthält. Und die dazu noch Comedy- und Yupik-Geschichten erzählen.

Wer einen Beweis sehen will, dass sich das kulturelle Leben Alaskas nicht auf Anchorage beschränkt, muss nicht lange suchen: Das Perseverance Theatre in Juneau zählt zu den besten Regionalbühnen der USA. Auf dem Spielplan stehen anspruchsvolle Klassiker ebenso wie innovative und häufig auch umstrittene moderne Stücke. Doch schon das Spektrum der Klassiker ist ungewöhnlich breit; es reicht vom *Tod eines Handlungsreisenden* über *Hair* bis hin zu einer in der Tlingit-Kultur angesiedelten Version von *Macbeth*.

LITERATUR

Alaska ist ein Ort, der zum Schreiben inspiriert. Das »große Land« weckt in vielen Menschen das Bedürfnis, mit Worten auszudrücken, was sie sehen und angesichts der gewaltigen Schönheit und ungezähmten Wildnis fühlen. Viele Autoren nutzen Prosa und Lyrik dazu, das Leben in Alaska zu beschreiben. Dies gilt nicht zuletzt für Jerah Chatwick, der 2005 als Alaska State Writer ausgezeichnet wurde und in ergreifenden Gedichten die karge Landschaft seiner Heimat, die Tundra der Aleuten-Insel Unalaska, schildert. Er zog 1982 hierher, um Ziegen zu züchten, zu unterrichten und Verse zu schmieden, und lebt in einem Unterstand aus dem Zweiten Weltkrieg.

Die Landschaft spielt auch eine tragende Rolle in *Ordinary Wolves*, einem Roman des in Nordalaska heimischen Fotografen Seth Kanter. »Ein erstaunliches Buch«, meinte ein Kritiker, »eine phantastisch umgesetzte Geschichte«, lobte der *New York Times Book Review*. Kantner wuchs in der Tundra auf, wo seine Familie mit Fischfang, Fallenstellen und der Jagd den Lebensunterhalt bestritt. Sein Roman dreht sich um die Spannungen zwischen dieser alten Welt und dem modernen Amerika.

Dasselbe Thema bestimmt viele der faszinierenden Berichte des 1998 von Susan B. Andrews und John Creed herausgegebenen Bandes *Authentic Alaska: Voices of Its Native Writers*. Und in *The Way Winter Comes* (1998) spürt die preisgekrönte Sherry Simpson weiteren Aspekten des letzten Grenzlandes der USA nach.

Weitere bemerkenswerte Autoren sind Richard Nelson, der viele Bücher über das hiesige Leben schrieb. Das bekannteste dürfte *Make Prayers to the Raven: A Koyukon View of the Northern Forest* sein, das als Vorlage für eine Fernsehserie diente. Erwähnung verdient auch Jo-Ann Mapson, von deren acht Romanen drei auf die nationale Bestsellerliste kamen.

Last not least seien Linda McCarriston und Robert Service genannt. Die Dichterin McCarriston behandelt komplexe Sachverhalte wie Familie, Freundschaft und Kinder. Service, der zur Zeit des Klondike-Goldrausches an den Yukon kam, war beliebt, und seine Balladen *The Cremation of Sam McGee* und *The Shooting of Dan McGrew* werden noch heute in der Schule gelesen. ■

Südostalaska ist eine entlegene Region mit Inseln, Wäldern und Gebirgen. Die meisten Besucher kommen wegen der faszinierenden Szenerie und sind überrascht, auf hübsche und historisch interessante Städte zu stoßen.

Südostalaska

Allgegenwärtig an Alaskas südlichen Küsten: der Weißkopfseeadler

Südost-alaska

SÜDOSTALASKAS SCHMALER FESTlandstreifen mit Tausenden von Inseln wird der »Pfannenstil« genannt. Er liegt zwischen British Columbia und den Coast Mountains im Osten sowie dem Pazifik im Westen. Nur Skagway, Haines und Hyber sind mit dem Festland Alaskas über Straßen verbunden. Um sie zu erreichen, muss man zunächst Hunderte von Kilometern durch Kanada fahren.

Der Rest Südostalaskas ist nur aus der Luft oder per Schiff zu erreichen, doch die Flugzeugverbindungen reichen aus und die Schiffsreisemöglichkeiten sind geradezu phantastisch. Die berühmte Inside Passage, eine geschützte Wasserstraße, zieht sich durch die Inselwelt fast des gesamten Südostens. Alljährlich bereisen Hunderttausende Touristen und viele Einheimische die Inside Passage.

Die Gipfel der Berge scheinen hier mehrere Hundert Meter geradewegs aus dem Meer zu wachsen. Küstenwald herrscht in dieser kühlen und feuchten Region vor und steht als Tongass National Forest unter Schutz. Der größte amerikanische Wald (6,9 Mio. ha) nimmt fast 80 Prozent des Südostens Alaskas ein. Bis zu 4000 Millimeter Niederschlag fallen jährlich, die Wälder mit Rot- und Hemlocktannen sind meist in Nebel gehüllt. Bären, Schneeziegen, Wölfe und Sitka-Schwarzwedelhirsche streifen durch die Wälder, und Weißkopfseeadler schweben über der Küste. Fünf Lachsarten wandern die Flüsse und Bäche zu ihren Laichplätzen hinauf. Zu den Bewohnern des Pazifiks gehören Buckelwale, Seelöwen, Schweinswale, Schwertwale und Seeotter.
Allein schon der Tiere wegen würde sich der Besuch lohnen. Doch der Südwesten mit seinen 60 000 Bewohnern wartet mit einem reichen historischen und kulturellen Erbe auf. Dazu gehört die Kultur der indianischen Urbevölkerung (in erster Linie der Tlingit, aber auch der Haida, Eyak und Tsimshian), der späteren russischen und skandinavischen Siedler sowie schließlich der Goldsucher. In Museen und Kunstgalerien, bei Festen oder musikalischen Darbietungen wird ihr Erbe gezeigt und vorgeführt. ■

Krebsbehälter – Symbol für eine Einnahmequelle im Fischereihafen Petersburg

RUSSLAND
KANADA
Internationale Datumsgrenze
Anchorage
Juneau
Zur Orientierung
SÜDOSTALASKA
0 40 Meilen
0 40 Kilometer
KANADA
British Columbia
Chilkoot Trail
White Pass Summit 3,292 ft
Klondike Gold Rush Nat. Hist. Park
Taiya River
SOUTH KLONDIKE HWY.
Dyea
Skagway
HAINES HWY.
Chilkoot Lake State Recreation Site
LUTAK HWY.
Chilkat Lake
Haines
Chilkat Bald Eagle Preserve
GLACIER BAY NATIONAL PARK AND PRESERVE (see p. 81)
Glacier Bay
Echo Cove
Eagle Beach State Recreation Area
GLACIER/JUNEAU VETERANS' MEMORIAL HWY.
Lynn Canal
Favorite Channel
Bartlett Cove
Gustavus
Point Gustavus
Mendenhall Glacier Visitor Center
Juneau
Mansfield Peninsula
Icy Strait
Auke Bay
Douglas Island
Gastineau Channel
Hoonah
Pelican
Chichagof Island
ADMIRALTY ISLAND NATIONAL MONUMENT
Pack Creek
Admiralty Island
Stephens
Angoon
Kootznoowoo Wilderness
TONGASS NATIONAL FOREST
Kruzof Island
Mount Edgecumbe 3,201 ft
Starrigavan Recreation Area
Sitka
St. Lazaria Island
Sitka Sound
Baranof Island
Frederick Sound
Kake
LeConte Glacier
Petersburg
Wrangell Narrows
Mitkof Island
Stikine
Telegraph Creek
Kupreanof Island
Kuiu Island
Petroglyph Beach State Historic Park
Wrangell
Point Baker
Rainbow Falls Trail
Wrangell Island
Etolin Island
Blind Slough
Anan Wildlife Observatory
Port Alexander
Alexander Archipelago
WILDLIFE REFUGE
Coffman Cove
MISTY FIORDS NATIONAL MONUMENT WILDERNESS
Stewart
Hyder
Naukati Bay
Prince of Wales Island
Thorne Bay
Iphigenia Bay
Behm Canal
Revillagigedo Island
Rudyerd Bay
Klawock
Hollis
Kasaan
New Eddystone Rock
MISTY FIORDS NATIONAL MONUMENT
PAZIFISCHER OZEAN
Craig
Totem Bight State Historical Site
Ketchikan
Herring Cove
Rudyerd Island
Point Alava
PEABODY MOUNTAINS
Hydaburg
Metlakatla
Annette Island
Alaska Marine Highway
Dixon Entrance
C
D
E
F
5
6
7
98

Ketchikan

Ketchikan
49 E6
Visitor Information
www.visit-ketchikan.com
Ketchikan Visitors Bureau, 131 Front St.
907/225-6166 oder 800/770-3300

OFT WERDEN DIE BESUCHER MIT REGEN EMPFANGEN. DIE Stadt ist für ihren hohen Niederschlag bekannt – rund 4000 Millimeter fallen hier jährlich. Doch die Sportfischerei und die Attraktionen in der Stadt und ihrer Umgebung entschädigen mehr als genug für die wetterbedingten Unannehmlichkeiten.

Viele kommen, um hier Lachs und Heilbutt zu angeln. Die Stadt verdankt ihre Gründung in den 1880er Jahren dem Reichtum an Lachs und Holz. 50 Jahre später verließen jährlich 1,5 Millionen Lachskonserven die Fabriken: Ketchikan erhielt den Titel »Lachshauptstadt der Welt«. Die Fischverarbeitungsindustrie ist noch immer einer der wirtschaftlichen Eckpfeiler der Stadt. Das Gros der Arbeitsplätze aber stellt die Tourismusbranche: Etwa 850 000 Kreuzfahrtpassagiere kommen hier jährlich an und wollen versorgt werden.

HAFENVIERTEL

Die Schiffe ankern am Kai unmittelbar an der **Waterfront Promenade**, die parallel zur Front Street verläuft. (Die Promenade zieht sich um den **Thomas Basin Boat Harbor**, in dem die Fischereiflotte liegt.)

In vielen Ausstellungsräumen wird eine große Auswahl an regionalem Kunsthandwerk verkauft. Viele indianische Künstler der Tlingit, Eyak, Haida und Tsimshian arbeiten hier an ihren Kunstwerken. Nathan Jackson, der weltbekannte Holzschnitzer, ist mit ungewöhnlichen Totempfählen und anderen Skulpturen in Galerien, Museen und auf öffentlichen Plätzen vertreten. (Auskunft über alle Galerien gibt der *Ketchikan Arts Guide*, der im Visitors Bureau erhältlich ist.) Ein guter Startpunkt für einen kunstorientierten Stadtrundgang ist das historische **Star Building** (*Creek St. 5, Tel. 907/ 225-5954*), in dem zwei Galerien mit Werken einheimischer Künstler untergebracht sind: **Soho Coho** (*Tel. 907/225-5954*) und **Alaska Eagle Arts** (*Tel. 907/225-8365*).

Das **Southeast Discovery Center** an der Promenade präsentiert eine exquisite indianische Kunstsammlung. Im Eingangsbereich stehen drei prächtige Totempfähle im Stil der Tlingit, Haida und Tsimshian. Auch andere Aspekte des Lebens der Ureinwohner werden hier im Haus dokumentiert: In einer Abteilung wurde ein traditionelles Fischerei-Camp nachgebaut, in einem anderen erzählen Stammesälteste über ihr früheres und heutiges Leben. Den größten Raum nimmt jedoch die Ausstellung über die Naturgeschichte und die Naturschätze der Region ein. In der Regenwaldabteilung fehlen weder Wasserläufe noch Vogelstimmen. Das Leben in den sieben wichtigsten Ökosystemen des Südostens (u. a. Gezeitentümpel und Bergtundra) wird interaktiv präsentiert.
Auf der anderen Straßenseite läuft die **Great Alaskan Lumberjack Show** (*Spruce Mill Way 420, Tel. 907/225-9050 oder 888/320-9049, $$$$$*), eine Mischung aus Show und Wettbewerb: Die geschickten Akteure treten in verschiedensten Disziplinen gegeneinander an, sei es Sägen, Holzhacken, Baumstammrollen und Hochgeschwindigkeitsklettern. Bei Letzterem müssen die Wettbewerber mit affenartiger Geschwindigkeit sehr hohe Pfähle erklimmen.

Southeast Alaska Discovery Center
www.fs.fed.us/r10/tongass/districts/discoverycenter/
✉ 50 Main St.
☎ 907/228-6220
$ $; Mai–Sept., Okt.–April freier Eintritt

Ein Sonnentag in Ketchikan: Urlauber genießen ihr Essen in einem der Restaurants an der Waterfront

Üppige Vegetation entlang des Bohlenwegs nach Punchbowl Cove im Misty Fiords National Monument

AM KETCHIKAN CREEK

Die Vergangenheit Ketchikans wird im **Tongass Historical Museum** (*Dock St. 629, Tel. 907/225-5900, Sommer tägl., Winter Mi–Fr, $*) lebendig. Das Museum teilt sich am Ketchikan Creek ein Gebäude mit der Bibliothek. Die Gründungszeit Ketchikans als Tlingit-Fischcamp ist die erste Station im Museum, in weiteren Räumen wird die Stadtentwicklung mit ihren verschiedenen Epochen bis hin zur Gegenwart präsentiert. Auf einen dunkleren Teil der Vergangenheit stößt man, wenn man die Straße flussabwärts und über die Brücke in die **Creek Street** läuft. Die Straße war bis in die 1950er Jahre das Rotlichtviertel der Stadt, zu dem »Fische und Fischer flussaufwärts steuerten, um sich ihres Spermas zu entledigen«, wie ein Ausspruch zusammenfasst. Das Viertel wurde auf Stelzen und Holzstegen über dem Wasserlauf gebaut, heute prägen es Geschäfte und Restaurants.

Wer dem Ketchikan folgt, stößt etwa auf Höhe der Salmon Street auf das **Deer Mountain Tribal Hatchery and Eagle Center** (*Salmon Rd. 1158, Tel. 907/225-6790 oder 800/252-5158, Mai–Sept. tägl., $$*). Die Zuchtstation unterstützt die natürlichen Wanderungen der Königs- und Coho-Lachse sowie der Stahlkopf- und Regenbogenforellen, die hier im Bach schon immer ihre Laichplätze hatten. Coho-Lachse schwimmen im Herbst und Winter, die Königslachse im August den Wasserlauf hinauf. Der Rundgang durch die Station informiert über die Lachse und schließt auch den Besuch des Zentrums für Weißkopfseeadler mit ein.

Gegenüber am anderen Ufer des Baches liegt das **Totem Heritage Center** (*Deermount St. 601, Tel. 907/225-5900, Mai–Sept. tägl., Okt.–April Mo–Fr, $$*). *Raven-Fog Woman*, ein Totempfahl von Nathan Jackson, steht vor dem Museum. Das Zentrum kümmert sich um die Rettung alter, Pfähle aus indianischen Dörfern. Ausgestellt werden auch indianische Perlen- und Korbflechtarbeiten.

TONGASS HIGHWAY

Fahren Sie auch auf dem South Tongass Highway, der sich entlang der Küste zieht, Richtung Süden. Biegen Sie nach 4 Kilometern links ab und fahren Sie auf dem Totem Row einen Block weiter zum **Saxman Native Village and Totem Park.** Hier steht eine der weltweit größten Sammlungen an Totem-

Saxman Native Village & Totem Park

www.capefoxtours.com

☎ 907/225-4846, Nebenstelle 103

$ $$$$, Tickets verkauft der Souvenirladen auf der anderen Straßenseite

pfählen. Interessant ist der am Schaft unbearbeitete Pfahl, der an der Spitze die Gestalt des einstigen Außenministers William H. Seward zeigt. Es wird kolportiert, dass es sich hierbei um einen Spott-Pfahl handelt, der nach einem Besuch von Seward in einem Tlingit-Dorf (1869) geschnitzt wurde. Seward hatte sich angeblich nicht für die Geschenke und die Gastfreundschaft der Dorfbewohner bedankt. Besucher können sich selbst umschauen oder an einer zweistündigen Führung teilnehmen. Fahren Sie dann auf dem Highway etwa 9,6 Kilometer weiter nach Süden und biegen Sie links in die Wood Road ein. Nach 500 Metern kommt der Eingang des **Alaska Rainforest Sanctuary**. Die knapp zweistündige Führung führt durch ein aufgeforstetes Regenwaldschutzgebiet und zum Eagle Creek Estuary. Halten Sie unterwegs Ausschau nach Schwarzbären, Weißkopfseeadlern, Seehunden und wandernden Lachsen, von denen Raubvögel und andere Tiere angelockt werden. Während der Führung sehen Sie auch ein historisches Sägewerk, hier lebende Karibus sowie das Atelier eines Meister-Schnitzers. Im Schutzgebiet gibt es sieben Hochseile (»Zip-Lines«), mit denen man sicher angeschnallt langsam in 40 Metern Höhe über die Baumwipfel des Regenwaldes gleiten kann.

In der Creek Street, dem einstigen Rotlichtviertel, liegen heute Geschäfte für betuchte Kunden

Weitere Totempfähle gibt es im **Totem Bight State Historical Park**, er liegt am North Tongass Highway, 16 Kilometer nördlich der Stadt. Ein kurzer Pfad führt durch einen schönen, in Meernähe gelegenen Wald zu 14 Totempfählen und einem rekonstruierten Stammeshaus. Eine Broschüre erklärt die Totemkunst und die sich darin spiegelnde Kultur. ■

Alaska Rainforest Sanctuary
✉ 116 Wood Rd.
☎ 907/225-5503
🕒 Mai–Sept.
$ $$$$$

Totem Bight State Historical Park
www.dnr.state.ak.us/parks/units/totembgh.htm
N 49 E6
✉ 9883 N. Tongass Hwy.
☎ 907/247-8574

Die Tsimshian von Annette Islands

Die Tsimshian sind anders als die Tlingit, Eyak und Haida erst vor recht kurzer Zeit nach Alaska eingewandert. Die Heimat ihrer Urväter lag in British Columbia. Ende des 19. Jhs. bat eine Gruppe Tsimshian unter Führung des anglikanischen Missionars William Duncan die USA um religiöses Asyl. Sie erhielt die Erlaubnis zur Ansiedlung auf Annette Island südlich von Ketchikan. Etwa 800 Tsimshian zogen 1887 von Old Metlakatla dorthin und gründeten New Metlakatla. Heute heißt die Gemeinde nur Metlakatla. 1891 erkannten die USA die Gemeinschaft formell an und riefen das Annette Islands Reserve ins Leben, das einzige Indianer-Reservat in Alaska. ■

Mit dem Boot durch Misty Fiords

Misty Fiords National Monument ist ebenso faszinierend schön und geheimnisvoll, wie es sein Name verspricht. Aus großer Höhe stürzende Wasserfälle, zerklüftete Gebirgsketten und üppiger Regenwald prägen die Fjordlandschaft. Die Boote dringen tief in die 900 000 Hektar große weitgehend unberührte Wildnis vor. Unterwegs sieht man Weißkopfseeadler, Bären und Lachse, vielleicht auch Schwert- und Buckelwale, Hirsche und Fischotter. Einige machen eine Rundfahrt, doch viele fliegen mit einem Wasserflugzeug zurück.

In dem Gewässern von Behm Canal spiegelt sich der Misty Fiords

Anker hoch heißt es in Ketchikan, und schon gleitet das Schiff (*eine Liste der Veranstalter hat das Ketchikan Visitors Bureau, siehe S. 53*) ostwärts durch die Tongass Narrows und hinaus in den Revillagigedo Channel. Im Süden liegt Annette Island (siehe Kasten S. 53). Bei Point Alava biegt der Revillagigedo Channel nach Süden ab, das Schiff steuert aber nach Norden in den **Behm Canal** ❶. Der fast grade Kanal ist eine 160 Kilometer lange und 3,2 bis 6,4 Kilometer breite natürliche Wasserstraße, die hier von niedrigen Bergen und einem aus Hemlocktannen, Fichten und Zypressen gebildetem Waldgürtel gesäumt wird. In den Baumriesen sieht man mit etwas Glück Adlerhorste und ihre Bewohner.

Nach etwa 12,8 Kilometern hält das Schiff auf das Westufer zu und schiebt sich durch die Engstelle zwischen Revillagigedo Island (auf der Ketchikan liegt) und der kleineren **Rudyerd Island** ❷. In den 1920er Jahren gründete ein Einheimischer hier eine Fuchsfarm: Fuchsfelle waren damals gerade in Alaska beliebt. Dank des Fischreichtums gab es für die Füchse genügend Nahrung. Die Wirtschaftskrise und das für Füchse etwas zu warme Klima in Südostalaska bedeutete das Aus für diese und andere Fuchsfarmen. Schwarzhändler zogen auf die Insel, um hier während der Prohibition Alkohol aus Kanada über abgelegene Plätze wie Rudyerd Island in die USA zu schmuggeln.

Etwa 24 Kilometer weiter nördlich ragt der **New Eddystone Rock** ❸ 72 Meter aus dem Wasser empor. Der sechs Millionen Jahre alte Lavapfropfen ist der Überrest eines erodierten Vulkans. Seinen Namen verdankt er Kapitän George Vancouver (1793), ihn erinnerte der Fels an den Leuchtturm auf Eddystone Rock im Englischen Kanal.

Einige Kilometer nördlich des New Eddystone Rock steuert das Boot nach Osten in die **Rudyerd Bay** ❹. Die Bucht ist eine der atemberaubend schönen Fjorde, für die die Region so berühmt ist. Wasserfälle stürzen von imposanten Granitklippen herab, deren ausladende Vorsprünge die kaum einen Kilometer breite Wasserstraße noch mehr einengen. Einige Kilometer weiter stoppt das Schiff vor **Punchbowl Cove** ❺, einem nackten 914 Meter hoch aus dem Wasser ragenden Kliff, das nur von sehr wenigen Kletterern bisher bezwungen wurde. In der Nähe befinden sich Felszeichnungen – angeblich Hinweise zum Grab eines Tlingit-Schamanen. Einige Kilometer tiefer im Fjord stürzt der **Nooya Creek** ❻ in die Bucht. Mitte Juli bis Ende September lassen sich hier Lachse beobachten, gefolgt von Bären, Seehunden und Adlern, die die Lachse fischen. An der Einmündung des Flusses in die Rudyerd Bay entscheiden sich die meisten Passagiere für einen 30-minütigen Rückflug mit dem Wasserflugzeug nach Ketchikan. Vom Flugzeug bietet sich eine völlig neue Perspektive auf Misty Fiords. ■

Siehe Übersichtskarte S. 49 F5
Ketchikan
Entfernungen variieren
Bootstour 6,5 Std.; Bootstour nach Ketchikan 4 Std.
Ketchikan
UNBEDINGT ANSEHEN
New Eddystone Rock
Punchbowl Cove
Tiere im Nooya Creek
Bradfield Canal
Anan Wildlife Observatory
Anan Creek
Boulder Lake
Eagle
Eagle Lake
Reflection Lake
Burroughs Bay
Bell Island
TONGASS NATIONAL FOREST
Hassler Island
Spacious Bay
Gedney Pass
Orchard Lake
Orchard Creek
Neets Bay
Behm Canal
Walker Cove
Lake Manzoni
Nooya Creek
Lake Grace
REVILLAGIGEDO ISLAND
Swan Lake
Manzanita Bay
Nooya Lake
Rudyerd Bay
Punchbowl Cove
Manzanita Lake
Sargent Bay
Punchbowl Lake
Naha Bay
Grant Island
Betton Island
Mirror Lake
New Eddystone Rock
Ella Lake
Upper Checats Lake
Point Higgins
Last Chance Campground
Guard Islands
Tongass Narrows
George Inlet
Carroll Inlet
Winstanley Island
Winstanley Lakes
MISTY FIORDS NATIONAL MONUMENT
Ketchikan Lakes
Vallenar Bay
Signal Creek Campground
START
Ketchikan
Princess Bay
Smeaton Island
Southeast Alaska Discovery Center
Thorne Arm
Rudyerd Island
Smeaton Bay
Pennock Island
Gravina Island
Race Point
Alava Bay
Behm Canal
Bold Island
Cone Point
Point Alava
Boca de Quadra
Nichols Passage
Point Sykes
Annette Island
Ham Island
Port Chester
Revillagigedo Channel
Metlakatla
Clarence Strait
Quadra Point
Boca de Quadra
Hugh Smith Lake
Mary Island
Danger Passage
MISTY FIORDS NATIONAL MONUMENT WILDERNESS
Felice Strait
Hotspur Island
Alaska Marine Highway
Percy Islands
Foggy Bay
Duke Island
Nakat Inlet
Willard Inlet
0 10 Meilen
0 10 Kilometer
Kelp Island
Nakat Bay
Cape Fox

Die Schifffahrt von Petersburg nach Wrangell zeigt die Schönheit der Inside Passage in all ihrer Pracht

Wrangell

REISENDE, DIE DAS ECHTE SÜDOSTALASKA ERLEBEN WOLLEN, sollten nach Wrangell fahren. Die gastfreundliche 2000-Einwohner-Stadt liegt an der Nordspitze von Wrangell Island. Es ist leicht, mit Einheimischen im Café oder beim Beobachten der Fischerboote am Pier ins Gespräch zu kommen. Der Ort ist der Ausgangspunkt für Fahrten zum LeConte Glacier, zum Anan Wildlife Observatory und zum Stikine River – alle drei Highlights im Südosten Alaskas.

Wrangell
49 E5
Visitor Information
www.wrangell.com
Wrangell Visitor Center, 296 Outer Dr.
907/874-3699

Wrangell Museum
296 Outer Dr.
907/874-2381 oder 800/367-9745
Mai–Sept. Mo–Fr, Okt.–April Di–Fr

Das Wrangell Visitor Center befindet sich im gleichen Haus wie das James and Elsie Nolan Center mit dem **Wrangell Museum.** Das Museum ist sehr viel größer und interessanter, als man in einem Ort dieser Größe erwarten würde. Es dokumentiert die besondere Geschichte der Stadt – als einzige wurde sie nacheinander von vier Herren regiert: Tlingit, Russen, Briten und Amerikanern. Im Eingangsbereich stehen vier der ältesten geschnitzten Hauspfähle Alaskas, allesamt hervorragende Tlingit-Arbeiten (Ende 18. Jh.). Das Museum zeigt Fotos aus den rauen Zeiten des 1861 einsetzenden Goldrausches am Stikine.

Vom südlichen Ende des Zentrums führt eine schmale Fußgängerbrücke nach **Chief Shakes Island** (*Ende der Shakes St., Tel. 907/874-3747 oder 866/874-2023*). Mitten in der dynamischen Hafenstadt gelegen, wirkt die Insel wie eine Oase der Ruhe und Besinnlichkeit. Sehenswert sind das **Tribal House** und das **Community House**, dort stehen rund um das Langhaus Totempfähle.Über den Strand der **Petroglyph Beach**

State Historic Site (1,5 km nördlich der Stadt) liegen Kunstwerke noch älterer Ureinwohner verstreut: Selbst die indianischen Stammesältesten kennen den Ursprung der Steinritzungen nicht, möglicherweise sind sie 8000 Jahre alt. Wer die Felsblöcke und das nahe der Informationsplattform liegende Gestein genau studiert, wird 40 verschiedene geheimnisvolle Steinritzungen entdecken, darunter Symbolfiguren wie Schwertwale und abstrakte Motive wie Kreise und Spiralen.

Südlich der Stadt wartet Wrangell Island darauf, entdeckt zu werden. Von den befestigten Straßen und den Forstwegen zweigen einige Wanderwege ab. Einer der schönsten Pfade, der **Rainbow Falls Trail** (*Tongass National Forest, Wrangel Range District, Tel. 907/874-2323*), beginnt nur 7,5 Kilometer südlich von Wrangell am Zimovia Highway, unmittelbar gegenüber vom Shoemaker Bay Campground. Der Weg windet sich etwas mehr als einen Kilometer durch alten Baumbestand bis zu den 30,5 Meter hohen Rainbow Falls.

ATTRAKTIONEN IN DER NÄHE

Der 56 Kilometer entfernt liegende **Anan Creek** ist der spektakulärste Bach in Südostalaska: Rund 100 000 Buckellachse (*Pink Salmon*) schwimmen alljährlich den Bach zum Laichen hinauf. Sein Fischreichtum zieht Braun- und Schwarzbären magisch an. Besucher können vom **Anan Wildlife Observatory** aus die fischenden und fressenden Bären beobachten (*Tongass National Forest, Tel. 907/225-3101, Reservierung im Juli und Aug. notwendig*).

Ein weiteres Highlight ist der **LeConte Glacier** (40 km nördlich von Wrangell), der in einem von schneebedeckten Bergen eingerahmten Fjord liegt und ins Meer kalbt. Er wächst immer noch stark: Regelmäßig brechen Eisberge ins Meer ab. In der Nähe liegt eine Seehund-Aufzuchtstation. Das Wrangell nächstgelegene Naturwunder ist der 643 Kilometer lange **Stikine River**, ein breiter reißender Strom, der eine ausgedehnte Gebirgs- und Gletscherregion in British Columbia entwässert. Von Wrangell starten zahlreiche Bootstouren (*Informationen im Wrangell Visitor Center*), die

Felsen mit Jahrtausende alten Steinritzungen liegen über den Petroglyph Beach verstreut

Tagesausflüge führen durch eine Landschaft mit faszinierenden Gletschern und Eisbergen, in der es unterwegs Braun- und Schwarzbären, Elche, Lachse auf Laichwanderung, Weißkopfseeadler und sogar heiße Quellen zu sehen gibt. Hartgesottene buchen die zweitägige Tour (234 km) flussaufwärts nach **Telegraph Creek**, der einzigen Siedlung am Stikine River. ■

In Petersburg ist das norwegische Erbe und die lange Fischereitradition überall sichtbar

Petersburg

PETERSBURG IST STOLZ AUF SEINE VERBINDUNGEN NACH Norwegen und nennt sich Alaskas »Little Norway«. Das norwegische Erbe ist unübersehbar, sei es durch die häufige Verwendung des Wortes »Velkommen«, durch das alljährliche Little Norway Festival, durch das nachgebaute Wikingerschiff oder durch die Bauernmalerei auf den Hausfassaden. Die Technik des farbenfrohen Rosemaling entwickelte sich Mitte des 18. Jahrhunderts in Norwegen.

Arbeiter bei Icicle Seafoods verarbeiten Lachsrogen

Das saubere Städtchen (3100 Einw.) liegt in herrlicher Umgebung auf der Nordspitze von Mitkof Island. Die Berge und die schmalen Wasserstraßen erinnerten die Gründer Petersburgs an die Fjordlandschaft Norwegens.

Die Fischerei ist der wichtigste Industriezweig der Stadt, der Hafen einer der bedeutendsten Fischereihäfen Alaskas. In den drei nebeneinander liegenden Hafenbecken ankern Hunderte Fischerboote. Einige der am Kai liegenden Verarbeitungsbetriebe bieten Touren an (*Infos im Petersburg Visitor Center*).

Ein Block hinter Middle und South Harbor verläuft die **Sing Lee Alley**, der historische Kern der Stadt und ein reizvolles Einkaufsviertel. An der Straße liegen **Sing Lee Alley Books** (*Sing Lee Alley 11, Tel. 907/772-4440*) mit vielen Spezialbücher über Alaska und Karten und **Cubby Hole** (*Sing Lee Alley 14. Tel. 907/772-2717*) mit Souvenirs in schöner Bauernmalerei. Bei **Tonka Seafoods** (*22 Sing Lee Alley, Tel.*

907/772-3662 oder 888/560-3662, Mo–Fr Ausflüge, $$) kann man kleine Räucherlachshappen kaufen. **Sons of Norway Hall** (*Sing Lee Alley 23, Tel. 907/772-4575*) ist eine National Historic Site. Das historische Haus wurde 1912 über dem Hammer Slough auf Stelzen errichtet. Alle auf Stelzen über dem Morast errichteten Häuser zeigen schöne Beispiele des norwegischen Rosemaling (»Rosenmalerei«).

Das **Clausen Memorial Museum** ist der beste Ort, um etwas über die Geschichte und Kultur Petersburgs und seine nähere Umgebung zu erfahren. Es zeigt Tlingit-Artefakte, eine riesige Leuchtturmlinse, ein Einbaum-Kanu und einen ausgestopften Riesenlachs: Der Königslachs (Chinook) ist 57,4 Kilogramm schwer und soll der größte jemals gefangene Lachs der Welt sein.

MITKOF HIGHWAY

Der Highway führt Richtung Süden entlang der landschaftlich schönen Wrangell Narrows und ist ideal, um einige der entlegenen Gebiete auf Mitkof Island kennen zu lernen. Die ersten 27,8 Kilometer sind geteert, die letzten 26,6 Kilometer geschottert. Bei Meile 14 kreuzt die Straße den **Blind River Rapids Boardwalk,** einen 500 Meter langen Plankenweg über die *muskeg bogs.* Die Sümpfe bedecken weite Teile der Insel. Der Weg endet bei einem Angelplatz. Kurz hinter dem Bohlenweg (*boardwalk*) biegt der Highway ins Inselinnere ab und führt weiter nach Südosten. Vom **Blind Slough Swan Observatory** bei Meile 16,2 lassen sich im Spätherbst Hunderte von ziehenden Trompeterschwänen beobachten, die hier zwischenrasten. Etwas flussabwärts lassen sich im Sommer die Lachse beobachten – und fischende Bären. Auf den letzten Kilometern führt der Highway direkt am Ostufer der Insel entlang, so dass man zur Mündung des Stikine River hinüberschauen kann (siehe S. 57). Bootsausflüge werden von Veranstaltern in Petersburg (oder Wrangell, siehe S. 56) organisiert. ■

Im Sommer kreuzen häufig Wale durch den Frederick Sound bei Petersburg

Hütten

Wenn Sie ein Dach über dem Kopf (und eine solide Wand zwischen sich und den Bären) haben möchten, können Sie eine Blockhütte mieten. Die einfachen Unterkünfte (4–6 Betten, ein Tisch, Stühle und vielleicht ein Holz- oder Ölofen) liegen oft in abgelegenen, landschaftlich schönen Gegenden und sind nur mit Kleinflugzeugen oder Boot zu erreichen. Doch es gibt auch einige an Wanderwegen oder Straßen. Die Hütten können bis zu sechs Monate im Voraus gebucht werden. **Southeast Tongass National Forest** (*Tel. 907/228-6220, www.fs.fed.lr10/tongass/cabins/cabin_info.shtml*) besitzt mehr als 170 dieser Hütten. ■

Petersburg
49 E4

Visitor Information
www.petersburg.org
Petersburg Visitor Information Center, 1st & Fram Sts.
907/772-4636
Sommer tägl.; Winter Mo–Fr

Clausen Memorial Museum
www.clausenmuseum.net
203 Fram St.
907/772-3598
Sommer Mo–Sa
$

Sitka

Sitka
49 C4
Visitor Information
www.sitka.org
Sitka Convention & Visitors Bureau, Box 1226, 303 Lincoln St., Sitka, AK 99835
907/747-5940

AUCH WENN ABGESCHIEDENHEIT NICHTS BESONDERES IST, liegt Sitka doch besonders abgelegen und gar nicht mehr an der Inside Passage. Als einziger Hafen Südostalaskas, der von Kreuzfahrtschiffen auf ihrer Fahrt auf dem Marine Highway angelaufen wird, liegt Sitka am Pazifik. Die Stadt leidet häufig unter Winterstürmen, das Sommerwetter ist aber ähnlich wie anderswo in der Region.

Novo Archangelsk – der alte russische Name für Sitka – war in der ersten Hälfte des 19. Jahrhunderts Hauptstadt des russischen Besitzes Alaska und hatte einen geschäftigen Hafen. Die Schiffe, die hier Seehundfelle an Bord nahmen, brachten dafür Waren aus aller Welt. Sitka entwickelte sich um 1830 zu einer hoch entwickelten Stadt.

Im heutigen Sitka (8800 Einw.) erinnert noch vieles an diese glanzvolle Ära. Und die fünftgrößte Stadt Alaskas hat immer noch einen dynamischen Hafen: Hier ankern große industriell operierende Fangflotten, Hunderte von Charterbooten, viele Privatboote und im Sommer mehrmals wöchentlich einlaufende Kreuzfahrtschiffe.

CASTLE HILL

Die **Baranof Castle Hill State Historic Site** (*zw. der John O'Connell Bridge und der Rückseite der Harry Race Pharmacy auf der Lincoln St.*) ist aus drei Gründen ein idealer Startpunkt für die Besichtigung Sitkas: Vom lediglich 30 Meter hohen Castle Hill genießt man einen 360°-Panoramablick über die Stadt und Umgebung. Der Hügel liegt zwischen den vielen Attraktionen auf dem Festland und dem Meer und ist zugleich die Geburtsstätte des amerikanischen Alaska. Am 18. Oktober 1867 holten die Russen hier ihre Flagge ein, die Amerikaner hissten die amerikanische: Der Eigentumswechsel war vollzogen.

Beim Rundgang begeistert immer wieder die atemberaubend schöne Lage der Stadt: Im Norden und Osten erhebt sich eine Kulisse aus Bergen und Wäldern, im Süden und Westen liegen Inseln und das offene Meer. Hat man sich einmal an der einzigartigen Szenerie satt gesehen, fällt der Blick auf die Stadt zu Füßen der Besucher. Das Zen-

Die russisch-orthodoxe Kirche St. Micheal's Cathedral liegt am Ende der Lincoln Street

trum mit seinen wenigen Straßenzügen bildet ein Quadrat und liegt unmittelbar unterhalb von Castle Hill. Das Geschäftszentrum dehnt sich etwas über die Altstadt hinaus aus, das übrige Sitka, zumeist Wohnviertel, zieht sich über mehrere Kilometer in Ost-West-Richtung an der Küste entlang.

Im Süden liegt der Besucherkai an der John 0'Connell Bridge. Da Sitka keinen Anlegeplatz für große Kreuzfahrtschiffe hat, werden während des Sommers ständig Passagiere von Tendern zwischen den im Seehafen ankernden Schiffen und dem 0'Connel-Kai hin- und hergefahren. Die Einheimischen führen einen erbitterten Streit um die Erweiterung der Hafenanlagen .

LINCOLN STREET UND UMGEBUNG

Wenn Sie vom Castle Hill kommend Sitkas Hauptgeschäftsstraße, die Lincoln Street, hinaufbummeln, kommen Sie an der ersten Kreuzung links zur Katlian Street. Das Gebäude mit dem auffallend schön geschnitzten und bemalten Eingang, das **Sheet'ka Kwaan Naa Kahidi Tribal Community House** (*Katlian St. 200, Tel. 907/747-7137 oder 888/270-8687*) ist eine moderne Version eines traditionellen Clanhauses. Der Tlingit-Name lässt sich in etwa folgendermaßen übersetzen: »Ein Haus für die Bewohner von Sitka«. Während des Sommers wird den Besuchern hier von den bekannten Naa

Das kleine Kreuzfahrtschiff *MV Observer* fährt zwischen Juneau und Sitka. Hier legt es gerade im Hafen von Sitka an

Sitka National Historical Park
www.nps.gov/sitk
✉ 106 Monastery St.
☎ 907/747-0110
🕒 Visitor Center: tägl.; Russian Bishop's House Mai–Ende Sept. tägl., Okt.– April auf Anfrage
$ $ (Führung im Russian Bishop's House)

Alaska Raptor Center
www.alaskaraptor.org
✉ 1000 Raptor Way
☎ 907/747-8662 oder 800/463-9425
🕒 Mai–Sept. So–Fr
$ $$

Kahidi Native Dancers eine halbstündige Gesangs- und Tanzvorführung geboten. Nach Auskunft hier lebender Tlingit hat sich die Darbietung in Tausenden von Jahren kaum verändert. Die phantasievoll kostümierten Tänzer treten, wenn die großen Kreuzfahrtschiffe im Hafen liegen, ein- bis dreimal täglich auf. Privatvorführungen können organisiert werden (*Kontakt: Community House*).

Unweit des Besucherkais an der John O'Connell Bridge liegen in den umliegenden Querstraßen der Lincoln Street viele Souvenirläden und Luxusgeschäfte. Ab und zu finden sich dazwischen auch ein paar beachtenswerte indianische Geschäfte und Galerien. Die **Artist Cove Gallery** (*Lincoln St. 241, Tel. 907/747-6990*) stellt Werke lokaler Künstler und Arbeiten von Künstlern der Nordwestküste und der Südostküste sowie von Inupiat-Eskimos aus.

Vier Blocks vom Hafen entfernt teilt sich die Lincoln Street an der Einmündung des Cathredal Way und verläuft beidseitig der **St. Michael's Cathedral** (*Tel. 907/747 8120, Sommer tägl. Mo–Fr, Spende*). Die schöne russische Kirche entstand zwischen 1845 und 1850. Das ursprüngliche Gebäude brannte 1966 nieder, die Bewohner konnten jedoch viele Ikonen retten. 1967 entstand am alten Platz ein fast originalgetreuer Nachbau, in dem die sakralen Prunkstücke wieder ihren alten Platz fanden.

Die weltliche Geschichte Sitkas lässt sich im **Isabel Miller Museum** (*Harbor Dr., Tel. 907/747-6455, www.sitkahistory.org, Mai–Sept. meist tägl., Okt.–April Di–Sa, Spende*) in der Harrigan Centennial Hall unweit des Zugangs zum Crescent Harbor nachvollziehen.

Das Herzstück des kleinen Museums bildet ein detailliert ausgearbeitetes Stadtmodell von Sitka im Jahr 1867. Auch die alten Fotos sind interessant. In der Harrigan Centennial Hall treten auch die beliebten **New Archangel Dancers** (*Tel. 907/747 5516, www.newarchangeldancers. com, Shows im Sommer, $*) auf: Die Frauentanzgruppe zeigt original russische Volkstänze.

SITKA NATIONAL HISTORIC PARK

Die wichtigste historische Sehenswürdigkeit der Stadt ist der Sitka National Historic Park. Er erinnert an die 1804 zwischen den Tlingit und den Russen ausgetragene Schlacht (Battle of Sitka). Im Park befinden sich zwei Sehenswürdigkeiten. Das **Russian Bishop's House** zwischen den Querstraßen Monastery und Baranof an der Lincoln Street entstand 1842 und ist eines von nur vier original russischen Bauwerken in der westlichen Hemisphäre. Das Originalgebäude war bis 1969 Sitz der Bischöfe, die von hier aus die weitläufige Diözese der russisch-orthodoxen Kirche leiteten. Zur Diözese gehörten Teile Alaskas, Sibiriens und die gesamte Pazifikküste bis hinunter nach Kalifornien. Im Erdgeschoss sind unter anderem reich bestickte Talare und ein großer Messing-Samowar ausgestellt.

Das Gelände der **Tlingit Fort Site** liegt einige Straßen hinter dem alten Bischofssitz am Ende der Lincoln Street. Im **Visitor Center and Southeast Indian Cultural Center** werden Exponate zur Entwicklung beider Kulturen in der Zeit vor und nach dem Konflikt präsentiert. Zu den interessantesten Exponaten zählen etwa der Zeremonialdolch aus Knochen mit Abalone-Intarsien und das aus bunten Perlen gefertigte Lätzchen. Einheimische Künstler arbeiten hier im Zentrum, die Besucher können ihnen beim Schnitzen oder Weben zuschauen. Durch den Wald des dazugehörigen Parks, der sich bis zum Sitka Sound und der Mündung des Indian River erstreckt, ziehen sich viele leichte Wege. Zu dem Areal südlich der Flussmündung gehören Totempfähle und das ehemalige Schlachtfeld. In der nördlichen Zone liegen ein Picknickgelände und das Russian Memorial.

Am Nordrand des Parks stößt man auf das **Alaska Raptor Center**. Hier werden Greifvögel und andere Vögel gesund gepflegt und wenn möglich anschließend wieder ausgewildert. Das Zentrum bietet Informationsveranstaltungen. Die im Zentrum gepflegten Vögel – Weißkopfseeadler, Steinadler, ein Wanderfalke und ein großer Amerikanischer Uhu – werden ebenfalls vorgeführt.

Unmittelbar westlich des Parks liegt das großzügig gebaute **Sheldon Jackson Museum** mit einer der exquisitesten indianischen Kunstsammlungen Südwestalaskas. Ende des 19. Jahrhunderts trug der Lehrer und Missionar Reverend Dr. Sheldon Jackson eine umfangreiche Sammlung indianischer Erzeugnisse aus ganz Alaska zusammen – von Furcht erregenden Schamanenmasken über geschnitzte Schüsseln in Bärenform bis hin zu Walrossbein-Rüstungen und Fischhaut-*mukluks* (Stiefel). Ausgehend von diesen Ausstellungsstücken erklären Informationstafeln die Lebensweise der Indianer. Die Eskimo-Montur für den Walfang etwa wurde aus Bartrobbenfell gefertigt und ist sowohl wasserdicht als auch luftdicht. Man trug sie beim Ausschlachten der Wale, für das ein Waten zu den im seichten, aber eisigen Wasser treibenden toten Tieren notwendig war. Die kleineren Objekte in den vielen Dutzend Schubladen im Museums-Rundbau sind ein Schatz aus vergangener Zeit.

Sheldon Jackson Museum
www.museums.state.ak.us
104 College Dr.
907/747-8981
Sommer tägl., Winter Di–Sa
$

Kunstvoll geschnitzte Totempfähle schmücken den Sitka National Historic Park

Die Architektur des Sheldon Jackson Museum ist an sich schon ein Kunstwerk

STARRIGAVAN RECREATION AREA

Rund um Sitka erstreckt sich der Tongass National Forest. Elf Kilometer stadtauswärts liegt im Norden an der Halibut Road das Erholungsgelände Starrigavan Recreation Area. Das Gelände bietet einen leichten Zugang in den ansonsten unzugänglichen Wald. Drei Wanderwege wurden angelegt, die den Besuchern die wichtigsten Ökosysteme in der Region vorstellen. Wer Genaueres wissen will, sollte an einer der geführten Wanderungen teilnehmen, die von Veranstaltern in Sitka oder der gemeinnützigen Organisation Sitka Trail Works (*Halibut Point Rd. 801, Tel. 907/747-7244*, angeboten werden.

Der leichte **Forest and Muskeg Trail** (1,2 km) schlängelt sich durch Fichten- und Hemlocktannenwald und führt auf einem Plankenweg durch das *muskeg* (Hochmoor mit Baumbestand). Im Moor wachsen niedrige Moose und gefräßige Zwerg-Sonnentaugewächse: Die Fleisch fressenden Pflanzen sind kleiner als ein Centstück. Am östlichen Ende des Wegs beginnt nach der Brücke über den Starrigavan Creek der **Estuary Life Trail**. Der 400 m lange Plankenweg leitet über die sumpfige Bachmündung. Im Juli laichen hier Tausende von Buckellachsen. Am frühen Morgen lassen sich verschiedenste Vögel und manchmal auch Braunbären oder ein Sitka-Schwarzwedelhirsch beobachten.

Vom Beobachtungsstand am Ende des Estuary Life Trail sind es etwa 200 Meter nach Norden zum Campingplatz des Erholungsgeländes. Nach weiteren 500 Metern beginnt am Nordende des Platzes der schönste der drei Wanderwege: der **Mosquito Cove Trail**. Der Rundweg (2 km) führt 1,2 Kilometer lang am schönen Ufer der Starrigavan Bay und der Mosquito Cove entlang, dann schlängelt er sich durch das Herz des gemäßigten Küstenregenwaldes wieder zurück zum Ausgangspunkt.

Starrigavan Recreation Area
www.fs.fed.us/r10/tongass
49 C4
Tongass National Forest, Sitka Ranger District, 204 Siginaka Way, Suite 109, Sitka, AK 99835
907/747-6671

SITKA SOUND

Die Meerenge ist der Lebensraum einer Vielzahl mariner Lebewesen. Außer den beeindruckenden Säugetieren – Wal, Robbe und Seeotter – bevölkert eine Vielzahl kleinerer Lebewesen die kühlen Meeresgründe Alaskas, die zu den fruchtbarsten der ganzen Welt zählen. Wer will, kann im Sitka Sound tauchen. Weniger kalt und nass ist jedoch die Fahrt mit der **M.V.** ***Sea Life Discovery*** (*Crescent Harbor oder Thomsen Harbor, Tel. 877/966-2301, www.greenlingenterprises.com, Fahrten Mai–Sept., $$$$*). Die Passagiere sitzen in einem gläsernen Schiffsrumpf, während ein Naturführer Erklärungen gibt und auf die unzähligen Lebewesen hinweist.

In den Seegraswiesen leben Seesterne mit bis zu 24 Armen und bis zu einem Meter Durchmesser, gelbe Feuerquallen mit strahlend gelbbraun-bernsteinfarben-weißen Körpern, Pfeifenfische, Butterfische, rote Kurzschwanzkrebse, Meeresnacktschnecken und Orangenfuß-Seegurken. In den großen Kelpwäldern leben Pazifische Braune Turbanschnecken, Garnelen und Pazifische Kelpkrabben. Zu den Tiefseebewohnern der Meerenge gehören Muscheln, Röhrenwürmer und Seewolf.

Hunderte von Schiffen kreuzen regelmäßig im Sound und in den entfernteren Küstengewässern. Die meisten haben sich auf Angler spezialisiert, die davon träumen, in diesen fischreichen Gründen einen Heilbutt oder Lachs zu angeln. Einige Schiffseigner bieten auch Ausflugsfahrten durch die Meerenge, die Küstengewässer und zu den zahlreichen Inseln an. Das Angebot ist groß und variiert stark, das Spektrum reicht von Boots- bis zu Kreuzfahrten, von einstündigen Ausflügen bis zu Tagesexkursionen (*Infos im Sitka Visitors Bureau, siehe S. 60*).

Sicher wird man unterwegs auf dem Rücken schwimmende Seeotter sehen, die genüsslich Schalentiere fressen oder ihre Jungtiere liebkosen. Ein interessantes Ziel ist der gewaltige **Mount Edgecomb.** Der Vulkan überragt die 16 Kilometer von Sitka entfernt liegende Kruzof Island. Durchtrainierte Bergwanderer können auf den Gipfel wandern und klettern (11 km) – der Weg beginnt bei der

Durch den Glasboden der M.V. ***Sea Life Discovery*** **sehen die Passagiere den 24-armigen Seestern aus der Perspektive eines Tauchers**

Blockhütte am Fred Creek. Meist sieht man unterwegs zumindest einen Buckelwal. Der Kapitän stellt dann den Motor ab, so dass die Passagiere dem Blasen der Wale zuhören können.

Bei ruhiger See steuern Schiffe auch die **St. Lazaria Island** an, ein Landgang ist nicht gestattet. Die Insel gehört zum **Alaska Maritime National Wildlife Refuge** (*siehe S. 164f*). Das Wildlife Refuge besteht aus 2500 küstennahen Inseln, Felsspitzen, Felsen und Landzungen. Die 26 Hektar große Insel St. Lazaria ist der sommerliche Nistplatz von Tausenden brütenden Seevögeln: Dreizehenmöven segeln um die Steilklippen, Kormorane öffnen ihre Flügel zum Trocknen, und die Papageientaucher tauchen nach Futter. ■

Inside Passage

Der Südosten Alaskas ist eine Wasserwelt. Wer sie hautnah erleben will, muss mit dem Schiff durch die Inside Passage fahren. Die marine Hauptverkehrsader zwischen Vancouver in British Columbia und Skagway in Alaska ist 1667 Kilometer lang. Sie verbindet Siedlungen mit kleinen oder größeren Städten.

Die Inside Passage schlängelt sich zwischen Hunderten von Inseln hindurch, zwängt sich durch Meeresstraßen, Meerengen und Sunde. Inseln schirmen die Wasserstraße von den heftigen Stürme des Pazifiks ab, doch ist das Navigieren immer noch gefährlich: Es gibt Sommernebel, Stromschnellen, Rippströmungen (sog. Trecker), Strudel, Eisberge, Sandbänke, Sauglöcher, um nur einige zu nennen. Trotz all dieser Risiken ist eine Schiffsreise durch die Inside Passage eines der größten Naturerlebnisse im Leben eines jeden Reisenden. Schätzungsweise 20 000 Touristen fliegen in eine der Hafenstädte an der Inside Passage – rund 85 000 kommen im Rahmen einer Kreuzfahrt. Manche durchfahren die Inside Passage mit eigenen Schiffen oder gecharterten Yachten bzw. Motorbooten. Alle anderen reisen entweder an Bord eines großen Luxusliners, eines kleinen Kreuzfahrtschiffes oder einer der Fähren des Alaska Marine Highway.

LUXUSLINER

Über 95 Prozent aller Reisenden entscheiden sich für eine Passage auf einem der großen Kreuzfahrtschiffe – von denen einige bis zu 2500 Passagiere plus Schiffsbesatzung an Bord haben. Als eines der wichtigsten Kreuzfahrtziele weltweit zieht der Südosten die edelsten Luxusliner an. Sie bieten Wellnesseinrichtungen, Pools, Diskotheken, Shows, Casinos und legendäre Feinkost-Büffets.

Neben den Bordaktivitäten werden Landausflüge angeboten, die vom Einkaufsbummel über Busexkursionen und Kajakfahrten bis hin zu Helikopterflügen auf die Gletscher reichen. Die Dauer der Landgänge schwankt zwischen wenigen Stunden und einem ganzen Tag (abhängig von der Aufenthaltsdauer im Hafen). Doch diese Kreuzfahrten vermitteln allenfalls einen flüchtigen Einblick in die landschaftliche Schönheit Südostalaskas.

KLEINE KREUZFAHRTSCHIFFE

Die kleineren Kreuzfahrtschiffe bringen ihre Passagiere näher ans Land – im wörtlichen

Vor den schneebedeckten Gipfeln und den mit Regenwäldern bedeckten Bergketten nehmen sich selbst die riesigen Kreuzfahrtschiffe klein aus

und übertragenen Sinn. Je nach Schiffsgröße sind 10 bis 250 Passagiere an Bord. Durch ihre geringere Größe und Tiefgang können sie in Winkel vordringen, in die die Schiffsgiganten gar nicht hineinpassen. Sie fahren näher am Ufer entlang, so dass Tiere und Gletscher besser zu sehen sind. Oft ankern sie in Häfen, die für die Schiffsgiganten unerreichbar sind.

Wichtiger noch: Hier steht das Erlebnis Südostalaska im Vordergrund, nicht die Unterhaltung an Bord. Ausgewiesene Naturforscher oder Einheimische indianischer Abstammung halten Vorträge. Ziel der Landausflüge sind meist weniger überlaufene Plätze. Und die Nachteile dieses Schiffstyps? Die Schiffe bieten nicht so viele Annehmlichkeiten wie die Luxusliner (manche sehen das durchaus auch als Vorteil) und sind oftmals teurer als die großen Schiffe.

ALASKA MARINE HIGHWAY

Hinter dem jüngst vom US-Verkehrsministerium als »All American Road« (sehenswerte Nebenstrecke) anerkannten Alaska Marine Highway (AMHS) verbirgt sich das

Streckennetz der staatlichen Fähren Alaskas. Mit den elf Fähren der AMHS-Flotte werden sowohl Fahrzeuge als auch Passagiere befördert. Die Fährschiffe, die 33 Orte (darunter zehn entlang der Inside Passage) anlaufen, sind das wichtigste Verkehrsmittel der Einheimischen. Wenn etwa ein High-School-Team ein Auswärtsspiel hat, nimmt es die Fähre. Während des Sommers lassen sich die Individualreisenden an Bord leicht von den Einheimischen unterscheiden: Die Fremden stehen meist mit Ferngläsern an Deck, während die Alaskaner Karten spielen oder schlafen.

Die Fähren, die die Hauptstrecke bedienen, haben Platz für 450 bis 500 Passagiere.

Eine Kreuzfahrt auf einem Luxusliner durch die Inside Passage ist ein Fest für alle Sinne: Ein panierter frischer Fisch (rechts) und ein eher ausgefallenes Dessert namens Baked Alaska (Biskuit mit Vanille-, Schokoeis, der mit Eischnee überbacken wird) erfreuen selbst den verwöhntesten Gourmet. Bordunterhaltung und Eisberge regen Körper und Geist an. Im Glacier Bay National Park and Preserve bestaunen die Passagiere den Marjole Glacier (oben)

Zwischen den kleineren Orten verkehren dagegen Schiffe mit 150 bis 250 Fahrgästen an Bord. Durch den festen Fahrplan ist es möglich, in einem der Häfen auszusteigen, dort ein oder mehrere Tage zu verbringen und dann mit einem anderen Schiff weiterzufahren. Man muss die eigene Reiseplanung auf die Fahrpläne der Fähren abstimmen.

Verglichen mit den Kreuzfahrtschiffen ist das Reisen per Fähre preiswert, die Schiffe sind in gutem Zustand und im Allgemeinen sicher. Auch auf einen gewissen Komfort muss man nicht verzichten: Es gibt Einzelkabinen (etwas teurer natürlich), einfache Restaurants, Filmvorführungen und Duschen. Nachts zelten einige der Passagiere auf den überdachten Decks; die meisten strecken sich jedoch in den bequemen Sesseln aus oder schlafen in ihren Schlafsäcken auf dem Boden. Im Sommer ist eine Reservierung für Autoreisende, aber auch alle, die eine Kabine wollen, notwendig.

Mehr über den AMHS siehe Reiseinformationen (S. 237). ■

VICTORIA

In Zentrum Juneaus stehen noch viele historische Gebäude, die zumeist aus der Goldrausch-Ära stammen

Juneau

JUNEAU IST NICHT DAS, WAS MAN SICH UNTER DER HAUPTstadt eines US-Bundesstaates vorstellt: Die Stadt hat keine Verbindungsstraßen zur Außenwelt, Bären trotten manchmal durch die Stadt und ihre Lage ist umwerfend schön. Juneau wurde am Ufer des Gastineau Channel gebaut – hinter der Stadt erheben sich dicht bewaldete Berge, die unvermittelt mehrere Hundert Meter aufsteigen.

Juneau

49 D3

Visitor Information

www.traveljuneau.com

1 Sealaska Plaza, Suite 305

800/587-2201 oder 907/586-1737

Juneau (31 000 Einw.) ist die drittgrößte Stadt Alaskas. Sie bietet ein breites Angebot an Unterkünften und ist das Tor zu vielen Sehenswürdigkeiten in der Umgebung.

HISTORISCHES STADTZENTRUM

Wer durch Juneaus Downtown schlendert, bewegt sich auf historischem Boden. Die Stadt hat es dem Glück und dem heroischen Einsatz der Freiwilligen Feuerwehr zu verdanken, dass sie in ihrer ganzen Stadtgeschichte nie von einem Großbrand heimgesucht wurde. Im Altstadtdistrikt stehen noch 143 Gebäude, die vor 1914 errichtet wurden, allein 60 sind über hundert Jahre alt und wurden vor 1904

erbaut. Über 20 Totempfähle und öffentliche Kunstwerke wie Skulpturen und Wandgemälde schmücken die Straßen. Auch di Wohnviertel, die sich die steilen Berghänge hinaufziehen, sind sehenswert.

Da die Regierungsbehörden das Leben in Alaskas Metropole bestimmen – etwa 45 Prozent der Einheimischen arbeiten im öffentlichen Dienst – scheint es nur logisch, die Besichtigung Juneaus am **Alaska State Capitol** zu beginnen. In dem langweiligen Backsteinbau (1931) waren früher die Legislative, der Gouverneur, das Postamt, Gerichtssäle und weitere Behörden untergebracht. Im ersten Stock zeigt eine Ausstellung historische Fotos.

Gegenüber vom State Capitol steht auf der anderen Seite der Main Street das **Juneau-Douglas City Museum**, das sich der Stadtgeschichte widmet. Dort erfährt man, wie zwei Goldschürfer und ein Tlingit-Häuptling 1880 den schnellsten Goldrausch aller Zeiten ins Rollen brachten: Etwa einen Monat nachdem Häuptling Kowee die Schürfer Joe Juneau und Richard Harris zur Hauptader oberhalb des Gold Creek (heute Silver Bow Basin) geführt hatte, kamen die ersten Schiffe mit Möchtegern-Millionären. Viele Millionen Unzen Gold wurden gefunden. Das Modell der Perseverance Mine zeigt, wie große Bergwerksgesellschaften das Gold in mühevoller Kleinarbeit aus dem minderwertigen erzhaltigen Gestein extrahieren mussten. Auch andere Aspekte der Stadtgeschichte werden beleuchtet, seien es Schiffbrüche oder Geschichten aus dem Privatleben einzelner Bewohner im 19. Jahrhundert. Unübersehbar ist der 13,7 Meter hohe Haida-Totempfahl vor dem Museum.

An eine andere wichtige Phase in der Geschichte Juneaus wird einige Straßen bergaufwärts in der Seventh Street erinnert, im Museum **House of Wickersham**. 1928 erwarb James Wickersham, ein prominenter alaskanischer Anwalt, Politiker, Richter, Autor und Historiker, das stattliche Haus (1898). Es war für einen Bergwerksdirektor gebaut worden. Wickersham spielte eine maßgebliche Rolle in den Bemühungen, Alaska zu einem US-Territorium zu machen, was schließlich 1912 gelang. Sein Ziel, für Alaska den Status eines US-Staates zur erreichen, erlebte er nicht mehr. Der Besuch des Hauses gibt Einblick in das Leben des Richters, zeigt seine Sammlung an alaskanischen Kunstwerken und Erinnerungsstücke.

Alaska State Capitol
- ✉ 4th & Main Sts.
- ☎ 907/465-3800
- 🕒 Führungen Juni–Mitte Sept. Mo–Sa

Juneau-Douglas City Museum
www.juneau.org/parksrec/museum
- ✉ 155 S. Seward St.
- ☎ 907/586-3572
- 🕒 Sommer tägl., Winter Di–Sa
- $ $

Wickersham State Historic Site
www.dnr.state.ak.us/parks/units/Wickrshm.htm
- ✉ 213 7th St.
- ☎ 907/586-9001
- 🕒 Memorial Day bis Labor Day Do–Di
- $ $

Exponate dokumentieren im Alaska State Museum die Geschichte des »großen Landes«

Alaska State Museum
www.museums.state.ak.us/asmhome.html
395 Whittier St.
907/465-2901
Mitte Mai–Mitte Sept. tägl., Mitte Sept.–Mitte Mai Di–Sa
$

ALASKA STATE MUSEUM

Das Alaska State Museum ist mit seinen 32 000 Exponaten ein Schatzhaus mit interessanten indianischen Artefakten, Bildern und naturgeschichtlichen Objekten.

Das Erdgeschoss dokumentiert die facettenreiche Vergangenheit, aber auch die Gegenwart verschiedener eingeborener Völker Alaskas, darunter Aleuten, Athabasken, Eskimos und Nordwestküsten-Indianer. In den Räumen werden Raritäten wie ein aus rund 200 Karibu-Kiefernknochen gefertigter Gürtel oder rund 200 Jahre alte Flechtkörbe gezeigt. Aber auch höchst ausgefallene Objekte sind zu sehen, z. B. ein Aleuten-Jagdhut, den ein Gegenwartskünstler aus dünnem, unter Wasserdampf gebogenem Holz gefertigt und windschlüpfrig gestaltet hat. Seine Außenseite ist übersät mit komplizierten Mustern, bunten Perlen, Elfenbeinschnitzereien, die Einfassung ist aus Seelöwen-Barthaar. Sehenswert sind auch die feinen Flechtarbeiten und die exquisiten Malereien auf dem alten Hut eines Kaagwaantaan-Tänzers: Fachleute behaupten, es sei einer der schönsten, aus Fichtenwurzeln geflochtenen Hüte überhaupt.

Die zum ersten Stock führende Rampe umrundet das zweistöckige Modell eines Baumes mit einem riesigen Weißkopfadlerhorst im Wipfel, aus dem echte Adlerrufe ertönen.

Im ersten Stock sind einige naturgeschichtliche Objekte zu sehen, doch der überwiegende Teil widmet sich der allgemeinen Geschichte Alaskas nach der Ankunft der Europäer, insbesondere der russischen Ära. In den Räumen über amerikanische Geschichte wird durch Dokumente der Bergwerks-, Holz-, Fischereiindustrie und Ölförderung detailliert die Ausbeutung der Ressourcen des Landes verdeutlicht.

RUND UM DIE SOUTH FRANKLIN STREET

Zahlreiche Geschäfte, Restaurants, Galerien, Bars und Theater konkurrieren unweit des Ufers um die Gunst der Gäste. Je weiter man sich den Docks entlang der South Franklin Street nähert, desto stärker macht sich der Einfluss der Kreuzfahrtschiffe bemerkbar. Im Sommer legen täglich vier bis fünf Schiffe an den Kais an. Umso erstaunlicher, dass sich immer noch zahlreiche einheimische alaskanische Läden gehalten haben.

Im alten **Senate Building** zeigt die dortige **Juneau Artists Gallery** (*South Franklin Street 175, Tel. 907/586-989, www.juneauartistsgallery.com*) Kunstwerke und Kunsthandwerk. Die **Decker Gallery** einen Block weiter unten (*South Franklin Street 233, Tel. 907/463-55369*) zeigt Werke von Rie Muños, einem der bekanntesten Künstler Alaskas. Original indianische Schnitzereien, Elfenbeinschmuck und Zeremonialmasken können bei **Raven's Journey** gekauft werden (*South Franklin Street 439, Tel. 907/463-4686*).

MOUNT ROBERTS

Ein paar Schritte von Raven's Journey die Straße hinunter kommt man zur **Mount Roberts Tramway**. Die Gondel überwindet einen Höhenunterschied von 548 Metern. Der 1164 Meter hohe Gipfel ist eine der Hauptattraktionen der Stadt.

Je höher die Gondel hinauffährt, desto schöner wird die Aussicht. Die Bahn ist im Besitz der Alaska Native Corporation. Auf der Bergstation wird Indianisches geboten: Im Theater wird ein Film über die Tlingit-Kultur gezeigt, ein Souvenirladen ist zugleich Museum, in dem man häufig Kunsthandwerkern über die Schulter schauen kann. Ein Restaurant ist ebenso vorhanden wie ein Natur-Informationszentrum.

Hinter dem Informationszentrum führt ein Netz leichter, gut markierter Wege bis hinauf auf den Gipfel: Der immer spärlicher werdende Wald geht in eine weite freie Fläche mit subalpiner und alpiner Flora und Fauna über. Nach 15 Minuten hat der Wanderer oberhalb der Baumgrenze tolle Ausblicke: Berge, Wasserfälle und die Wasserflächen westlich und südlich von Juneau kommen ins Blickfeld. Während des Sommers leuchten Wildblumen auf den Wiesen, auf denen sich die Murmeltiere tummeln. Stachelschweine wieseln durch das Unterholz, Bären trotten selten vorbei, während Schneeziegen sich die höchsten Hänge erobern. Wer will, kann über den 7,2 Kilometer langen **Mount Roberts Trail** in die Stadt laufen.

Mount Roberts Tramway
www.alaska.net/~junotram
✉ 490 S. Franklin St.
☎ 907/463-3412 oder 888/461-8726
🕒 Mai–Ende Sept. tägl.
$ $$$$

Ein phantastischer Rundblick über zerklüftete Bergketten bietet sich von der Bergstation der Mount Roberts Tramway

Glacier Gardens Rainforest Adventure
www.glaciergardens.com
✉ 7600 Glacier Hwy.
☎ 907/790-3377
🕒 Geöffnet tägl. Mai–Sept.
$ $$$

Mendenhall Glacier
www.fs.fed.us/r10/tongass/districts/mendenhall
49 D3
✉ Mendenhall Loop Rd.
☎ 907/789-0097
🕒 Visitor Center Mai–Sept. tägl, Okt.–April Do–So
$ $

GLACIER/JUNEAU VETERANS' MEMORIAL HIGHWAY

Der in Juneau beginnende Glacier oder Juneau Veterans' Memorial Highway ist zwar eine Sackgasse, doch das ist angesichts der traumhaften Landschaft egal. Im Stadtzentrum beginnt der Highway als Egan Drive und verläuft von dort am Gastineau und Favorite Channel entlang nach Norden. Bei Meile 9,3 (ab dem Kreuzfahrtschiffkai gerechnet) wird er zum Glacier Highway, ab Meile 12,1 heißt er offiziell Juneau Veterans' Memorial Highway. Die meisten Einheimischen nennen ihn aber auch weiterhin Glacier Highway. Auf den folgenden Kilometern verläuft die Straße direkt oder zumindest nahe am Ufer von Favorite und Lynn Channel entlang, bis sie 64 Kilometer hinter der Stadt in der Echo Cove endet.

Zunächst geht es durch den Wohnort Mendenhall Valley, eine Art Schlafstadt von Juneau. Bei Meile 8, unweit des Ladens von Fred Meyer, liegt **Glacier Gardens Rainforest Adventure**. Ein Ranger begleitet Besucher auf einem 3,2 Kilometer langen Rundweg durch den 20 Hektar großen Regenwald. Doch das eigentliche Highlight ist die weitläufige Gartenanlage: Große, auf etwa sechs Meter gestutzte Koniferen wurden mit dem Wurzelwerk nach oben in den Boden versenkt und bilden den Nährboden für unzählige farbenprächtige Hängepflanzen.

Bei Meile 9,3 kreuzt die Südschleife der Mendenhall Loop Road den Highway. Sie führt 5,5 Kilometer landeinwärts bis zum Visitor Center am **Mendenhall Glacier**, einem der größten Attraktionen Alaskas. (*Am ruhigsten ist es morgens vor dem Eintreffen der Ausflugsbusse am Spätvormittag.*) Das 19,3 Kilometer lange und 1,6 Kilo-

meter breite bläulich-weiß schimmernde Eisband schiebt sich von seinem Nährgebiet im weitläufigen Juneau Icefield talwärts. Die derzeitige Gletscherzunge befindet sich etwa ein bis zwei Kilometer vom Besucherzentrum entfernt am jenseitigen Ufer des Mendenhall Lakes. Der Gletscher schmilzt rapide, seit Mitte des 17. Jahrhunderts um 30,5 bis 45,7 Meter jährlich. Ungewöhnliche warme Sommer beschleunigen den Prozess: Im Jahr 2004 schmolz der Gletscher 183 Meter ab.

Das **Visitor Center** zeigt Exponate und einen Film zur Entstehung von Gletschern, detailliert werden das Juneau Icefield und der Mendenhall Glacier beschrieben. Von den warmen Innenräumen

schauen die Besucher durch Panoramafenster zum Gletscher hinüber. Der 500 Meter lange **Photo Point Trail** führt zum Ufer des Gletschersees. Noch näher an ihn heran kommen die Teilnehmer einer geführten Kajaktour. Sogar eine Rundtour in einem Tlingit-Kanu wird angeboten. Wem das noch nicht reicht, der bucht einen Gletscher-Hubschrauberflug und nimmt auf dem Gletscher an einer Eisklettertour teil. Die Helikopter landen ziemlich weit oberhalb der Gletscherzunge, doch der dauernde Fluglärm ist vielen ein Dorn im Auge und Anlass für eine ständige Debatte über die Beschränkung der Hubschrauberflüge.

Auch das Gletscherumfeld ist interessant: Von einer Plattform am äußersten Ende des Parkplatzes lassen sich während des Sommers Blaurücken- (Sockeye) und Silberlachse (Coho) beobachten, die zum Laichen den Steep Creek hochwandern. Vorsicht, die Fische ziehen die Schwarzbären magisch an! Dämme und Bauten zeigen, dass auch Biber im Creek zu Hause sind.

Neben dem Trail zum See gibt es fünf weitere Wanderwege. Der leichte Naturlehrpfad **Trail of Time** (800 m) beginnt am Besucherzentrum und vermittelt einen kleinen Eindruck vom Regenwald. In einen der schönsten Landstriche des Gebietes führt der mittelschwere **East Glacier Loop** (5, 6 km), der vom Trail of Time abzweigt. Der Rundweg führt durch den üppig-grünen Regen-

Die Nugget Falls stürzen über Felshänge in den See unterhalb des Mendenhall Glacier

Das künstlerische Schaffen der Tlingit ziert so manchen Ort in Südostalaska. Am Mount Roberts Interpretive Trail etwa hat Richard Beasly ein Relief in einen Baum geschnitzt, das Ähnlichkeit mit Gesichtern auf Totempfählen hat

Gegenüber: Mit Blick auf den Mendenhall Glacier bereiten die Paddler ihre Schlauchboote für die Fahrt auf dem Mendenhall River vor

wald mit schönen Ausblicken auf den Gletscher, die Nugget Falls und die alpinen Berghänge, auf denen immer mal wieder Schneeziegen zu sehen sind.

Wieder zurück auf dem Glacier Highway, geht es weiter zum Fährhafen **Auke Bay** (Meile 12,4). Von hier aus werden Kajaktouren und Wal-Beobachtungsfahrten angeboten; wer will, kann ein Boot zum Sportfischen chartern. Ganz in der Nähe liegen der Southeast Campus der University of Alaska und das Terminalgelände der Alaska-Fähren. Der Highway umrundet die Bucht, bevor er sich nach Norden wendet und dann am Rand des Favorite Channel entlangführt – manchmal durch bewaldete Schluchten, dann wieder direkt an der Küste. Hin und wieder durchbrechen die hoch aufragenden Bergspitzen der Chilkat Range den Horizont. Knapp 50 Kilometer weiter (Meile 18,8) bietet sich am **Inspiration Point** ein herrlicher Blick auf die Gipfel der Chilkat Range.

Bei Meile 22,5 liegt der **Shrine of St. Therese** (*Tel. 907/780-6112*) mit Hütten, Gärten, Wanderwegen, einer Lodge und einem Schrein. Der Komplex gehört der Diözese von Juneau. Der Ort der Besinnung steht jedem Übernachtungsgast und Tagesausflügler offen, »der den Geist des Schreins respektiert«. Ein 122 Meter langer Damm führt zur winzigen Shrine Island mit einer steinernen Kapelle.

Bei Meile 27,7 liegt der Parkplatz der **Eagle Beach State Recreation Area** (*Tel. 907/465-4563, $*), zu der eine Ranger-Station, mehrere Wanderwege und ein Campingplatz gehören. Die Region lag bis vor 250 Jahren noch unter meterdickem Eis, so dass die Vegetation noch ziemlich jung ist. An ausgewählten Punkten stehen Teleskope neben Erklärungstafeln, sie erläutern die Gipfel der auf der anderen Seite des Lynn Canals aufragenden Chilkat Range. Wer Glück hat, kann mit dem Teleskop auch die Weißkopfseeadler beobachten, die über der Wasserfläche der Meeresbucht kreisen.

Ohne entsprechendes Hinweisschild zweigt etwa 400 Meter weiter eine Piste zur **Eagle Beach Picnic Area** ab (*Tongass National Forest, Juneau Ranger District, Tel. 907/586-8800*). Die Region ist touristisch wenig erschlossen, bietet aber herrliche Blicke über den Lynn Canal. Viele Vogelarten zieht es in das nahe gelegene Watt, z. B. Kanadagänse, Kanadareiher, Weißkopfseeadler und Schwärme kreischender Möwen.

Bei Meile 34 warnt ein Schild: »Ab hier wird von einer Weiterfahrt abgeraten. Wenn Sie diese Straße unbedingt befahren wollen, sollten Sie eine entsprechende Ausrüstung gegen Kälte mitführen.« Wer während der Sommermonate unterwegs ist und warme Allwetterkleidung dabeihat, kann bis zur Eco Cove weiterfahren, dort gibt es einen tagsüber geöffnetes Picknickgelände und einen Bootsanleger. ■

Das Eis des kalbenden John Hopkins Glacier platscht auf die Wasseroberfläche einer entlegenen Bucht in der Glacier Bay

Glacier Bay National Park & Preserve
www.nps.gov/glba
81 & 49 C2
P.O. Box 140, Gustavus, AK 99826; Visitor center in Bartlett Cove
907/697-2230
Ende Mai–Mitte Sept. tägl.

Gustavus
49 C3
Visitor Information
www.gustavusak.com
Gustavus Visitors Assoc., P.O. Box 167, Gustavus, AK 99826

Glacier Bay National Park and Preserve

DIE KERNZONE DES GLACIER BAY NATIONAL PARK AND Preserve gibt es noch nicht lange. Als Kapitän James Cook 1778 an diesem Küstenstrich entlangsegelte, stieß er noch auf eine Eisscholle, die einige Kilometer breit war. Doch die Kleine Eiszeit näherte sich ihrem Ende, und als Kapitän George Vancouver 1794 dieselbe Strecke segelte, war bereits eine acht Kilometer tiefe Bucht entstanden – die Glacier Bay. Das Eis schmilzt noch immer ab: Heute schneidet sich der zweifingrige Fjord 105 Kilometer tief in das Festland ein.

In der Nähe des Eingangs zur Bucht ist dort, wo das Eis vor etwa 250 Jahren abgeschmolzen ist, inzwischen Regenwald gewachsen. Am Ende des Fjords, wo sich das Eis erst vor sehr viel kürzerer Zeit zurückgezogen hat, zeigt sich Pioniervegetation, z. B. Gebirgserlen oder leuchtende Waldweidenröschen. Wissenschaftler und Besucher erleben hier hautnah die Wiedergeburt eines Landstrichs.

Die Gletscher sind zwar geschrumpft, aber immer noch präsent: Elf Gletscher kalben ins Meer, sie sind so genannte *tidewater glaciers*. Nur an wenigen anderen Orten weltweit gibt es eine vergleichbare Konzentration dieser Art von Gletschern. Sie sind die größte Attraktion des Nationalparks, zahlreiche Kreuzfahrtschiffe haben die Bucht in ihrer Route eingeplant.

Wer kann, sollte mehrere Tage für den Nationalpark (1,3 Mio. ha) einplanen. Die 475-Einwohner-Siedlung **Gustavus** ist das Einfallstor zum Park. Überraschenderweise besitzt die Ortschaft eine der besten Rollbahnen im Südosten Alaskas: Sie wurde im Zweiten Weltkrieg als Auftankstation für Flugzeuge angelegt.

Während der Sommermonate starten von Juneau aus täglich Maschinen der Alaska Airlines nach Gustavus, von anderen Städten des Südostens fliegen Kleinflugzeuge hierher.

Der Ort bietet verschiedene Unterkunftskategorien: Sie reichen von hübschen, aber einfachen Hütten über freundliche Frühstückspensionen bis hin zu einem der edelsten Landgasthäuser ganz Alaskas. Dazu kommen Galerien, Restaurants, Reiseveranstalter und ein Neun-Loch-Golfplatz. Doch der nette Ort hat weder eine Hauptstraße noch ein Ortszentrum, seine Häuser liegen vielmehr weit verstreut. Besucher müssen entweder zu Fuß gehen, sich ein Fahrrad leihen, mit Taxi oder Bus fahren oder ein Auto mieten.

Diese 16 Kilometer lange Straße führt von Gustavus in den Nationalpark und endet in Barlett Cove, dem einzigen erschlossenen Platz im Schutzgebiet und dem zweiten Zugang zum Nationalpark. Die Fähren des Alaska Marine Highway kommen hier nicht vorbei, allerdings pendeln Fähren der Privatreederei **Gustavus Ferry** (*Tel. 907/586-8687 oder 800/820-2628, $$$$$*) zwischen Juneau und Gustavus.

BARTLETT COVE

Am Ostufer der Glacier Bay liegt im Regenwald von Bartlett Cove die **Glacier Bay Lodge**, die einzige Ferienanlage im Nationalpark. Der aus Massivholz gebaute Komplex hat 56 Zimmer und verleiht Kajaks und Angelausrüstung. Zur Anlage gehören ein kleines naturhistorisches Museum und das Besucherzentrum des Nationalparks. Im Zentrum erhält man alle notwendigen Auskünfte über die von Rangern geführten Wanderungen und Bootsausflüge, über Zeltplätze und das abendliche Vortragsprogramm im Auditorium. In der Nähe der Lodge können sich Rucksackreisende, Kajakfahrer, Gletscherwanderer und Bergsteiger im Backcountry Office informieren.

Ein Bohlenweg bringt Wanderer trockenen Fußes über den durchweichten Regenwaldboden in Bartlett Cove

Es gibt nur drei offizielle Wanderwege im Park: Der **Forest Loop Trail** (1,6 km) beginnt an der Lodge, schlängelt sich durch einen jungen Fichten- und Hemlocktannenwald und führt im Bogen an den

Wie man Eisberge unterscheidet

Früher gaben die Seefahrer Eisbergen Namen, die jeweils auf ihre Größe anspielten. Wenn der Eisberg rund einen Meter aus dem Wasser ragte, dann nannte man ihn »growler ice«. Wenn er ein bis fünf Meter groß war, dann war er ein »bergy bit«, ein mittelgroßes Eisstück. Die Art eines Eisbergs lässt sich an seiner Farbe erkennen: je blauer der Berg, desto dichter und kompakter das Eis. Ein weißer Eisberg besteht aus eingeschlossenen Luftblasen, ein grünlich schimmernder Berg schließlich ist aus dem untersten Teil eines Gletschers heraus gebrochen. ■

Rand der Bucht, wo von Juni bis Juli Wildblumen blühen. Bären und Kojoten wandern dann und wann das Ufer entlang, Rothörnchen und Stachelschweine durchkämmen den Wald. Diesen Tieren begegnet man auch auf dem anspruchsvolleren **Barlett River Trail** (8 km), der etwas oberhalb der Straße zur Lodge beginnt. Er führt durch verschiedene, von den Gezeiten geprägten Lebensräume. Nach Regenfällen kann es teilweise sumpfig werden. Für die Wanderung sollte man sich einen halben Tag Zeit nehmen, unterwegs nach Lachsen, Enten, Gänsen und anderen Wasservögeln Ausschau halten. Seltener begangen ist der **Bartlett Lake Trail** (9,5 km), der vom Bartlett River Trail abzweigt. Der Rundweg führt durch urwüchsiges Terrain zum Bartlett Lake.

Wer will, kann auch querfeldein marschieren, doch dafür sind ein gutes Orientierungsvermögen und eine gewisse Kondition notwendig. Das Unterholz und das gefürchtete Erlenstrauch-Dickicht, das viele unbewaldete Areale bedeckt, lässt das Querfeldeinwandern bald zu einer elenden Schinderei werden. Wer sich davon nicht abschrecken lässt: Der beste Off-road-Weg beginnt an der Anlegestelle von Bartlett Cove und führt 9,6 Kilometer am Strand entlang bis **Point Gustavus**. Die Szenerie ist grandios, unterwegs lassen sich Tiere an Land und im Wasser beobachten. (*Bei den Park-Rangern nach den Gezeiten erkundigen, um die Ebbe nutzen zu können.*)

BUCHT UND GLETSCHER

Die wahren Highlights des Nationalparks, die majestätischen Gletscher und die Bucht, liegen tiefer im Park. Flüge (ohne Verpflegung) über die Eislandschaft können in Gustavus, aber auch von anderen Städten im Südosten Alaskas gebucht werden. Doch nur vom Boot aus kommt man der Gletscherwelt so richtig nahe.

Wer die Glacier Bay vom Wasser aus erleben will, hat zwei Möglichkeiten: das Kajak oder das Schiff. Das Unternehmen Glacier Bay Sea Kajaks (*Tel. 907/697-2257, www.glacierbay seakajaks.com*) hat die Erlaubnis der Parkverwaltung, Kajaks zu vermieten. Eine begrenzte Anzahl von Veranstaltern darf außerdem geführte Kajaktouren im Nationalparkgebiet veranstalten (*Informationen im Park oder bei der Gustavus Visitors Association, siehe S. 78*). Beliebt ist der sechsstündige Ausflug in die Bartlett Cove: Nach einer Einführung geht es zum nahe gelegenen **Beardslee Entrance**, einem Labyrinth kleiner Inseln und enger Kanäle mit so verheißungsvollen Namen wie Secret Bay (Verborgene Bucht).

Wer das Ausflugsschiff ***M.V. Baranof Wind*** (*Glacier Bay Lodge & Tours, Tel. 907/264-4600 oder 888/229-8687, $$$$$, Reservierung empfohlen*) gewählt hat, kommt nicht so nah ans Eis heran, dafür dringt das Schiff sehr viel tiefer in die Bucht vor, als es im Rahmen eines Kajakaausflugs möglich ist. Naturwissenschaftler erklären während der Fahrt die Landschaft.

Der Nationalpark bildet zusammen mit dem benachbarten, völlig unerschlossenen Nationalpark **Wrangell-St. Elias National Park and Preserve** (siehe S. 180ff.), den kanadischen Schutzgebieten **Tatshenshini-Alsek Provincial Park** und **Kluane National Park** das größte geschützte Wildnisgebiet weltweit. Die ganze Großartigkeit dieser Wildnis zeigt sich während des Bootsausflugs: Auf den zerklüfteten Inselchen leben Kolonien von Kormoranen, Trottellummen und Papageientaucher, riesige Braunbären fischen in den Bachmündungen nach Lachsen. Buckelwale blasen große Fontänen

in die Luft oder klatschen mit ihren Viereinhalb-Meter-Flossen auf die Wasseroberfläche, wobei sich ihr Körper bis zur Hälfte aus dem Wasser hebt. Im Nordwesten türmt sich die schneebedeckte Fairweather Range, ihr höchster Gipfel ist der 4663 Meter hohe Mount Fairweather. Teilweise gestaltet sich die Fahrt zu einer Slalomfahrt durch die Welt der Eisberge.

Nach kurzer Fahrt durch den Westarm der Bucht kommt der **Reid Glacier** ins Blickfeld. Er schiebt sich durchschnittlich 2,5 Meter pro Tag vor und ist damit einer der aktivsten Gletscher in diesem Fjord. Hinter ihm liegt der **Lamplugh Glacier** mit seinen kleinen und großen Türmen aus blauem Eis. Im **John Hopkins Inlet** treiben große Eisschollen, auf denen sich Robben ausruhen. Manche Boote fahren in das **Tarr Inlet**: Hier stellt der Kapitän normalerweise seinen Motor etwa 500 Meter vor dem zerfurchten **Margerie Glacier** ab. Von diesem aktiven Gletscher, der sich rund 76 Meter hoch über der Wasseroberfläche erhebt, brechen ständig Eisbrocken ab, oft alle paar Minuten.

Auf Deck hört man zunächst einen Knall, dann brechen Eisbrocken von der Größe eines Autos aus der Gletscherwand und klatschen ins Wasser. Dieses Schauspiel kann sich mehrmals wiederholen. Wenn ein Eisstück in der Größe eines Hauses ins Meer fällt, hört man ein donnerndes Echo durch das ganze Inlet rollen und anschließend ein gigantisches Klatschen: ein einzigartiges Schauspiel! ■

Bei bestimmten Lichtverhältnissen wirkt der Lynn Canal wie ein zartes Landschaftsaquarell

Haines

HAINES HAT ETWAS VON EINEM GELIEBTEN FLANELLHEMD, es ist vertraut, behaglich und schlicht. Doch welch überraschend schöne Landschaftskulisse tut sich da hinter den Cafés und dem kleinen Hafen auf: schneebedeckte Berge, Wasserfälle, Wälder, Fjorde, mächtige Flüsse, Gletscher und Seen. Mit 1254 Millimetern Niederschlag herrschen hier für Alaska schon fast wüstenähnliche Verhältnisse!

Große Kreuzfahrtschiffe laufen den Hafen selten an, die Entfernungen nach Fairbanks (1051 km) und Anchorage (1247 km) sind gewaltig. Die Keimzelle der Stadt (1500 Einw.) war ein Handelsposten der Chilkat- und Binnenland-Indianer. Die ersten nicht indianischen Siedler kamen 1880. Die Stadt wuchs als Versorgungsstation für Goldgräber und war später der einzige militärische Außenposten der USA in Alaska. Der **Lookout Park** am Ende der Mission Street ist ein guter Startpunkt für einen Spaziergang durch das historische Haines. Von der Aussichtsplattform bietet sich ein 360°-Panorama.

Erster Halt ist das **Sheldon Museum and Cultural Center**,

das an der Main Street liegt. Den Grundstock der 3000 Exponate umfassenden Ausstellung schuf Steve Sheldon, der Anfang des 20. Jahrhunderts mit acht Jahren zu sammeln begann.

Sehenswert sind die vielen indianischen Objekte (vor allem der Tlingit). Doch die Ausstellung ist umfassender, sie reicht von einer Leuchtturmlinse über chinesische Kampferbaum-Holztruhen, die mit den ersten Händlern nach Alaska gelangten, bis hin zu einer Abteilung über Jack Dalton. Er zählte zu den Bewohnern der ersten Stunde und war berühmt-berüchtigt wegen seines skrupellosen Umgangs mit Reisenden. Sie mussten auf dem Weg ins Landesinnere den mautpflichtigen Dalton Trail nehmen.

Einen Block weiter in der Main Street liegt das unterhaltsame **Hammer Museum**. Es präsentiert 1400 verschiedene Hämmer. Ein Hammer kann viele Geschichten erzählen: Der 800 Jahre alte unter dem Museum aufgefundene Pickel »Sklaventöter« eines Tlingit-Kriegers etwa wurde benutzt, um Sklaven zu opfern und sie unter den Eckpfeilern eines neuen Langhauses zu begraben. Stammkunden im Harlem's Cotton Club pochten mit »Trink-« Hammern auf die Tische, um auf ihre Art zu applaudieren. Und dann gibt es da auch noch Autopsie-Hammer, Hammer aus Waterford-Kristallglas und Kriegshammer der Chinesen und Römer …

Auf der Südwestseite des Chilkoot Inlet erstreckt sich der weiß leuchtende Holzhaus-Komplex **Fort William H. Seward National Historic Landmark**. Fort Seward war von 1904 bis 1947 ein militärischer Außenposten. Er wurde nach seiner Stilllegung die Keimzelle der Gemeinde Port Chilkoot, die später mit Haines zusammenwuchs. Viele der ehemaligen Offiziershäuser sind heute in Privatbesitz, doch in anderen Gebäuden sind verschiedene Läden und in einem das Hotel Hälsingland untergebracht. Im Kunstzentrum **Alaska Indian Arts** können Besucher Tlingit-Künstlern bei der Arbeit zuschauen. Im **Totem Village** werden im Sommer Lachs-Grillabende veranstaltet. Und es gibt das **Chilkat Center for the Arts**, in dem die viel beachtete Truppe Chilkat Dancers auftritt.

ALASKA CHILKAT BALD EAGLE PRESERVE

Am Chilkat River liegt die berühmteste aller Attraktionen von Haines: Das 19 425 Hektar große Schutzge-

Haines
49 C2
Visitor information
www.haines.ak.us
Haines Convention & Visitors Bureau, 122 2nd Ave.
970/766-2234 oder 800/458-3579
Sommer tägl., Winter Mo–Fr

Sheldon Museum & Cultural Center
www.sheldonmuseum.org
11 Main St.
907/766-2366
Mitte Mai–Mitte Sept. tägl., Winter Mo–Fr
$

Hammer Museum
www.hammermuseum.org
108 Main St.
907/766-2374
Geöffnet Mo–Fr Mai–Sept.
$

Alaska Chilkat Bald Eagle Preserve
www.dnr.state.ak.us/parks/units/eagleprv.htm
✉ Haines Ranger Station, Alaska State Parks, 259 Main St., Haines
☎ 907/766-2292

biet **Alaska Chilkat Bald Eagle Preserve**. Es liegt nordwestlich der Stadt am Haines Highway. Eine warme Strömung und die außergewöhnlich späten Laichzüge der Lachse locken über 3000 Weißkopfseeadler zum Überwintern an das Chilkatufer, insbesondere im **Valley of the Eagles** (zwischen Meile 10 und 26). Die Greifvögel sammeln sich hier ab Anfang Oktober und ziehen im Februar allmählich wieder fort. Die beste Beobachtungszeit sind die Monate Oktober bis Dezember.

In den Flussniederungen parallel zum Highway (zwischen Meile 18 und 24) sieht man die größte Konzentration an Adlern. An gut ausgebauten Ausweichstellen stehen Informationstafeln, von hier aus können Besucher beobachten, wie die Raubvögel die Keta-Lachse (Chum) auf ihrem Laichweg abfischen. Das Bankett zieht auch Bären, Wölfe und andere Tiere an. Viele Reiseveranstalter organisieren Fahrten zu diesem Naturschauspiel (*Information im Visitors Bureau, siehe S. 83*).
Im Sommer ist es möglich, mit einem Boot den Fluss hinaufzufahren und die zahlreichen Wasserwege zu erkunden, die sich durch Auenwälder schlängeln. Die Chancen stehen nicht schlecht, Elche zu sehen: Häufig sind es Elchkühe mit Kälbern. Gleiches gilt für Trompeterschwäne sowie Adler.

LUTAK HIGHWAY

Naturliebhaber zieht es auf den 17,7 Kilometer langen Lutak Highway, der im Norden von Haines beginnt und zur **Chilkoot Lake State Recreation Site** führt. Auf dem ersten Teilstück der Küstenstraße genießt man schöne Ausblicke auf das Chilkoot Inlet mit seinen unzähligen Tauchenten, den hübschen Kragenenten oder den Orangeschnabel-Brillenenten. Doch die Landschaft und die Tierwelt werden jenseits des **Tanani Point** noch aufregender: Dann geht es in Richtung des schmalen **Lutak Inlet**, das an der Einmündung des Bachs endet, der den **Chilkoot Lake** entwässert. Weißkopfseeadler, Seehunde und Bären, Schneeziegen auf den Hängen darüber – man weiß oft nicht, wohin man sein Fernglas zuerst richten soll. ■

Ein einziger Bohlenweg führt über das Sumpfgebiet zum Gipfel des Mount Riley

Das historische Zentrum von Skagway: heute ein Einkaufsparadies und Hauptattraktion für die Passagiere der Kreuzfahrtschiffe

Skagway

SKAGWAY IST EINE AUSGESPROCHENE TOURISTENSTADT – die rund 1800 Sommerbewohner der Stadt können sich kaum noch vor den täglich 5000 in die Stadt strömenden Touristen retten. Die Stadt besitzt eine Vielzahl an Gebäuden, die in der Zeit des Goldrauschs um die Wende zum 20. Jahrhundert gebaut wurden. Der größte Teil des historischen Zentrums steht als Teil des Klondike Gold Rush National Historical Park unter Schutz.

Nachdem 1896 die Kunde von den Goldfunden Seattle erreichte, eilten im folgenden Sommer Scharen von Goldschürfern und Abenteurern auf der Suche nach einem Zugang zum Yukon nach Skagway – binnen einen Jahres schwoll die Einwohnerzahl des Ortes von einer Person (1906) auf 10 000 Menschen an. Wenige Jahre später spielte das Gold keine Rolle mehr, Skagways Einwohnerzahl sank 1902 auf rund 500 – doch viele Gebäude aus der Goldrauschära blieben erhalten. Bei einem Bummel durch die historischen Straßenzüge lassen sich Kultur und Shopping-Tour leicht miteinander verbinden.

Fast alle Besucher kommen auf dem Wasserweg, entweder mit dem Kreuzfahrtschiff, einer AMHS-Fähre oder mit einer Expressfähre aus Haines – deshalb beginnt der Stadtrundgang in der Nähe der Anlegestellen. Der Congress Way führt hinauf zur Kreuzung Second

Skagway
49 C2
Visitor Information
www.skagway.com
Skagway Convention & Visitors Bureau, 245 Broadway
907/983-2854 oder 888/762-1898

Der Red Onion Saloon gehört zum Klondike Gold Rush National Historical Park. Er ist auch im 21. Jahrhundert eine viel besuchte Kneipe

Klondike Gold Rush National Historical Park
www.nps.gov/klgo
✉ 2nd Ave. & Broadway
☎ 907/983-2921
🕒 Mai–Sept. tägl., Okt.–April Mo–Fr

Avenue und Spring Street: Hier befindet sich der Bahnhof der **White Pass & Yukon Railroad** (siehe S. 88f.). Gehen Sie von hier weiter auf der Second Avenue zur Hauptstraße Skagways, dem Broadway. An der Straßenkreuzung befindet sich der alte Bahnhof (*depot*), der heute das Besucherzentrum des **Klondike Gold Rush National Historical Park** beherbergt. Die Mitarbeiter zeigen halbstündig einen Film und bieten 45-minütige Stadtführungen an. Sehenswert ist das Faksimile des *Seattle Post-Intelligencer* vom 19. Juli 1897, in dem über die Entdeckung des viel verheißenden gelben Metalls im Yukon berichtet wird.

In einer anderen Abteilung werden Gegenstände und Fotos vom Goldrausch gezeigt. Die Fotos dokumentieren die ganze Härte des Lebens auf den Goldfeldern und dem Weg dorthin. Ein Foto zeigt Dutzende von Goldschürfern am nahe gelegenen Strand von Dyea mit Bergen an Gepäck – Ausrüstung, die sie über den fürchterlichen Chilkoot Trail schleppen mussten. Einige dieser Gegenstände sind ausgestellt.

Das **Arctic Brotherhood Hall** (*Broadway 245*) ist angeblich das meistfotografierte Gebäude Alaskas: Die Bruderschaft der Pioniere errichtete die Fassade aus Tausenden von Treibhölzern. Die einstige Gemeinschaftshalle beherbergt heute das Skagway Convention and Visitors Bureau, das freundliche Personal hat eine detaillierte Karte mit einem eingezeichneten Stadtrundgang sowie eine dazugehörige Broschüre.

Bummelt man den Broadway hinauf, ist die Geschichte auf Schritt und Tritt zum Greifen nah:

restaurierte alte Holzbürgersteige, Hütten und renovierte Saloons. In vielen Gebäuden sind heute Diamantenläden, Souvenirshops und Kunstgalerien untergebracht, andere jedoch hat man innen ihrer ursprünglichen Zweckbestimmung entsprechend restauriert. Der **Mascot Saloon** etwa (Ecke Third Avenue und Broadway) ähnelt ziemlich genau der Kneipe von 1898. Das Mascot war eine von rund 70 bis 80 Kneipen, die die vielen Tausend Goldsucher bewirteten. Gesetzlosigkeit herrschte allenthalben, Skagway war als das raueste Pflaster weit und breit berüchtigt.

Am Ende des Broadway geht rechts die Seventh Avenue ab, ein Block weiter kommt die Kreuzung mit der Spring Street. Dort liegt das 1899 erbaute McCabe College. Hier haben heute das Rathaus und das **Skagway Museum** ihren Sitz. Die Ausstellung präsentiert alles von einem Tlingit-Kanu über einen ausgestopften Braunbären bis hin zur *Skagway News* vom 15. Juli 1898. Sie berichtet über die Schießerei, in der der Boss aller Gauner Skagways, der berüchtigte Jefferson Randolph »Soapy« Smith, auf der Strecke blieb.

DIE UMGEBUNG SKAGWAYS

Skagway liegt zwischen reizvollen Bergen, Wäldern und Flüssen. Der einfachste Weg, die Landschaft zu erleben, ist die Fahrt auf dem **South Klondike Highway**. Bis zum Anschluss an den Alaska Highway im Yukon Territory sind es 159 Kilometer. Doch schon nach wenigen Kilometern bergauf durchquert man eine überwältigend schöne alpine Landschaft mit Wasserfällen, Seen und tiefen Schluchten. Die Grenze zu British Columbia und die kanadische Grenzstation liegen nur 24 Kilometer nordöstlich von Skagway auf der anderen Seite des 1003 Meter hohen **White Pass Summit**.

Für Wanderer, die die Torturen der Goldsucher auf ihrem Weg zu den Goldfeldern nacherleben wollen, ist der 53 Kilometer lange historische **Chilkoot Trail** mit seinen vielen Höhenmetern eine echte Herausforderung. Ein kleiner Eindruck lässt sich auch schon nach den ersten wenigen Kilometern gewinnen. Anfangs verläuft die Strecke noch ziemlich eben und zieht sich am **Talya River** entlang durch einen schönen Regenwald. Der Weg beginnt an der Flussbrücke, zu der man von Skagway aus 15,3 Kilometer auf der Dyea Road fahren muss. Ein örtlicher Veranstalter bietet eine geführte Wanderung (5 km) an und bringt die Teilnehmer anschließend per Floß auf dem ruhig dahin fließenden Talya wieder zum Ausgangspunkt zurück. ■

Skagway Museum
www.skagwaymuseum.org
✉ 700 Spring St.
☎ 907/983-2420
🕒 Mai–Sept. tägl, Winter wechselnd
$ $

Der Zug der White Pass & Yukon Route rollt in die Bergwelt oberhalb von Skagway

White Pass & Yukon Route

Während des Goldrauschs am Klondike wurde die 177 Kilometer lange Trasse der Schmalspur-Eisenbahn White Pass & Yukon Route durch das Gebirge getrieben und gesprengt. Die Bahn sollte Skagway (mit Zugang zum Meer) mit Whitehorse im kanadischen Yukon verbinden. Whitehorse war das Tor zu all jenen Flüssen, die zu den Goldfeldern im Landesinneren führten. Heute können die Fahrgäste in historischen Eisenbahnwaggons 32 Kilometer zur Passhöhe und wieder zurück fahren – eine dreistündige Panoramafahrt durch eine unglaublich schöne Landschaft.

Die Bahnfahrt ist sehr beliebt und sollte frühzeitig gebucht werden (*White Pass & Yukon Route, P.O. Box 435, Skagway, AK 99840, Tel. 800/343-7373, www.wpyr.com; Mai–Sept. 2- bis 5-mal tägl.*). Die Reise beginnt am **Bahnhof (Depot)** ❶, Ecke Second Avenue und Spring Street, wo der Zug pünktlich abfährt. Die beste Sicht bei der Hinfahrt hat man auf der linken Seite, bei der Rückfahrt auf der rechten Seite. Die Bahn verlässt die Stadt im Osten und passiert bei Meile 2,5 den **Goldrush Cemetery** ❷. Hier ruhen die Gebeine des Goldrausch-Ganoven Soapy Smith und die von Frank Reid, der ihn niederstreckte, wie der mitreisende Reiseführer über Lautsprecher verkündet.

Oberhalb des Skagway River steigt die Trasse kontinuierlich an. Bei Meile 5,8 ist **Denver** ❸ erreicht. Morgens steigen hier oft Wanderer aus, die den **Denver Glacier Trail** zu Fuß laufen. Umgekehrt halten Wanderer an dieser Stelle nachmittags den Zug an, um mit ihm zur Stadt zurückzufahren. In Denver steht ein ausgemusterter roter Waggon, den man über die Forstverwaltung zum Übernachten anmieten kann. Der Zug überquert nun den Skagway East Fork River und erreicht nach rund 1,5 Bahnkilometern **Rocky Point** ❹. Von hier oben hat man einen schönen Ausblick talwärts auf Skagway, seinen Hafen und das Umland.

An die unglaubliche Anstrengung, die Strecke durch diese zerklüftete Gebirgslandschaft zu treiben, erinnert der Black Cross Rock bei Meile 10,4 auf grausige Weise: Durch einen Sprengunfall wurden zwei der Arbeiter unter dem 90 Tonnen schweren Granitbrocken an der Trasse begraben. Insgesamt verloren 95 Arbeiter während der zweijährigen Bauphase ihr Leben. Auch Hunderte von Pferden, die zum Transport von Ausrüstungen eingesetzt wurden, verendeten: Ein Trassenabschnitt trägt deshalb den Spitznamen »Dead Horse Gulch« (»Schlucht der toten Pferde«). Zu den erfreulicheren Dingen entlang der Bahnstrecke zählen die vielen Wasserfälle. Landschaftlicher Höhepunkt ist bei Meile 11,5 der spektakuläre **Bridal Veil Falls** ⑤.

Bei Meile 16, unmittelbar vor der Einfahrt in den **Tunnel Mountain** ⑥, rollt der Zug langsam über die Brücke, die die Glacier Gorge in 305 Metern Höhe überspannt. Kurz hinter dem langen Tunnel kommt bei Meile 17 die wohl schönste Aussichtsstelle der gesamten Bahnstrecke: **Inspiration Point** ⑦. Weit reicht der Blick durch das Tal hinunter nach Skagway, zum Lynn Canal und zur etwa 32 Kilometer weiter südlich verlaufenden Chilkat Range. Schließlich zieht die Lok die Waggons schnaufend an ihr Ziel: Der **White Pass Summit** ⑧, die Endstation der Bahn, ist erreicht. Der Pass erhebt sich 873 Meter über der Meereshöhe. ■

Siehe Übersichtskarte S. 49 C2
Skagway
464 km Hin- und Rückfahrt
3 Std. Hin- und Rückfahrt
Skagway

UNBEDINGT ANSEHEN

- Rocky Point
- Bridal Veil Falls
- Inspiration Point

Weitere Sehenswürdigkeiten

Kanuten auf dem Weg zur Braunbärenbeobachtung

ADMIRALTY ISLAND NATIONAL MONUMENT

Bei den Tlingit heißt Admiralty Island Kootznoowoo (»Bären-Festung«), und das aus gutem Grund: Mehr als 1500 Braunbären leben auf dieser Insel. Jeder Bär hat also ein Territorium von 259 Hektar und in den dichten Wäldern ein großes Nahrungsangebot. Entsprechend hoch ist die Bärenpopulation – auch dank des Schutzgebietes **Kootznoowoo Wilderness**, das zum Admiralty Island National Monument gehört.

Am **Pack Creek** versammeln sich im Sommer viele der bis zu 453 Kilo schweren Bären zum Lachs-Festmahl. Der Creek ist so bekannt, dass jeder Besucher eine Erlaubnis (*permit*) beantragen muss. Die *permits* sind schnell vergriffen, also frühzeitig reservieren. Viele Besucher kommen im Rahmen einer organisierten Tour, von denen viele vom 24 Kilometer nördlich gelegenen Juneau aus angeboten werden.

Im National Monument ziehen sich die Regenwälder die Hänge hinauf, an denen Weißkopfseeadler brüten. Die Zahl der hier nistenden Adler ist eine der höchsten in ganz Südostalaska. Durch die Küstengewässer ziehen Buckelwale. Einige Reiseveranstalter in Juneau bieten Kajaktouren im Seengebiet entlang der Küsten von Admiralty Island an. Der Cross-Admiralty Canoe Trail, eine Süßwasser-Kanuroute quer durch die Insel, kann auch per Kanu und Kajak befahren werden.

49 D3 8461 Old Dairy Rd., Juneau, AK 99801 907/586-8790, www.fs.fed.us/r10/tongass/districts/admiralty

TATSHENSHINI RIVER UND ALSEK RIVER

Die beiden Flüsse Tatshenshini und Alsek durchziehen das größte Wildnisgebiet unserer Erde.

Der Haines Highway führt zu den Stellen, wo Rafter und Kajakfahrer ihre Boote zu Wasser lassen können. Einige sehr erfahrene Sportler wagen sich auch auf den Alsek River, der im Oberlauf eine anspruchsvolle Wildwasserroute ist. Eine Passage kann wegen der Stromschnellen nur mit einem Hubschraubertransport überwunden werden. Die meisten Wassersportler starten auf dem Tatshenshini River, der einige leichte Stromschnellen der Kategorie III und IV aufweist. Der Tatshenshini vereinigt sich im Unterlauf mit dem Alsek und fließt dann durch den Glacier Bay National Park zur Dry Bay, wo er in den Pazifik mündet. Die Fahrt dauert normalerweise elf bis zwölf Tage und führt an über 4000 Meter hoch aufragenden Gipfeln – wichtiges Grizzlybär-Land – und Gletschern vorbei. Man kann sich einer organisierten Tour anschließen.

48 A2–B2 Glacier Bay National Park and Preserve, P.O. Box 140, Gustavus, AK 99826 907/697-2230, www.nps.gov/glba

YAKUTAT

Der entlegene Küstenort (680 Einw.) liegt am Rand der **Russell Fiord Wilderness** und an der Südspitze des **Wrangell-St.Elias National Park and Preserve** (siehe S. 180ff.). Sportfischer kommen wegen der phantastischen Möglichkeiten, Lachs, Heilbutt oder Situk-River-Stahlkopfforelle zu angeln, Surfer wegen der riesigen Wellen und den kilometerlangen Sandstränden. Durch sie wurde Yakutat zur Surfer-Hauptstadt Alaskas. Naturliebhaber genießen die herrlichen Strände, die Bergwelt, die Gletscher, die Seen und die Tierwelt.

48 A1 Greater Yakutat Chamber of Commerce, Yakutat, AK 99689 907/784-3933, www.yakutatalaska.com ■

Anchorage und der benachbarte Matanuska-Susitna Borough gehören zu den am schnellsten expandierenden Regionen des Staates mit vielen städtischen Angeboten. Dass auch sie ein Teil Alaskas sind, dokumentieren die vielen Naturattraktionen unweit der Stadt.

Anchorage und Mat-Su

Blick vom Flattop, einem beliebten Wanderziel gleich östlich von Anchorage

Anchorage und Mat-Su

VON ALLEN ORTEN IN DIESEM EINZIGARTIGEN STAAT WERDEN ANCHORAGE und der Matanuska-Susitna Borough europäischen Reisenden noch am vertrautesten erscheinen. Ein beliebter Spruch lautet deshalb auch: »Anchorage ist nur 20 Minuten von Alaska entfernt.« Nicht ganz falsch, denn Anchorage besteht zum Großteil aus Wohngebieten, Bürogebäuden, Fastfood-Restaurants, Stadtparks und all den anderen städtischen Einrichtungen, die typisch für das Amerika des 21. Jahrhunderts sind. Dies trifft zunehmend auch für den Mat-Su Borough zu, wo ausufernde Städte wie Wasilla immer mehr kalifornischen Vororten gleichen und das Umland zu Schlafstädten wird.

Wandern im Rainbow-Creek-Abschnitt des Turnagain Arm Trail – hoch über dem Seward Highway und dem Turnagain Arm

Aber auch die städtischen Außenbezirke haben ihre sehenswerten Attraktionen. Für eine Stadt, die noch immer von Bären heimgesucht wird, bietet Anchorage viele kulturelle Annehmlichkeiten wie ausgezeichnete Museen, angesagte Bars, Musikfestivals, innovative Restaurants, Kunstgalerien und landschaftlich reizvolle Fahrradwege. Die schöne Innenstadt ist weitgehend frei von Filialen großer Ladenketten und Einkaufszentren und lädt zu einem Einkaufs-

und Sightseeingbummel ein. In Mat-Su Borough, etwa 65 Kilometer nördlich von Anchorage, zeigt sich die Zivilisation in anderer Form: Mat-Su entstand in den 1930er Jahren aus einer landwirtschaftlichen Region – der einzigen in Alaska, die eine nennenswerte Größe hat. Daran hat sich bis heute wenig geändert: Auf den Nebenstraßen fährt man an Pferdefarmen, roten Scheunen und Gärten vorbei, in denen das berühmte Riesengemüse gedeiht.

Anchorage hat eine spannende, interessante Geschichte. Sie beginnt mit den Denaina, die zum Volk der Athabascan gehören, die die Gegend um Anchorage und Mat-Su bewohnten. 1778 segelte Kapitän Cook vorbei, Ende des 18. Jahrhunderts kamen russische Siedler. Als um die Wende zum 20. Jahrhundert in der Nähe von Anchorage und im Mat-Su Borough Gold gefunden wurde, folgten auf den Goldrausch weitere Siedler. Die Eisenbahn, Pionierflieger, eine erhöhte militärische Präsenz und der Ölboom der 1970er Jahre katapultierten Anchorage und Mat-Su in die Neuzeit.

Und allen Witzen zum Trotz sind Anchorage und Mat-Su sehr wohl ein Teil von Alaska: Die Region ist bekannt für ihre vielen Outdoor-Aktivitäten und ihre Natur: Besucher können in der Wildnis wandern, angeln, Ski fahren, Boot fahren und Gletscher und Feuchtgebiete besichtigen. Es gibt steil aufragende Berge, alpine Blumenwiesen und viele traumhafte Ausblick. ■

Anchorage

Anchorage
92 B2
Visitor Information
www.anchorage.net
524 W. 4th Ave.
907/276-4118 oder 800/478-1255

ANCHORAGE IST MIT SEINEN FAST 280 000 EINWOHNERN die größte Stadt Alaskas. Reisende, die lange in der Wildnis unterwegs waren, sollten sich innerlich auf einen Kulturschock einstellen, wenn sie auf die Wolkenkratzer und trendigen Bars der Stadt treffen. Nachdem man eine Woche über dem Lagerfeuer gekocht hat, kann es schockieren, in einem Restaurant Hühnchen, gefüllt mit Prosciuttoschinken, Spinat und karamellisierten Zwiebeln zu essen. Aber auch wenn die Umstellung schwer fällt: Man gewöhnt sich schnell wieder an die Annehmlichkeiten der Zivilisation. Jeder, der einmal in Alaskas nasskalten Gegenden gezeltet hat, weiß das milde und oft trockene Sommerwetter von Anchorage zu schätzen, in der oft nur 400 Millimeter Niederschlag im Jahr fallen. Das milde Klima ist einer der Gründe, warum sich so viele Menschen hier niedergelassen haben.

Ungeachtet der städtischen Annehmlichkeiten ist die freie Natur nie weit entfernt. Fast jeder Einwohner kann eine Geschichte über seine Begegnung mit einem Bären oder einem Elch in der Stadt erzählen (von denen glücklicherweise fast alle gut ausgehen).

Besucher wie Einwohner schätzen auch die Tatsache, dass, selbst wenn sie im Stau stecken oder aus einem Einkaufszentrum kommen, der Blick immer auf die umliegenden Berge fällt. Lachse wandern die Flüsse der Stadt hinauf, um dort zu laichen. In der Mittagspause sieht man Angestellte (einige sogar im Anzug) mit der Angelrute am Ship Creek stehen. Sie ziehen an dieser bekannten Angelstelle zwischen Bürogebäuden und der Industriezone des Hafens 13 Kilogramm schwere Königslachse an Land, bevor sie an ihre Schreibtische zurückkehren.

Der **Ship Creek** zieht sich am nördlichen Rand des Zentrums entlang in einem Bogen vom Knik Arm bis zum Hafen. Die Angelstelle in der Nähe des Railroad Depot (Bahnhof) ist ein guter Ausgangspunkt für einen Stadtrundgang. Wer Lachse sehen will, läuft die Ship Creek Avenue 800 Meter

Downtown Anchorage mit der einzigen Großstadtsilhouette Alaskas

Angler am Ship Creek vor der Skyline des Zentrums von Anchorage

Saturday Market
- ✉ 3rd Ave. zwischen E u. C Sts.
- ☎ 907/272-5634
- 🕒 Mitte Sept.–Mitte Mai geschl.

Oscar Anderson House
www.anchoragehistoric.org
- ✉ 420 M St.
- ☎ 907/274-2336
- 🕒 Mitte Sept.–Juni geschl.
- $ $

in Richtung Brücke: Am **Salmon Viewing Area** lassen sich die laichenden Lachse beobachten. Das höher gelegene Zentrum von Anchorage erstreckt sich einige Blocks südlich der Port Access Road. Das für Touristen interessanteste Gebiet wird im Norden von der Second Avenue, im Süden von der Ninth Avenue, im Westen von M Street und im Osten von der Gambell Street begrenzt.

Im Sommer findet samstags und sonntags das **Anchorage Market & Festival** (10–18 Uhr) statt, der »Saturday Market«. Auf dem Freiluft-Basar verkaufen über 300 Händler Marmeladen, Räucherlachs, Elfenbeinschmuck, aus Holz geschnitzte Elchköpfe, Tonwaren, Pelzmäntel, Waschbär- und Stinktiermützen und Geldbörsen aus grauem, wasserdichtem Klebeband. Straßenkünstler tragen zur Stimmung bei. Viele Imbissstände verkaufen Spezialitäten wie frittierten Heilbutt, Lachs-Quesadillas und Austern von der Kachemak Bay.

DAS HISTORISCHE ANCHORAGE

Anchorage ist eine relativ junge Stadt. Viele der älteren Gebäude wurden bei dem Erdbeben 1964 zerstört, aber verstreut über das Zentrum finden sich noch Reste der Vergangenheit. An der Ecke von Fourth Avenue und D Street steht das **Wendler Building**. Das Standbild zeigt den berühmten Schlittenhund Balto, der den heroischen Serum Run nach Nome angeführt hat. Jedes Jahr im März beginnt hier der Iditarod, das berühmteste Schlittenhunderennen Alaskas. Das Gebäude gehört zu den ältesten der Stadt und hat als einziges einen Eckturm. Das 1915 erbaute **Oscar Anderson**

House (420 M Street) ist das erste Holzhaus von Anchorage und heute ein Museum, in dem ein Teil des Besitzes der Familie Anderson ausgestellt ist. Eine weitere Gruppe von Häusern (frühes 19. Jh.) ziert das Nachbarviertel, das von First und Third Avenue und F und Christensen Streets begrenzt wird.

Westlich des historischen Viertels beginnt auf der Second Avenue der **Tony Knowles Coastal Trail** (17 km). An dem Wanderweg entlang des Cook Inlet trifft man Läufer, Radfahrer, Inline-Skater und Spaziergänger. Der Trail führt größtenteils ufernah am Westrand der Stadt zum **Kincaid Park**. Auf dem ganzen Weg, vor allem aber kurz hinter der Innenstadt, lassen sich Wale beobachten. Südlich vom Point Woronzof sind beim Kincaid Park ebenfalls Tiere (einschließlich Elche) zu sehen. Und an klaren Tagen erheben sich der Mount McKinley im Norden und Mount Susitna (die »schlafende Dame«) im Westen.

GALERIEN UND MUSEEN

Kunstliebhaber können in der Innenstadt durch viele Kunstgalerien stöbern. Am ersten Freitag im Monat findet der **First Friday Art Walk** (17.30–19.30 Uhr) statt. In Galerien, Geschäften und Restaurants gibt es Essen, Getränke, Livemusik und Auftritte ausstellender Künstler (*die Anchorage Daily Mail druckt eine Karte/Führer*).

Für außergewöhnliche Fotos und Gemälde mit traditionellen Sujets empfiehlt sich die **Stephan Fine Arts Gallery** (*600 W. 6th Ave., Tel. 907/274-5009 oder 800/544-0779*) mit den berühmten Bärenaufnahmen von Thomas Mangelsen.

Am anderen Ende des Kunstspektrums liegt die gemeinnützige **International Gallery of Contemporary Art** (*427 D St., Tel. 907/279-1116*) mit modernen Videoinstallationen.

Aurora Fine Art Gallery (*406 G St., Ecke 5th Ave., Tel. 907/274-0234*) zeigt eine Mischung traditioneller und zeitgenössischer Stile, verkörpert durch die »totemic design«-Stücke von Marilyn Kaminsky Miller, die manchmal in der Galerie zu sehen sind. Die Künstlerin lässt sich durch klassische Sujets der Ureinwohner und den Naturlandschaften inspirieren.

Oder besuchen Sie die **Alaska Glass Gallery** (*423 G St., Tel. 907/279-4527*) mit ihren funkelnden Ausstellungsstücken aus mundgeblasenem Glas.

Um Kunstwerke zu sehen, die man am liebsten kaufen würde, lohnt sich ein Besuch des **Anchorage Museum of History & Art**. Auch wenn das offizielle staatliche Museum in der Hauptstadt zu finden ist, so deckt dieses größere Museum ganz Alaska ab.

Riesengemüse

Gemüse fühlt sich im Land der Mitternachtssonne sehr wohl: Dank 18 bis 20 Stunden Sonnenschein am Tag wächst das Gemüse im Mat-Su Borough zu absurden Größen heran. Bei dem Versuch, 27 kg schwere Zucchini zu hieven, wird der Rücken strapaziert. 9 kg schwere Karotten aus dem Boden zu ziehen, kommt einem Oberkörpertraining gleich. Ein Bund Mangold brachte es gar auf 2,70 m – groß genug, um als Baum zu gelten. Die Olympiade für das riesige Obst und Gemüse ist der »Giant Cabbage Weigh-off« auf der Alaska State Fair. Der bisher schwerste Kohlkopf brachte es auf 47 kg. ■

Anchorage Museum of History & Art
www.anchoragemuseum.org
✉ 121 W. 7th Ave.
☎ 907/343-4326
🕒 Mitte Sept.–Mitte Mai Mo u. Di geschl.
$ $$

Die Landschaftsgemälde im Museum of History & Art in Anchorage zeigen die Schönheit Alaskas

Alaska Experience Center
www.alaskaexperience theatre.com
✉ 705 W. 6th Ave.
☎ 907/276-3730 oder 877/276-3730
$ $$

Im Erdgeschoss zeigen sechs Galerien Arbeiten aus der Zeit der ersten Europäer in Alaska bis zur Gegenwart. Den Anfang macht der Stich eines Ureinwohners vom Prince William Sound, der 1784 vom Künstler aus der Mannschaft von Kapitän Cook gefertigt wurde. Viel Raum bekommen die großen Landschaftsgemälde von berühmten Malern wie Sydney Laurence.

Die Kunst der Ureinwohner und andere Gegenstände, die das Leben der Ureinwohner illustrieren, füllen die **Alaska Gallery** im ersten Stock. Die ständige Ausstellung nimmt die Besucher auf eine Zeitreise von prähistorischen Zeiten bis in die Moderne mit. Im Sommer bieten Dozenten viermal täglich Führungen an. Besonders sehenswert sind das Diorama mit einem Aleuten-Haus und ein Abschnitt der Trans-Alaska-Ölpipeline im Maßstab 1:1.

Westlich des mit Blumen und Brunnen geschmückten Town Square liegen vier weitere Attraktionen: ***Aurora – Alaska's Great Northern Lights*** (*Sydney Laurence Theatre, Alaska Center for the Performing Arts, 621 W. 6th Ave, Tel. 907/263-2993, Anfang Sept. bis Ende Mai geschl., $$*) ist eine Show, bei der Bilder von Polarlichtern mit Musik unterlegt werden. Das **Alaska Experience Center** zeigt auf einer riesigen, 360°-Kuppelleinwand den Film »*Alaska the Greatland*«. In der Erdbebenausstellung gibt es einen Erdbeben-Simulator, interaktive Displays, Fotos und einen Film über das verheerende Erdbeben von 1964. Das vor allem auf Kinder ausgerichtete naturwissenschaftliche **Imaginarium** (*737 W. 5th Ave., Tel. 907/276-3179, $*) präsentiert Exponate zur arktischen Ökologie, zum Leben im Meer, eine Seifenblasenwerkstatt und ein lohnenswertes Planetarium.

Genauso ungewöhnlich wie sein Namen ist auch sein Inhalt: Der **Oomingmak Co-op** (*609 H St., Tel. 907/272-9225 oder 888/360-9665*) verkauft Pullover, Hüte, Babyschuhe und andere Kleidungsstücke, die von einheimischen Handwerkern aus Qiviut, dem ultrawarmen inneren Haar der Moschusochsen gestrickt wurden.

Außerhalb der Innenstadt liegen weitere Sehenswürdigkeiten:

In einem Gebäude der Wells Fargo Bank wirbt das **Heritage Library Museum** (*301 W. Northern Lights Blvd., Tel. 907/265-2834, Labour Day bis Memorial Day geschl.*) damit, eine der größten städtischen Sammlungen mit Gegenständen der Ureinwohner und Kunstwerken von diversen Künstlern aus Alaska zu besitzen.

Um zu verstehen, wie wichtig die Luftfahrt für Alaska war und noch immer ist, bietet sich ein Besuch im **Alaska Aviation Heritage Museum** (*4721 Aircraft Dr., Tel. 907/248-5325, Di. geschl., $$*) an. Hier werden 26 Flugzeuge gezeigt, u. a. Raritäten wie ein Grumman-Widgeon-Wasserflugzeug (1944) und ein Stinson-L-1-Aufklärungsflugzeug der Armee. Es ist das Einzige seiner Art, das immer noch flugtauglich ist. Von einer Beobachtungsplattform hat man einen schönen Blick über die Landebahn der Wasserflugzeuge auf dem benachbarten Lake Hood.

GÄRTEN & PARKS

Für einen Einblick in die heimische Flora bietet sich ein Spaziergang durch den 44,5 Hektar großen **Alaska Botanical Garden** (*4601 Campbell Airstrip Rd., Tel. 907/770-3692, $*) an. Auf dem **Wildflower Trail** sind Glockenblumen, Heidelbeeren, wilde Geranien, Schokoladenlilien und andere Blütenpflanzen zu sehen. Der **Lowenfels Family Nature Trail** führt zu einem Bach, in dem im Sommer Königslachse laichen, auch Bären und Elche streunen durch das Gelände.

Einige Kilometer östlich des Botanischen Gartens liegt die Westgrenze des **Chugach State Park**, dem riesigen »Abenteuer-Spielplatz« der Stadt, den über eine Million Einheimische jährlich besuchen. Sie kommen zum Wandern, Skifahren, Klettern, Fischen, Beerensammeln, Kanufahren etc. Man kann eine Woche in der von Bären und Wölfen bewohnten Wildnis verbringen oder in nur 20 Minuten aus der Innenstadt hinausfahren, um eine kurze Wanderung zu unternehmen. Unterwegs hat man einen 360°-Panoramablick auf die Stadt, den Cook Inlet und die Berge. ■

Chugach State Park
www.dnr.state.ak.us/parks/units/chugach
93 C1–C2
Potter Section House, Mile 115.2, Seward Hwy.
907/345-5014

Ein Radfahrer pausiert an einem Aussichtspunkt entlang des Tony Knowles Coastal Trail, um die Sicht auf den eisigen Cook Inlet zu genießen

Kunst der Ureinwohner

Überall in Alaska, selbst an abgelegenen Orten, finden sich Läden, in denen die traditionelle Kunst der Ureinwohner verkauft wird. Die Auswahl ist überwältigend und spiegelt die vielfältigen Stile, Themen, Traditionen und Mittel wider, die sich in den unterschiedlichen Regionen entwickelt haben. Feine Perlenstickereien auf Elchleder, charakteristisch für die Athabascan-Stämme, gravierte Walrosshauer der Eskimos und fein geschnitzten und bunt bemalten Kopfschmuck der Tlingit sind nur einige Beispiele.

Die Besucher freuen sich über die Auswahl, die hohe Qualität der Handwerkskunst und die verwendeten Materialien. Die verschiedenen Kulturen haben ihre traditionellen Kunstfertigkeiten über Tausende von Jahren verfeinert. Allerdings ist nicht alles echt, was in den Geschäften als »Native Art« angeboten wird. Jedes Jahr geben Sammler Millionen Dollar aus, und die Versuchung, aus diesem Markt Kapital zu schlagen, führte zu vielen skrupellosen Imitatoren. So ersetzten Schnitzer den Speckstein durch Harz. Die Echtheit von Ohrringen zum Preis von 15 US-Dollar mag für den Käufer nicht von Bedeutung sein (oder doch?), aber wer Hunderte oder Tausende ausgibt, möchte sicherstellen, dass es sich um einen echten McCoy handelt. Der vielleicht einfachste Hinweis ist der »silver hand«-Aufkleber: Er zeigt eine Hand und die Aufschrift »Authentic Native Handicraft of Alaska«. Dieser Aufkleber garantiert, dass der Gegenstand von einem Ureinwohner in Alaska gefertigt wurde, allerdings besagt er nichts über die Qualität. Diese Methode ist jedoch nur bedingt zuverlässig, da die Sticker zum einen übertragen werden können und zum anderen nicht alle echten Werke mit einem Aufkleber gekennzeichnet sind.

Sofern man den Künstler nicht persönlich kennt, ist der sicherste Weg der Kauf in einem seriösen Geschäft. Dazu gehören Geschäfte in Museen und Kulturzentren. Die Läden im Alaska Native Heritage Center in Anchorage und dem Alaska State Museum in Juneau sind bekannt für ihre Kunstwerke. Eine weniger offensichtliche Wahl, aber bekannt für Echtheit und realistische Preise, ist der Laden im Alaska Native Medical Center in Anchorage. Der Alaska State Council on the Arts (411 W. 4th Ave., Suite 1E, Anchorage, AK 99501, Tel. 907/269-6610 oder 8988/ 278-7424, gibt Auskunft über seriöse Geschäfte in anderen Museen und Kulturzentren.

Wer sich in einem Laden nicht sicher ist, sollte nach dem Ursprung des Werkes fragen oder eine Echtheitsbescheinigung fordern. Wenn der Verkäufer z.B. behauptet, eine Robbe wurde von einem Yupik auf St. Lawrence aus Walrosshauern hergestellt, kann man den Verkäufer bitten, dies auf der Quittung schriftlich zu belegen. Ein anderer Tipp ist, das Material näher zu untersuchen: Speckstein fühlt sich beispielsweise kühler als Harz an und ist auch schwerer. Eine Broschüre mit weiteren hilfreichen Identifikationsmethoden ist beim Alaska State Council on the Arts (wwww.ftc.gov/alaska) erhältlich.

Wer betrogen wurde, kann eine Beschwerde bei der Federal Trade Commission (Tel. 877/382-4357) oder beim Alaska Attorney General's Office (Tel. 907/269-5100), einreichen. ■

Gegenüber: eine mit Ornamenten versehene Schirmkappe der Tlingit.
Rechts: Dorica Jackson, die Ehefrau des berühmten Schnitzers Nathan Jackson, bemalt einen Totempfahl ihres Ehemanns.
Unten: Ein Künstler im Alaska Native Heritage Center schmirgelt eine Figur aus Speckstein

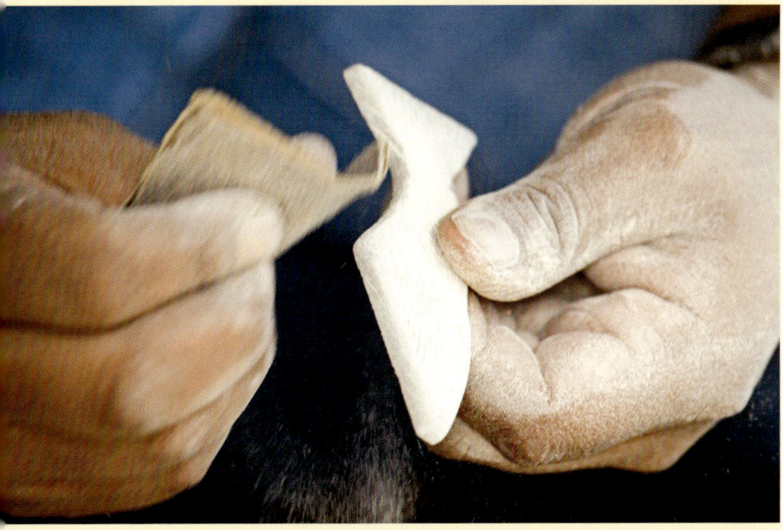

Turnagain Arm

Chugach State Park
www.dnr.state.ak.us/parks/units/chugach
92 C1–C2
Potter Section House, Mile 115.2, Seward Hwy.
907/345-5014

DIE OFFIZIELLEN GRENZEN DES STADTBEZIRKS VON ANchorage erstrecken sich weit in den Süden und Südosten und umfassen kleine Städte, ländliche Gebiete und ausgedehnte Wildnisareale. Die Stadt zieht sich entlang des Seward Highway und des Turnagain Arm, dem südlichen Arm des Cook Inlet. Der Seward Highway windet sich vom Zentrum etwa 81 Kilometer weit nach Süden zum Ende des Turnagain Arm und dem Beginn der Kenai Peninsula.

Der Seward Highway bildet das Rückgrat von Süd-Anchorage. Alle Attraktionen liegen entlang des Highways, der der Uferlinie folgt. Man findet sie entweder an den wenigen kurzen Stichstraßen oder an Wanderwegen, die an den Stichstraßen oder dem Highway beginnen. Im Folgenden werden die 70 Kilometer zwischen Anchorage und dem Ende des Turnagain Arm beschrieben. Der Meeresarm erhielt seinen Namen übrigens 1778 von Kapitän Cook: Der musste sein Schiff wenden, weil die Passage keine Durchfahrt bot.

Potter Marsh, wie er von den Einheimischen genannt wird, ist der landschaftlich reizvollste und zugänglichste Teil des **Anchorage Coastal Wildlife Refuge** und heißt offiziell Potter Point State Game Refuge (*Alaska Department of Fish & Game, Tel. 907/267-2556*). Die Sumpflandschaft beginnt bei Meile 117,4 und damit weniger als 16 Kilometer südlich des Zentrums. Zwischen den Weiden an der kurzen Zufahrt zum Wanderparkplatz sind gelegentlich Elche zu sehen, die auch im Sumpfland weiden. Mit einem Fernglas lassen sich Vögel entlang des 400 Meter langen Holzstegs beobachten. Während des Vogelzugs im Frühjahr (etwa Ende April bis Mitte Mai) drängen sich Schwärme von Wasservögeln im Feuchtgebiet. Im Frühsommer brüten Weißkopfseeadler, Küstenschwalben und Kanadagänse in Potter Marsh. Ende Juli und im August legen Küstenvögel auf ihrem Weg nach Süden hier eine Pause ein.

MILEPOSTS

Die Angaben auf den Meilensteinen (*mileposts*) entsprechen den tatsächlich zurückgelegten Meilen entlang der Straße ab der Stadt Seward.

Eiswürmer

Dank des humorvollen Gedichts »Die Ballade des Eiswurmcocktails« von Robert Service glauben viele Menschen, der Eiswurm sei so echt wie das Einhorn oder der Wolpertinger. Eiswürmer gibt es jedoch wirklich, wenn auch nicht in Cocktails. Etwa ein Zentimeter lang und rau wie ein Stück Faden, heißen sie so, weil sie tatsächlich nahe der Eisoberfläche leben. Wissenschaftler wissen noch nicht genau, wie sie in der Kälte überleben können. ■

Vogelbeobachter und Naturliebhaber kommen zur Potter Marsh und suchen das Feuchtgebiet nach Vögeln und laichenden Lachsen ab

CHUGACH STATE PARK

Wenn man von Potter Marsh auf dem Highway weiter nach Süden fährt, trifft einen die schiere Wucht der Landschaft. Zur Rechten erstreckt sich der Turnagain Arm. Hier, wo der immer schmaler werdende Meeresarm seine breiteste Stelle hat, sind es etwa 16 Kilometer hinüber zur majestätischen Kenai Peninsula. Zur Linken erheben sich die Gipfel und Wälder des **Chugach State Park**, unterbrochen von felsigen Klippen, Bächen und Wasserfäl-

Der am Ufer des Turnagain Arm verlaufende Seward Highway bietet traumhafte Ausblicke auf die umliegende Bergwelt

len. Informationen sind im Hauptquartier des Parks erhältlich. Es befindet sich im historischen **Potter Section House** *(Meile 115,2; Sa–So geschl.)*, in dem früher eine Crew der Eisenbahnarbeiter untergebracht war.

Wenige hundert Meter weiter liegt die Abzweigung zum **Potter Creek Viewpoint & Trail**. (Diese Abzweigung und andere Parkbuchten, Aussichtspunkte und Wanderwege bis nach Girdwood werden vom State Park verwaltet). Von der Aussichtsplattform mit ihren Informationstafeln und fest installierten Fernrohren hat man schöne Ausblicke. Für eine kurze Wanderung bietet sich der 600 Meter lange **Nature Trail** an. Hier liegt der nördlichste Ausgangspunkt des **Turnagain Arm Trails**: Er hieß früher Old Johnson Trail und gehört zu den beliebtesten Wanderwegen Alaskas. Er läuft 15 Kilometer lang parallel zum Highway und bietet phantastische Ausblicke über den Turnagain Arm. Der Weg führt durch dichten Fichtenwald und überquert kühle Bäche.

Durch seine Südlage ist der Weg einer der Orte, wo der Schnee zuerst im Frühjahr schmilzt und die ersten Wildblumen blühen. Nach einem leichten Anstieg am Anfang ist die Strecke bis auf die letzten drei Kilometer relativ eben und leicht. Für Wanderer, die wenig Zeit haben oder nicht am Potters Creek starten möchten, gibt es bis zum Ende des Weges am Windy Corner zwei weitere Einstiegsmöglichkeiten.

Einer dieser Einstiege ist die **McHugh Creek Picnic Area** (Meile 111,9). Der Rastplatz mit drei hintereinander liegenden gebührenpflichtigen Parkplätzen bietet weit reichende Ausblicke. Am zweiten Parkplatz stehen eine Aussichtsplattform, Informationstafeln zur Tierwelt und Ferngläser. Mit ihnen lassen sich die Berge jenseits des Turnagain Arm orten. Mit etwas Glück sieht man auch Dallschafe an den steilen Abhängen im Osten. Sie lassen sich an diesem Highwayabschnitt besonders gut beobachten. Die Hinweisschilder erklären alles Mögliche vom Elchmagen bis hin zur Geschichte der Eisenbahn.

Etwa 1,5 Kilometer weiter zweigt auf der linken Seite des Highways eine Straße zum **Beluga Point** ab. Auch dort kann man Dallschafe sehen. Wie der Name schon sagt, ist es aber vor allem ein hervorragender Platz zur Beobachtung von Belugawalen (Weißwalen), die Mitte bis Ende August den Wanderungen der Coho-Lachse hierher folgen. Auch wenn ihre Population stark zurückgegangen ist, so sieht man gelegentlich noch einen dieser kleinen weißen Wale, die immer zu lächeln scheinen. (*Warnung: Niemals auf den bei Ebbe freiliegenden Schlick hinauswandern – weder hier am Beluga Point noch sonst irgendwo am Turnagain Arm. Was wie fester Untergrund aussieht, kann sich als Treibsand entpuppen. Schon so mancher wurde von der schnell auflaufenden Flut überrascht und ertrank, da er im Treibsand feststeckte.*)

Im Turnagain Arm wird die auflaufende Flut zu einem spannenden Erlebnis. Der Meeresarm hat einen der größten Tidenhube Nordamerikas: bis zu zehn Meter beträgt die Differenz zwischen Ebbe und Flut. Wenn sich das Wasser in den sich verjüngenden Meeresarm presst, bildet sich eine Gezeitenwelle (*tidal bore*), die etwa zwei Meter hoch sein kann. Der Turnagain Arm und der Knik Arm nördlich von Anchorage sind die einzigen Orte in den USA, an denen dieses Phänomen vorkommt.

Vielleicht der beste Platz, um die auflaufende Flut zu beobachten, ist der **Bird Point Scenic Overlook** (Meile 96,5), wo die Gezeitenwelle auf Informationstafeln erklärt wird. Etwa 45 Minuten nach der Ebbe in Anchorage (+/- 30 Min.) rauscht die grollende Wasserwand am Aussichtspunkt vorbei (abhängig von den Wetterbedingungen etc. kann die Welle aber auch nur kümmerliche 15 Zentimeter hoch sein und das Fauchen eher wie ein Schnurren klingen). Die Flutwelle läuft durch den ganzen Meeresarm und hat eine Geschwindigkeit von 16 bis zu 24 Stundenkilometern. Manchmal sieht man Einheimische auf der Welle surfen.

Auf der linken Seite des Highways (Meile 96,5 bis 92,5) liegen fünf Parkbuchten mit so vielen Informationstafeln, dass man ein ganzes Museum damit füllen könnte. Sie erläutern die Geschichte der Gegend, erzählen von der verlassenen Goldgräberstadt Sunrise, vom Erdbeben und der

Vom Bird Point Scenic Overlook kann man die dramatische Gezeitenwelle sehen, die durch den ganzen Turnagain Arm läuft

Flutwelle von 1964, die beide den Turnagain Arm neu formten. Auch die Methode der Dena'ina Athabascan, Wale zu jagen, wird erklärt: Bei Niedrigwasser rammten die Jäger einen auf den Kopf gestellten Baum ins Watt, auf dem sie sich bei auflaufender Flut versteckten. Schwamm ein Wal vorbei, harpunierten sie ihn. Die Männer befestigten luftgefüllte Blasen an der Harpune, so dass der Wal langsamer wurde und die anderen Jäger in ihren Kajaks den Wal erlegen konnten.

ALYESKA HIGHWAY

Bei Meile 90 erreicht man Girdwood Junction. Die durch das Erdbeben und die Flutwelle 1964 zerstörte Stadt wurde von den Bewohnern 3,2 Kilometer oberhalb des Highways wieder neu aufgebaut, die Zufahrtsstraße zweigt nordöstlich der Kreuzung ab.

Kurz vor dem neuen Girdwood zweigt links die Crow Creek Road ab. Nach fünf Kilometern auf der Schotterstraße kommt man zur **Crow Creek Mine**. In der ergiebigen Mine wurde zwischen 1890 und 1940 Tonnen von Gold geschürft. Acht Originalgebäude mit Gegenständen aus der Bergwerkszeit sind für Besucher geöffnet. Vieles wirkt recht baufällig, entspricht aber so wahrscheinlich genau den damaligen rauen Verhältnissen in der Mine. Noch immer fließt Gold den Crow Creek hinab und Besucher können sich ein Sieb und einen Eimer ausleihen und ihr Glück versuchen.

Eine Meile weiter endet der Highway am Skigebiet **Alyeska Resort** (*Tel. 907/754-1111 oder 800/880-3880*). Auf der Arlberg Road geht es an Eigentumswohnungen und Ferienhäusern vorbei zum Alyeska Prince Hotel (1,6 km). Hinter dem Luxushotel führt eine Gondelbahn auf den 701 Meter hohen Mount Alyeska. Von oben hat man eine phantastische Aussicht und die Wahl zwischen einer Cafeteria und dem 4-Sterne-Restaurant Seven Glaciers. Wer will, schwebt an einem Gleitschirm zu Tal. Im Sommer sind Wanderer, Mountainbiker und Beerensammler unterwegs.

PORTAGE

Bei Meile 78,9 auf dem Seward Highway liegen Portage Glacier und Portage Valley, die südlichsten Attraktionen des Stadtgebiets von Anchorage. Die Stichstraße nach Osten führt zum Gletscher und nach Whittier. Bei der Fahrt durch das von Bergen und Gletschern eingerahmte Tal entlang des Portage Creeks kommt man an einigen Zeltplätzen und Wanderwege vorbei. Kurz nach der 5-Meilen-Markierung biegt links ein Weg zum **Begich Boggs Visitor Center** ab. Vom verglasten Aussichtsraum lassen sich die Eisberge im Portage Lake bewundern, auch wenn sich der Gletscher selbst so weit zurückgezogen hat, dass er nicht mehr zu sehen ist. Vom Center werden geführte Bootstouren zur Gletscherstirn angeboten. ■

Crow Creek Mine
www.akmining.com/mine/crow.htm
- Karte: 93 C1
- Adresse: Crow Creek Rd.
- Tel.: 907/278-8060
- Geöffnet: Mitte Sept.–Mitte Mai
- Preis: $

Portage Glacier & Portage Valley
- Karte: 93 D1
- Adresse: Begich, Boggs Visitor Center
- Tel.: 907/783-2326
- Geöffnet: Sommer tägl., Winter unterschiedliche Zeiten

Nord-Anchorage

AUTOFAHRER AUF DEM GLENN HIGHWAY IN RICHTUNG Norden reduzieren ihr Tempo erst wieder, wenn sie den Mat-Su Borough nach knapp 50 Kilometern erreicht haben. Doch es lohnt sich, durch den Norden von Anchorage zu fahren, denn er bietet interessante kulturelle und historische Stätten sowie eine Vielzahl an Outdoor-Aktivitäten und Natur im Überfluss. Der Glenn Highway ist das verbindende Glied dieser Region.

ALASKA NATIVE HERITAGE CENTER

In den Außenbezirken der Stadt führt die Ausfahrt Muldoon Road North (Meile 4,4) zum ausgeschilderten Alaska Native Heritage Center (*kostenlose Shuttles von mehreren Haltestellen im Zentrum und Spenard in der Nähe des Flughafens*). Das Zentrum bietet interessante Einblicke in die Kultur und Geschichte der Ureinwohner.

Alaska Native Heritage Center

www.alaskanative.net

93 C2

8800 Heritage Center Dr.

907/330-8000 oder 800/315-6608

$$$$

MILEPOSTS

Die Meilenangaben geben die Entfernung vom Start des Glenn Highways in der Innenstadt von Anchorage an

Ein Tänzer der Tinglit legt die traditionelle Tracht für eine Vorstellung im Alaska Native Heritage Center an

Das Alaska Native Heritage Center bietet einen guten Einstieg in das große kulturelle Erbe der Region

Eagle River Nature Center
www.ernc.org
93 C2
32750 Eagle River Rd.
907/694-2108
Sommer tägl., Mai–Sept. Di– So
$$

Auch wenn wunderbare Kunstwerke und historische Artefakte ausgestellt werden, ist das Zentrum kein Museum. Ureinwohner aus elf Kulturen versuchen hier, ihre Traditionen zu pflegen und sie zu zeigen.

Die Besucher werden im Welcome House begrüßt. Von hier führt ein Weg (800 m) zu verschiedenen Dörfern. Diese sind jeweils einer bestimmten Kultur oder einer Gruppe ähnlicher Kulturen gewidmet. Führungen beginnen halbstündig. Zu den Dörfern gehören ein unterirdisches Gemeinschaftshaus, das im Stil der Inupiaq und der St. Lawrence Yupik gebaut wurde, sowie ein großes Stammeshaus, das die Traditionen der Ureinwohner im Südosten widerspiegelt.

Die **Hall of Cultures** ist randvoll mit historischer wie auch zeitgenössischer Kunst und Kunsthandwerk. Künstler aus dem ganzen Land arbeiten hier an ihren Kunstwerken, viele der Arbeiten werden zum Verkauf angeboten. Im **Gathering Place** treten Geschichtenerzähler, Tänzer, Athleten und andere Künstler auf.

Die Ausfahrt bei Meile 6,1 führt auf der Arctic Valley Road nach Osten. Nach elf Kilometern auf einer steilen, steinigen Straße erreicht man das Skigebiet **Alpenglow at Arctic Valley** (*Tel. 907/428-1208*). Im Spätsommer und Herbst kommen die Einheimischen in Scharen hierher, um Blaubeeren zu pflücken und zu wandern. Trainierte Wanderer können die 5,6 Kilometer lange Rundwanderung auf den **Rendezvous Peak** leicht in zwei bis drei Stunden schaffen. Planen Sie eine zusätzliche Stunde für die Rast auf dem 1234 m hohen Gipfel ein: Der Ausblick ist herrlich.

EAGLE RIVER NATURE CENTER

Diejenigen, die das Wandern mit etwas Bildung verbinden möchten, sollten die Ausfahrt Eagle River (Meile 13,4) nehmen und nach rechts auf die Eagle River Road abbiegen. Am Ende der Straße (12,5 Meilen ab Glenn Highway) liegt das Eagle River Nature Center. Das kleine Naturzentrum hat eine schöne Ausstellung und bietet im Sommer täglich naturkundliche Wanderungen an. Am Rastplatz ist ein Fernglas aufgestellt. Auf einer Wanderkarte sind mehrere Wanderungen beschrieben.

Der 43,5 Kilometer lange **Iditarot National Historic Trail** (Cow Pass Trail), eine der berühmtesten Mehrtagestouren in Alaska, zieht sich vom Zentrum zum Ende der Crow Crek Road oberhalb von Girdwood. Halten Sie Ausschau nach Grizzlybären, Gletschern, Elchen, Bibern, Dallschafen und Resten von Minen. Die ersten 7,2 Kilometer vom Zentrum aus sind leicht bis mittelschwer.

Im Eagle River Nature Center gibt es ein Netz an Wanderwegen und Aussichtsplattformen

Eklutna Historical Park
www.eklutnainc.com

- 93 C2
- 907/688-6026
- Mitte Sept.–Mitte Mai geschl.
- $$

Zu den leichten Wanderwegen gehört der **Rodak Nature Trail.** Der nur 1,2 Kilometer lange Rundweg mit Hinweistafeln führt an einem Bach entlang. Von diesem Weg können Wanderer entlang dem Eagle River dem 4,8 Kilometer langen **Albert Loop Trail** folgen (*Abschnitte des Weges sind gelegentlich gesperrt, um die Bären nicht beim Lachsfang zu stören*).

EKLUTNA

Der Eklutna Historical Park (westlich von Meile 26,5) zeigt eine merkwürdige Mischung aus spirituellen Traditionen der Ureinwohner und der russisch-orthodoxen Kirche. Der Friedhof mit seinen etwa 80 bunten Geisterhäusern stammt aus dem Jahr 1652 und dient wahrscheinlich seit Jahrtausenden als Friedhof. Die **St. Nicholas Russian Orthodox Church** wurde 1870 gebaut. Am Baustil lässt sich erkennen, dass in der Gemeinde viele Athabascan leben.

Östlich von Eklutna ist die Straße zum 16 Kilometer entfernten Zeltplatz und zur **Lake Eklutna Lake Recreation Area** (*Tel. 907/688-0908*) ausgeschildert. Das mit Kiefern bewaldete Tal, das nach dem Abschmelzen des Eklutna Glacier entstanden ist, bietet zusammen mit dem elf Kilometer langen See eine Vielzahl an Sportmöglichkeiten. ■

Mat-Su Borough

Mat-Su Borough
93 D3
Visitor Information
www.alaskavisit.com
Mile 35.5, Parks Hwy.
907/746-5000
Mitte Sept.–Mitte Mai geschl.

Palmer
93 C3
Visitor Information
723 S. Valley Way
907/745-2880
Mitte Sept.–Mitte Mai Sa–So geschl.

MATANUSKA-SUSITNA BOROUGH IST DER »BROTKORB« Alaskas, was aber angesichts des unversöhnlichen Wetters und des ebenso unwirtlichem Bodens in diesem Staat nicht viel heißt. Der Mat-Su Borough, wie er von den Einheimischen genannt wird, hat ein relativ mildes Klima und zur landwirtschaftlichen Nutzung geeignete Böden. Doch die Region ist auch für ihre hoch aufragenden Berge, Gletscher und breiten Flüsse bekannt.

Zu einer landwirtschaftlich wichtigen Region wurde Mat-Su durch die Entscheidung der Regierung von Präsident Roosevelt, 1935 203 Familien aus dem Mittelwesten der USA nach Alaska umzusiedeln. Die Farmer waren wegen der großen Depression gezwungen, ihre Höfe aufzugeben. Am Anfang kämpften sie mit großen Schwierigkeiten, aber mit der Zeit entwickelte sich ein rentables landwirtschaftliches Gemeinwesen (das Projekt wurde Matanuska Colony genannt). Heute ist Mat-Su eher als Zentrum für Outdoor-Aktivitäten und für seine Schlafstädte bekannt (Anchorage liegt nur eine Autostunde südlich).

Die geographischen Grenzen von Mat-Su sind recht willkürlich gezogen. Der Bezirk ist 63 930 Quadratkilometer groß und reicht im Norden bis in den Denali National Park hinein. Die Nord-Süd-Erstreckung beträgt 320 Kilometer, die Südgrenze definieren das Cook Inlet und der Knik Arm, die Nordgrenze die Hatcher Pass Road (siehe S. 114f.). Für dieses Buch wurde als Grenze im Osten der Matanuska-Gletscher gewählt, die Westgrenze markiert der Susitna River.

PALMER

Die Siedler ließen sich 1935 zunächst in Palmer nieder. Das **Palmer Visitor Information Center, Museum & Chamber of Commerce** (*723 S. Valley Way, Tel. 907/745-2880*) ist eine wichtige touristische Informationsquelle und beherbergt ein kleines Geschichtsmuseum, das

über die Matanuska Colony informiert.

Schrotsägen, Sensen und Wäschemangeln belegen die Knochenarbeit der ersten Siedler. Hundeschlitten und Eismeißel erinnern daran, dass die Bauern mit neuen Herausforderungen konfrontiert wurden. Sehenswert ist auch der schöne Gemeinschaftsgarten.

Einen kurzen Spaziergang vom Besucherzentrum entfernt liegt das **Colony House Museum**, einst das Haus von Oscar und Irene Beylund. Es wurde so restauriert, wie es zwischen 1935 und 1945 ausgesehen hat. Die Möbel und der persönliche Besitz der Beylunds lassen die Tage der Kolonisierung lebendig werden. Viele der Führer sind Nachkommen dieser ersten Siedler und teilweise als Kinder hier aufgewachsen. Sie beschreiben das Leben in der Kolonie und lassen dabei ihre persönlichen Erfahrungen mit einfließen.

Auf der anderen Straßenseite steht das **Colony Inn**. Das 1935 erbaute Gebäude diente in den 1960er Jahren als Wohnheim für

Colony House Museum

- 93 C3
- 316 E. Elmwood Ave.
- 907/745-1935
- Mai–Aug. tägl., sonst auf Anfrage
- $

Blick vom Glenn Highway auf die Herbstfärbung und den ersten Neuschnee

Besucher der Moschusochsenfarm stehen den arktischen Bewohnern hautnah gegenüber

Musk Ox Farm
www.muskoxfarm.org
93 C3
907/745-4151
Mitte Sept.–Anfang Mai geschl.
$$

Lehrer, heute beherbergt es ein elegantes Gasthaus und Restaurant.

Ein Block östlich, an der Ecke von E. Elmwood Avenue und S. Denali Street, steht die noch heute genutzte **United Protestant Church**, die »Kirche der tausend Baumstämme«. Die Kirche wurde zwischen 1935 und 1937 von den Siedlern erbaut: Selbst der Altar besteht hier aus Baumstämmen.

Das **Colony Village** (*2075 Glenn Hwy., Tel. 907/745-4827, So. geschl.*) auf dem Gelände des Alaska State Fairgrounds ist ein Freilichtmuseum mit wieder aufgebauten historischen Gebäuden. Ende August und Anfang September findet die State Fair statt.

Nebenstraßen durchziehen das Tal und führen über Felder. Einen guten Einblick in das ländliche Leben Alaskas bietet die **Farm Loop Road**. Von Palmer fährt man zunächst auf dem Glenn Highway einige Kilometer Richtung Norden und biegt dann nach Westen auf die Palmer-Fishhook Road an der Abzweigung zum Hatcher Pass (Meile 49,5) ab. Nach 2,3 Kilometern geht es rechts auf die Farm Loop Road (5 km), die an Pferdeweiden und traditionellen Scheunen vorbeiführt. Bei Meile 50,7 stößt man wieder auf den Glenn Highway.

Eine halbe Meile südlich des Glenn Highways zweigt eine Stichstraße zur **Musk Ox Farm** (siehe Beschilderung) ab. Moschusochsen sind faszinierende Tiere, haben aber weder Moschusdrüsen, noch gehören sie zur Familie der Rinder. Mit einem Gewicht von einer halben Tonne ist ihr auffälligstes Merkmal ihr zottiges Fell. Lange Deckhaare schützen die Moschusochsen vor den eisigen Temperaturen in ihrem natürlichen Lebensraum im hohen Norden. Die auf der Farm lebenden Tiere sind Nachkommen von 34 Ochsen, die in den 1930er Jahren aus Grönland eingeführt wurden, um die heimischen Moschusochsen zu ersetzen, die um 1860 ausgerottet wurden. Heute leben etwa 4500 wilde Moschusochsen in Alaska. Die grönländischen Tiere wurden auch eingeführt, um eine Einnahmequelle für die Ureinwohner zu schaffen. Unterhalb des Schutzhaares wächst ein wollenes Unterfell, das so genannte Quivit. Es ist federleicht, seidig weich und angeblich achtmal wärmer als Schafwolle. Einmal jährlich wird es ausgekämmt und an Weber der Ureinwohner verschickt, die diese herrliche Wolle zu Schals, Hüten und anderen Kleidungsstücken verarbeiten. Im Laden gibt es eine Auswahl an Quivitprodukten; selbst wer nichts kaufen möchte, sollte einmal das Material befühlen. Neben dem Laden steht das kleine Musk Oxen Museum, das halbstündig Führungen veranstaltet und den Besuchern eine fast hautnahe Begegnung ermöglicht.

WASILLA

Wasilla liegt 16 Kilometer westlich von Palmer (via Palmer-Wasilla oder Parks Highway). Das **Dorothy Page Museum** (*323 N. Main St., Tel. 907/373-9071, Sept.–April geschl., $*) liegt im alten Teil von Wasilla, einen Block nördlich des Parks Highway. Das kleine Museum zeigt Wechselausstellungen über das Leben der ersten Pioniere.

Am Neuser Drive (Meile 47) sollte man abbiegen und der Beschilderung zum **Museum of Alaska Transportation & Industry** (*3800 W. Museum Dr., Mile 47, Parks Hwy., Tel. 907/376-1211, Mo. geschl., $$*) folgen. Das Hauptgebäude zeigt Gegenstände von Buschpiloten, Kirscherntewagen und den Drachen, mit dem Robert Burns vom Gipfel des Mount McKinley schwebte. Draußen sieht es wie auf einem Schrottplatz aus, dort stehen Boote, Polizeiautos, Helikopter, Ambulanzen und Militärjets.

Wasilla ist ein Zentrum der Schlittenhundezucht und des Iditarod. Auf der Knik-Goose Bay Road befinden sich das **Iditarod Trail Sled Dog Race Headquarters** (*Mile 2,2, Tel. 907/376-5155 oder 907/248-6874*) und das **Knik Museum & Sled Dog Mushers' Hall of Fame** (*Mile 13,9, Knik-Goose Bay Rd., Tel. 907/376-7755 oder 907/376-2005, Mitte Sept.–Juni geschl.*). Beide zeigen Ausstellungsstücke zum Thema Hundeschlitten und Iditarod.

Einige Schlittenführer aus der Gegend um Wasilla, z. B. der viermalige Iditarod-Gewinner Martin Buser, zeigen ihre Hundezwinger und erzählen von ihrem Sport, den Unbilden des Rennens und ihren Trainingsmethoden. Wer will, darf die Schlittenhunde streicheln und mit den Welpen spielen. ■

Eine Statue außerhalb des Iditarod Trail Sled Doge Race Headquarters ehrt die Hunde und ihre Schlittenführer

Wasilla
93 C3
Visitor Information
415 E. Railroad Ave.
907/376-1299
Mitte Sept.–Mitte Mai geschl.

Mit dem Auto: Hatcher Pass Road

Die Hatcher Pass Road erstreckt sich von der Ebene des Matanuska River bis zur Ebene des Susitna River und windet sich durch das Hochland der Talkeeetna Mountains. In den höheren Lagen schneit es häufig, so dass der Mittelabschnitt der Straße oft von Oktober bis Anfang Juli geschlossen ist. Im Sommer ist die Straße für die meisten Fahrzeuge befahrbar, auch wenn die mittleren 40 Kilometer nur eine teilweise recht enge und holprige Schotterstraße sind. Allgemeine Auskünfte erteilt das Mat-Su Convention & Visitors Bureau (*Tel. 907/746-5000*) oder Alaska State Parks (*Tel. 907/745-3975*).

Die Strecke beginnt zwölf Kilometer nördlich von **Palmer** bei Meile 49,5 auf dem Glenn Highway. Vom Highway zweigt nach Westen die Palmer-Fishhook Road ab, sie führt nordwärts durch das ländliche Farmland. Bei Meile 8,5 nimmt man die Abzweigung zum **Little Susitna River** ❶, einem schäumenden Bergbach, der vom Mint Glacier hinabrauscht.

Auf den nächsten acht Kilometern gibt es mehrere Parkbuchten mit Ausblicken zum Little Susitna und auf die mit Tundra bedeckten Berge. Die landschaftlich schöne Strecke endet am Parkplatz des **Gold Mint Trail** ❷. Wer dem Little Susitna folgen will, kann parallel zu ihm auf einem sanft ansteigenden Weg (13 km) durch das wunderschöne alpine Tal zum Mint Glacier hinaufwandern.

Nach einer scharfen Kurve am Parkplatz steigt die Straße in westlicher Richtung steil bergan. Bei Meile 14,6 (Archangel Road) zweigt eine Stichstraße (nur für Allrad und Bergziegen geeignet) zum Ausgangspunkt der Wanderung zu den **Reed Lakes** ab.

Bei Meile 16,4 befindet sich der Parkplatz des **Fishhook Trail**.

Bei Meile 17 beginnt der Zufahrtsweg zum **Independence Mine State Historical Park** ❸ (*Tel. 907/745-2827 oder 907/745-3975, www.dnr.state.ak.us/parks/units/*

Historische Gebäude und mit Tundra bedeckte Hänge am Hatcher Pass

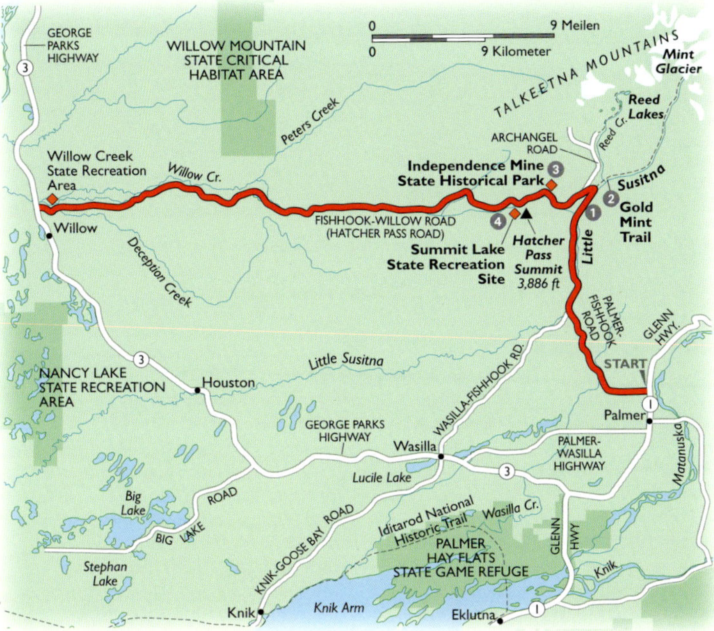

indmine.htm, Mitte Sept.–Mitte Juni geschl., $). Während die einzelnen Goldsucher die Bäche nach Goldplättchen durchsiebten, entschieden sich die großen Firmen für den Abbau der Gesteinsschichten in den Bergen. Sie hofften auf die Goldadern zu stoßen, aus denen die Goldplättchen stammten. In ihrer Blütezeit beschäftigte die Independence Mine mehr als 200 Arbeiter. Besucher können auf eigene Faust herumwandern, einen Blick durch die Fenster werfen und die Schautafeln lesen. Im Rahmen der informativen Führungen werden auch einige der Gebäude von innen gezeigt.

Bei Meile 18,9 erreicht die Straße am **Hatcher Pass Summit** (1184 m) ihren höchsten Punkt. Vom Parkplatz starten fächerförmig Wanderwege, auf denen man die alpine Landschaft erkunden und die Aussicht genießen kann. Ähnliche Landschaften und Ausblicke bietet die **Summit Lake State Recreation Site** 4 bei Meile 19,3. Hier kann man um den See wandern.

Siehe Umgebungskarte S. 92–93
B3–C3
Palmer
78 km einfach
2–3 Std. plus Zwischenstopps
Kreuzung des Parks Hwy., 112,7 km nördl. von Anchorage

UNBEDINGT ANSEHEN

- Little Susitna River
- Independence Mine
- Hatcher Pass Summit

Am Gipfel verengt sich die Straße und windet sich über 11,2 Kilometer steil den Berg hinunter, bevor sie wieder flach und gerade verläuft.

Trotz der guten Ausblicke, einem gelegentlichen Biberteich und Blicken auf den Willow Creek sind dieser Abschnitt und besonders die letzten 16 bis 24 Kilometer nicht mehr besonders spektakulär. ■

Die Gipfel des Flattop Mountain im Chugach State Park außerhalb von Anchorage

Weitere Sehenswürdigkeiten

CHILKOOT CHARLIE'S

Der riesige Komplex mit Bar, Restaurant und Nachtclub hat drei Bühnen und 15 unterschiedliche Bars. Einheimische nennen ihn nur Koot's. Auch wenn die Gäste zum Großteil laute, lärmende junge Singles sind, ist das Koot's dennoch etwas ganz Besonderes: Die Barkeeper und die Bedienungen sind kostümiert, und die Gäste sitzen auf gepolsterten Baumstümpfen und Bierfässern. Viele der Bars stehen unter einem bestimmten Motto: Die **Swing Bar** ist eine Nachbildung einer Bar aus den 1940er Jahren, komplett mit Big-Band-Musik, Martinis und Schwarz-Weiß-Fernsehern. Andere Räume sind noch bizarrer dekoriert, etwa der **Russia Room** und der **Soviet Walk**, die ein zaristisches Ambiente bzw. die Atmosphäre einer russischen U-Bahn kopieren. Irgendwie schaffen es die Betreiber der Bar immer wieder, bekannte Stars wie die Beach Boys, Metallica und Bon Jovi dazu zu bewegen, hier aufzutreten.
✉ 1071 W. 25th Ave., Anchorage
☎ 907/279-1692, www.koots.com

CHUGACH STATE PARK HILLSIDE TRAIL SYSTEM

Wanderer schwärmen von dem beliebten Netz an Wanderwegen im Chugach State Park östlich von Anchorage; er liegt nur 20 Minuten von der Innenstadt entfernt. Nirgendwo sonst in den USA ist man so schnell von den Wolkenkratzern in der Wildnis. Kurze Stichstraßen vom Hillside Drive führen zu den Startpunkten der wichtigsten Wanderwege: **Prospect Heights** (von O'Malley abgehend) und **Glen Alps** (von Upper Huffman abgehend). Von Glen Alps führt eine 5,6 Kilometer lange Rundwanderung auf den **Flattop Mountain** – der Anstieg ist bis auf den letzten steilen Teil (eine rutschige Kletterpartie) relativ gut zu bewältigen. Die Mühen werden durch schöne Panoramablicke über Anchorage, Cook Inlet, Kenai Peninsula und selbst die entfernte Alaska Range belohnt. Der Höhenunterschied beträgt 472 Meter. Ganz hilfreich ist die Karte *Hillside Trail System* mit Broschüre.
Karte 93 C2 ✉ Chugach State Park ☎ 907/345-5014, www.alaskastateparks.org $ $ (Parken)

MR. WHITEKEYS' FLY BY NIGHT CLUB

Dieser Club ist noch kurioser als Koot's. Der Besitzer, ein ehemaliger Mitarbeiter von Chilkoot Charlies, ist in der Öffentlichkeit nur als Mr. Whitekeys bekannt. Der Club bietet so genannte »gormay kweezeen«, dazu gehört so Skurriles wie die »weltweit beste Auswahl an Dosenfleisch-Vorspeisen«. Aber der wahre Grund für die Berühmtheit des Clubs ist die abendliche Show. Im Sommer präsentiert er die *Whale Fat Follies*, eine scharfzüngige, ausgelassene und teilweise schlüpfrige Revue, die alles, was mit Alaska zu tun hat, auf den Arm nimmt. Hauptdarsteller ist ein steppendes Toilettenhaus. Der Club verkauft die Veranstaltung als »die Alaska-Show, die sie nach Meinung des Department of Tourism besser nicht sehen sollten«.
✉ 3300 Spenard Rd., Anchorage ☎ 907/279-7726, www.flybynightclub.com 🕒 Jan.–März und So–Mo geschl. ■

Die Halbinsel ist gleichsam ein Mikrokosmos des Bundesstaates – hier finden sich fast alle Attraktionen Alaskas: Kulturen der Ureinwohner, Meeres- und Küstenlandschaften, historische Zeugnisse, Bergwildnis, städtischer Komfort und ein großes Angebot an Outdoor-Aktivitäten.

Kenai Peninsula

Die bunten Köderfische sind ein Hinweis mehr auf das Angelfieber auf der Halbinsel

Fox Island liegt unmittelbar vor Seward in der breiten Einfahrt zur Resurrection Bay

Kenai Peninsula

»DIE HALBINSEL BIETET ALLES« – DAS KLINGT VERDÄCHTIG NACH DEM WERBEspot der Kenai-Handelskammer und entspricht dennoch den Tatsachen. Zu den vielen Sehenswürdigkeiten der Halbinsel zählen der faszinierende Kenai Fjords National Park, lohnenswerte Kunstgalerien und Museen, eine der besten Kanuregionen Alaskas, Inseln mit Seevögel-Brutkolonien, beeindruckende Zeugnisse der russischen Vergangenheit, ein riesiges National Wildlife Refuge, Gletscher für Eiskletterer, luxuriöse Wildnis-Lodges, erstklassige, nur per Boot zu erreichende Restaurants und die weltweit bekannte Sportfischerei.

Die Kenai, wie die Alaskaner sie nennen, ragt als beinahe ovale, südwestlich ausgerichtete Halbinsel in das Cook Inlet hinein. Etwa 51 000 Menschen leben hier, davon allein 6800 in Kenai, der größten Stadt der Halbinsel. Von Anchorage bis zur Nordgrenze sind es nur 83 Kilometer, viele Einwohner kommen daher häufig zur Erholung auf die Halbinsel. Sie ist sehr groß, die Seen, Flüsse und ausgedehnten Feuchtgebiete nehmen 40 Prozent ihrer Fläche ein. Süßwasser und Salzwasser in unmittelbarer Nachbarschaft sind auch eine Erklärung dafür, warum die Halbinsel ein Paradies der Sportfischer ist.

Die ersten Siedler waren die Athabascan im Norden und Westen und die Alutiiq (Aleuten) im Süden und Osten. Nach ihnen kamen die Russen, die teilweise deutliche Spuren auf der Halbinsel hinterließen. Die Stadt Kenai wurde 1791 von russischen Pelzhändlern gegründet, viele Ortsnamen (Kasilof, Kalifornsky) erinnern an die russische Ära. In einigen auf Kenai verstreuten Enklaven leben noch heute Old Believers (Altgläubige), traditionelle russisch-orthodoxe Gläubige, die altertümliche Trachten tragen und Russisch und Englisch sprechen.

Wie in den meisten anderen Regionen Alaskas begünstigte die Entdeckung von Gold (um 1850) sowie Öl und Gas (um 1960) auch die moderne Entwicklung der Halbinsel. Heute sind die Offshore-Förderung im Cook Inlet, die industrielle Fischerei und der Tourismus die wichtigsten wirtschaftlichen Standbeine.

Der Seward Highway führt nach Seward und zur Resurrection Bay. Der zweite Highway ist der 228 Kilometer lange Sterling Highway, er zweigt Richtung Westen vom Seward Highway ab, verläuft durch das Kenai National Wildlife Refuge, führt nach Soldotna und zieht sich dann Richtung Süden am Cook Inlet entlang bis zu seinem berühmten Endpunkt Homer und der Region jenseits der Kachemak Bay. ■

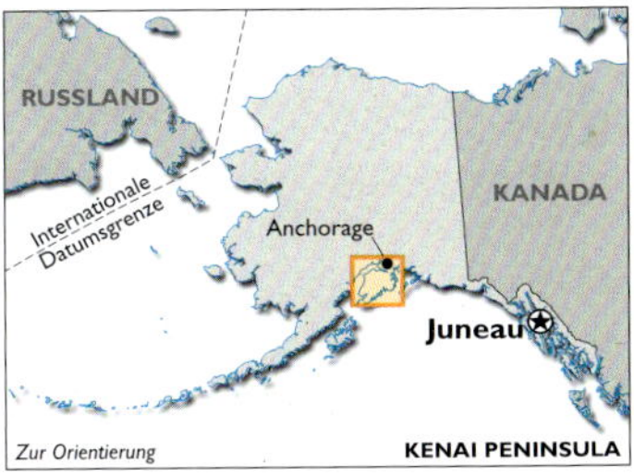

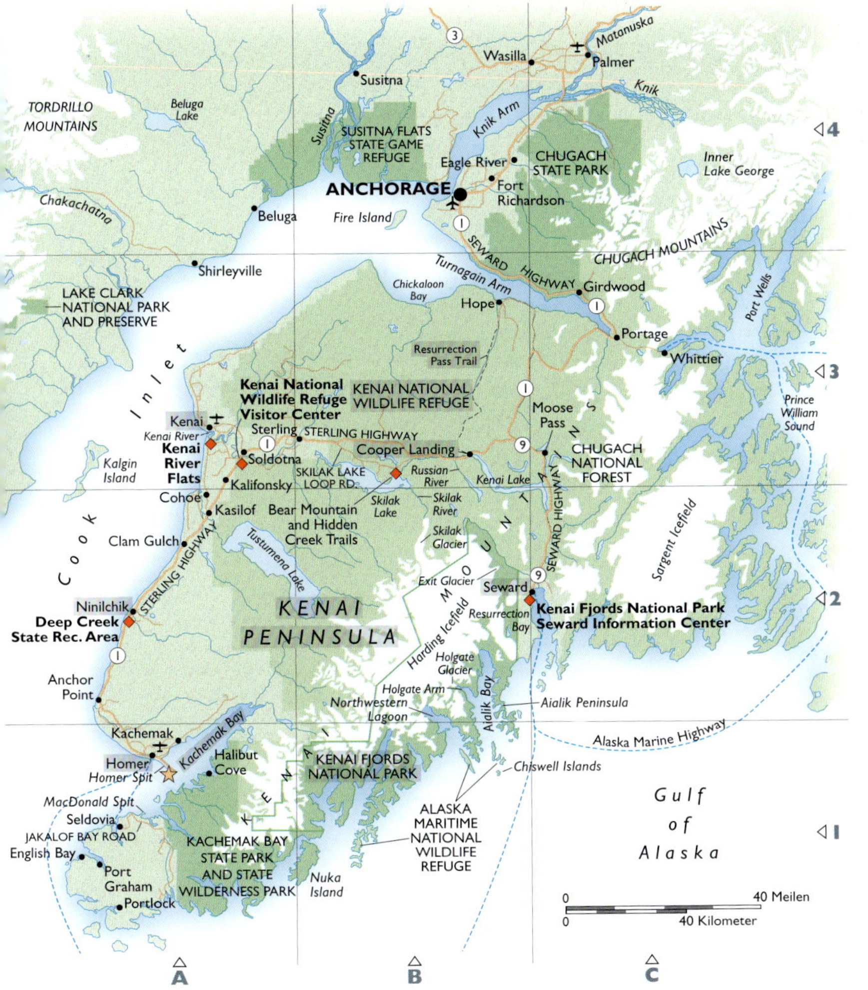

Das Zentrum von Seward wartet mit einer reizvollen Mischung aus Läden und historischen Gebäuden auf

Seward

DIE FAHRT ÜBER DEN SEWARD HIGHWAY BEDEUTET HARTE Arbeit. Die Straße durchzieht die Halbinsel südwärts und verläuft durch die faszinierende Wald- und Gebirgslandschaft des Chugach National Forest. Unterwegs fährt man an Wildwasserbächen, Hängegletschern und Biberteichen vorbei. Doch einmal in der Stadt angekommen, wird man feststellen, dass Seward und seine Umgebung die Naturschönheiten rechts und links des gleichnamigen Highways noch bei weitem übertreffen.

Seward
119 C2

Visitor Information
www.seward.com
Seward Chamber of Commerce–Convention & Visitors Bureau, 2001 Seward Hwy.
907/224-8051
Labor Day–Memorial Day Mo–Fr geschl.

Alaska SeaLife Center
www.alaskasealife.org
301 Railway Ave.
907/224-6300 oder 800/224-2525
$$$$

Seward liegt an der Resurrection Bay, die einen schlanken ausgestreckten Finger des Gulf of Alaska bildet. Die hübsche Hafenstadt (2500 Einw.) wird von schroffen Gipfeln und dunklen Fichtenwäldern umrahmt. Neben dem gemütlichen historischen Zentrum gibt es jüngere (und lebhaftere) Viertel, die sich um den 1,5 Kilometer weiter nördlich liegenden kleinen Hafen gruppieren.

HAFENVIERTEL

Das erst vor relativ kurzer Zeit eröffnete **Alaska SeaLife Center** ist einer der Hauptanziehungspunkte der Stadt. Es gilt als eines der besten Museen Alaskas und ist zugleich auch Forschungszentrum. Es kümmert sich um die Wiedereingliederung von Tieren in ihren ursprünglichen Lebensraum, der Erforschung von Alaskas marinen Ökosystemen und der Öffentlichkeitsarbeit. Das alles hört sich ziemlich fade an, doch keine Angst: Im Museum gibt es zwar viel Fachinformationen über die aktuelle Forschung im Beringmeer und die Nachwirkungen des Öltankerunfalls der *Exxon Valdez*, doch das SeaLife Center weiß auch, wie man Menschen zum Staunen bringt.

Im Ozeanarium pressen die Besucher ihre Nasen an Glasfenster, um Seehunde und Seelöwen vorbeiflitzen zu sehen. Im Discovery Pool können Kinder über die Fühler von Seeanemonen oder die weichen Fangarme von Seesternen streichen. Im Aviarium lässt sich beobachten, wie die auf Felsen hockenden Seevögel durch heftiges Flügelschlagen eine isolierende Luftschicht in ihr Unterkleid pumpen. Direkt unter der Wasseroberfläche ziehen Gelbschopflunde und Taubenteisten ihre Kreise.

Zuschauer können ein Seelöwentraining von einem Besucherdeck aus verfolgen. Die Seelöwen werden hier nicht für eine kommerzielle Aquariumsshow abgerichtet, vielmehr geht es um den sicheren Umgang mit den Tieren, wenn sie ausgewildert werden oder eine tierärztliche Behandlung benötigen. Wenn die Trainer sich nähern, schlagen die Seelöwen mit ihren Flossen gegen den Zaun und tollen wie Jungtiere herum – sie warten nur darauf, spielen zu dürfen.

Interessant ist auch die vertiefende »**Behind-the-Scenes«-Führung** (*Buchung notwendig*). Wer weiß beispielsweise, dass Kraken sich nach Reizen und Kontakten sehnen? In den Labors erzählen die Angestellten ihren Besuchern alles über diese intelligenten Tiere und füttern sie aus der Hand. Auf der täglich veranstalteten **Encounter Tour** (*nur im Sommer*) können Besucher vielleicht einmal Kraken-Saugnäpfe anfassen: Sie sind weich und fühlen sich etwa so an wie ein Baby, das an einem Daumen lutscht, allerdings saugen die Kraken hundertmal kräftiger.

Über Videomonitore lässt sich die Arbeit mit den Tieren beobachten. Da das Zentrum die führende Wiederauswilderungseinrichtung Alaskas für Meeressäuger und Seevögel ist, ändert sich die Rollenbesetzung ständig: An einem Tag können Sie verfolgen, wie einem Papageientaucher Blut entnommen wird, an einem anderen, wie ein Seeotter narkotisiert wird.

Vom SeaLife Center führt ein gepflasterter Uferweg ostwärts, wendet sich dann nach Norden und verläuft etwa 1,5 Kilometer an der Bucht entlang zu einem kleinen Bootshafen. Am Weg stehen Informationstafeln zu verschiedensten Themen wie Regenwaldflora, Industriefischerei und die Geschichte der Alaska-Eisenbahn mit Seward als südlichem Endpunkt. Der Bahnhof liegt unmittelbar hinter dem Nordende des Weges.

HISTORISCHES ZENTRUM

Unmittelbar nördlich des SeaLife Center beginnt das Zentrum (Downtown), ein dicht bebauter Distrikt, der sich über ein halbes Dutzend Straßenzüge von Ost nach West und etwa drei Querstraßen in Nord-Süd-Richtung erstreckt. Die Fourth Avenue ist der

Seward Community Library
www.cityofseward.net/library/
✉ 238 5th Ave.
☎ 907/224-3646
🕒 So geschl.

Der Tagesfang: Heilbutt und Lachs hängen aufgereiht am Kai in Seward

Resurrection Bay Galerie
www.alaskafinearts.com
500 4th Ave.
907/224-3212
Mo geschl.

Caines Head State Recreation Area
www.dnr.state.ak.us/parks/units/caineshd.htm
Alaska State Parks, Kenai/PWS Area Office
907/262-5581

Hauptanziehungspunkt. Obwohl es einige Souvenirshops und Hotels gibt, wirkt das Zentrum wenig touristisch: Viele der Restaurants und Läden sind auf Einheimische eingestellt – umso attraktiver für Touristen, die ein authentisches Alaska erleben möchten.

Die **Seward Community Library** zeigt u. a. Gemälde führender alaskanischer Künstler, eine russische Ikonen-Sammlung oder die Original-Fahne Alaskas, die 1927 von einem Jungen aus dem örtlichen Waisenhaus entworfen wurde. Zwischen Memorial Day und Labour Day wird ein Video über das schreckliche Karfreitags-Erdbeben von 1964 gezeigt, das Seward schlimm verwüstete (3 US $).

Lokalgeschichte bieten die Flure des alten **Van Gilder Hotel** (*Adams St. 308, Tel. 800/204-6835*), in denen zahlreiche alte Fotos mit Erläuterungen hängen. Ebenfalls Historisches bietet das **Seward Museum** (*3rd Ave. 336, Tel. 907/224-3902*), in dem Gerätschaften der indianischen Bevölkerung und aus der Pionierzeit zu sehen sind.

Nebenan liegt die **Resurrect Art Coffee House Gallery** (*3rd Ave. 320, Tel. 907/224-7161*), eine umgewandelte einstige Lutheraner-Kirche. Hier treffen sich die Einheimischen gern bei Espresso und feinen Backwaren. Lokale Künstler zeigen hier Kunsthandwerkliches oder teure Bilder. Ähnliches bietet die **Resurrection Bay Galerie**, die sich in einem heruntergekommenen alten Gebäude befindet: Die hochklassige Galerie präsentiert zeitgenössische Malerei und Plastik.

Mt. Marathon Race

Wohl kaum jemand betrachtet einen über 915 Meter hohen Berg und denkt dabei: *Lass mich den so schnell wie möglich rauf- und runterrennen!* Nicht so die Leute aus Seward. Seit 1915 starten an jedem 4. Juli Sprinter von einem auf Meereshöhe gelegenen Punkt im Zentrum von Seward und hetzen die 2,4 Kilometer lange Strecke auf den Mt. Marathon hinauf und wieder zurück. Stellenweise sind die Hänge so steil, dass die Läufer sich mit den Händen hochziehen müssen. Hinzu kommen noch Rinnen, Lockergestein, Eis und Schnee. Der Rekord liegt bei 43 Minuten und 23 Sekunden. Der Wettlauf hat sich zu einem Großereignis mit 900 Läufern entwickelt, Tausende aus ganz Alaska schauen zu. ■

AUSSERHALB VON SEWARD

Ein paar Kilometer weiter südlich liegt die **Lowell Point State Recreation Site** an der Küstenstraße. Das etwa acht Hektar große Areal bietet Zugang zum Strand der Resurrection Bay, bekannter ist das Erholungsgelände jedoch als Ausgangspunkt für Kajakausflüge in der Bucht. Hier beginnt auch der Wanderweg zur **Caines Head State Recreation Area** (7 km). Der reizvolle Weg verläuft an der Westseite der Bucht zwischen Strand und bewaldeten Berghängen. Teile des Wegs wurden während eines Unwetters 2006 schwer beschädigt und sind noch heute für Wanderungen gesperrt.

Auf dem Gelände steht Fort McGilvray, eine Kommandozentrale, die im Zweiten Weltkrieg nach der Landung der Japaner auf den Aleuten zum Schutz von Seward erbaut wurde. Mit einer Taschenlampe können Besucher durch das unterirdische Labyrinth

der Korridore und Räume wandern und die Aussicht vom 195 Meter hohen Felskap genießen.

1,5 Kilometer nördlich des Stadtzentrums liegt der **Seward Small Boat Harbor**, an den sich westlich ein relativ junges Stadtgebiet mit vornehmen Restaurants, Galerien, Hotels und Läden anschließt. Am Kai reiht sich ein Sportfischereiausrüster an den anderen; auch das Sewards Kenai Fjords National Park Information Center (siehe S. 124) befindet sich hier. Einige Unternehmen bieten Kajak- und Bootstouren durch die Resurrection Bay und zum Nationalpark an. ■

Im Alaska SeaLife Center rauscht ein verspielter Seelöwe an den begeisterten Zuschauern vorbei

Bootsausflügler hoffen auf das Erlebnis, einen der grandiosen Gletscher des Nationalparks kalben zu sehen

Kenai Fjords National Park

DER NATIONALPARK KENAI IST EINE URLANDSCHAFT, IN DER man grundlegende geologische Prozesse erleben kann. Abgesehen von einem Streifen gemäßigten Regenwalds, besteht der Park aus einer Fels- und Eislandschaft – Eis überzieht den größten Teil des etwa 245 978 Hektar großen Nationalparks. Über die Hälfte des Parks liegen unter den dicken Eisschichten des Harding Icefield begraben. Eine Rundfahrt durch den Park ist eine Reise in die Eiszeit.

Kenai Fjords National Park
www.nps.gov/kefj
119 C2
Seward Information Center, 1212 4th Ave., Seward
907/224-7500
Labor Day–Okt. Sa–So und Winter geschl.

Kaum jemand, mit Ausnahme der Kletterer auf dem Exit Glacier, wagt sich in diese unwirtliche Landschaft auf eigene Faust. Das Eingangstor zum Nationalpark ist Seward, wo sich zahlreiche erfahrene Tourveranstalter niedergelassen haben. Auch der Nationalpark selbst bietet geführte Touren an.

Ein guter Einstieg ist das **Kenai Fjords National Park Seward Information Center** im kleinen Bootshafen der Stadt. Es zeigt viele gute Filmdokumentationen über den Park, seine Flora und Fauna. Im Zentrum gibt es außerdem eine Liste der autorisierten Tourveranstalter, von denen einige Nationalparkführer mit auf ihre Boote nehmen. Viele der Anbieter haben ihre Büros in den Gebäuden in Nachbarschaft des Informationszentrums, dort kann man sich Informationsbroschüren holen und sich informieren. Zur Auswahl stehen Rundflüge, malerische Bootstouren, Angelausflüge, Kajaktouren, Gletscherwanderungen ... Die Ausflüge reichen von einer dreistündigen Erkundungstour bis zu einer dreitägigen Expedition. Wer lieber alleine unterwegs sein will, kann sich mit einem Charterboot in einer unberührten Bucht absetzen und sich nach einer Woche wieder abholen lassen.

Am schnellsten verschafft man sich einen Überblick mit einem

Kleinflugzeug oder Hubschrauber. So sieht man zwar nichts aus der Nähe – es sei denn, Sie verabreden eine Gletscherlandung –, doch überfliegt man dafür Parkareale, die für Boote unerreichbar sind. Nach nur wenigen Minuten schweben die Flugzeuge über dem mehr als 77 700 Hektar großen **Harding Icefield**, gleiten über gleißende Schneeflächen und Wasserrinnen. Die aus dem Eis ragenden Felsköpfe nennen die Eskimos *nunataks* – »einsame Gipfel«.

Die hohen jährlichen Niederschläge werden allmählich zu kompaktem Eis, das die 32 Gletscher nährt. Allerdings schmelzen die Eisströme schneller ab, als sie anwachsen, vergleichbar der Situation am Ende der letzten Eiszeit, als die Gletscher abschmolzen und tiefe schmale u-förmige Fjorde hinterließen, die dem Park seinen Namen gaben.

In diese einzigartige Welt der Fjorde gelangt man am besten vom Meer aus. Regelmäßig starten Motorboote in den Park. Andere Besucher entscheiden sich für einen geführten Kajakausflug, bei denen die Kajaks und Fahrer zu entfernten Punkten transportiert werden. So spart man sich den langen Anfahrtsweg von Seward aus.

Die Bandbreite reicht von Drei-Stunden-Rundfahrten durch die Resurrection Bay bis zu zehnstündigen Tagesausflügen. Wer ein dickes Portemonnaie hat und auch durch die entlegenen Parkgebiete streifen möchte, kann für mehrere Tage ein Boot chartern und in einer Wildnis-Lodge übernachten.

Normalerweise starten die Tagesausflüge am Westufer der Resurrection Bay, wo Weißkopfseeadler, Dutzende Seeotter und vielleicht auch ein Schwertwal (Orca oder Killerwal) zu sehen sind. Auffallend ist das trübe Wasser am Eingang der Bucht: Es ist eine Mischung aus Gletschermehl und Phytoplankton, das am Anfang der Nahrungskette steht, und den Krill ernährt, der wiederum die gefräßigen Buckelwale anlockt.

Etwas weiter draußen liegen die **Chiswell Islands**, die zu den wenigen leicht erreichbaren Gebieten des **Alaska Maritime National Wildlife Refuge** (*siehe S. 164f.*) gehören. Auf den grasbedeckten Felssäulen der Insel befindet sich eine Kolonie von Stellers Seelöwen, außerdem sieht man hier Brutkolonien der Dreizehenmöwen, Trottellummen, Gelbschopf- und Hornlunden.

Am äußersten Endpunkt der Route steuern die Boote die Aialik Bay und den Holgate Arm an und fahren bis auf etwa 500 Meter an die sich auftürmende Gletscherstirn des **Holgate Glacier** heran. Durch glitzernde Eisberge hindurchzugleiten, ist allein schon die lange Fahrt wert, doch jeder erwartet noch das große Finale: das Kalben des Vorlandgletschers. Alle hoffen auf einen Eisabbruch von der Größe eines Hauses, doch auch ein autogroßer Brocken, begleitet von einem lauten Knall und einem ungeheuren Klatschen, ist beeindruckend.

Zum **Exit Glacier** – nur ihn erreicht man von Seward aus über die Straße – sind es etwa 19 Kilometer. Das Nature Center hat Informationen über den Gletscher und bietet geführte Wanderungen an. Ein knapp ein Kilometer langer Weg führt zur Gletscherstirn. Die Warnschilder sind ernst gemeint: 1987 wurde ein Besucher von einem kalbenden Eisberg erschlagen.

Wer dennoch näher an den Gletscher heran möchte, kann den 800 Meter langen steilen **Overlook Loop Trail** laufen, er führt die Besucher an die von Spalten durchzogene Gletschernordseite heran. Für den Rückweg gibt es eine alternative Strecke, die am Exit Creek entlang zum Informationszentrum führt. Geübte Wanderer können den schwierigen **Harding Icefield Trail** wählen: Der Rundweg ist zehn Kilometer lang und überwindet 914 Höhenmeter. (*Erkundigen Sie sich bei den Rangern über den Zustand des Trails, er kann bis in den Sommer hinein wegen Schnees unpassierbar sein.*). Mit Glück sieht man Schwarzbären und Schneeziegen und genießt einen phantastischen Blick auf das Eisfeld. ■

Gegenüberliegende Seite: Vor der massigen, zerfurchten Flanke des Exit Glacier sehen die Wanderer wie Zwerge aus

Sportfischen

An einem Nachmittag 2004 spürte Don Hanks aus Nevada ein starkes Zerren an seiner Angelleine. Nachdem er diese eingeholt hatte, sah er einen Riesen-Heilbutt am Haken. Zurück in Homer, brachte der Koloss das Mordsgewicht von 159,9 Kilo auf die Waage. Ein großer Tag für Hanks, nicht nur weil er mit seinem dicken Fisch prahlen konnte: Es stellte sich heraus, dass sein Heilbutt 51 298 US-Dollar wert war. Normalerweise kostet auch ein so köstlicher Fisch wie der Heilbutt nicht 146 Dollar pro Pfund (rund 453 g), doch mit seinem Tagesfang hatte er zugleich den Jackpot beim Homer Halibut Derby geknackt.

Am ausgeprägtesten ist die Heilbutt- und Lachsbesessenheit auf der Halbinsel Kenai. Das schöne Homer nennt sich stolz »Welthauptstadt des Heilbuttangelns«. Bei der Fahrt über die Homer Spit folgt ein Sportfischerei-Büro dem anderen: Sie bieten Anglerausflüge an, die Wände sind tapeziert mit Fotos strahlender Angler und Fischen, die oftmals größer sind als die Männer.

Das Seward Silver Salmon Derby – einer von zahlreichen Wettbewerben auf der Halbinsel – ist gleichsam ein Symbol für die Versessenheit auf alaskanischen Lachs, insbesondere King Salmon (Chinook/ Quinnat), Red Salmon (Sockey/ Blaurückenlachs) und Silver Salmon (Coho/ Silberlachs). Letzterer steht im Mittelpunkt des Derbys, das 2005 sein 50-jähriges Jubiläum feierte. Tausende von Angler reisen dazu an, drängeln sich in Hotels und campieren draußen an der Hafenfront. Sie kämen nicht auf die Idee, den größten Silberlachs (Preisgeld 10 000 US-Dollar) wieder in die Freiheit zu entlassen, aber das große Ziel sind die 50 000 US-Dollar, die an den Angler gehen, dessen (vorher ausgesetzter) Fisch das Anhängerschild »Grand-prize tag« trägt.

Für das Seward Derby gilt ein strenges Reglement. In der letzten Zeile der Wiege-

Das Homer Jackpot Halibut Derby ist nur ein Aspekt der Sportfischerei-Manie, die diesen Staat beherrscht. Alaskaner und Gäste gleichermaßen angeln überall bis zum Umfallen, ob am Ufer der Flüsse in der Wildnis jenseits des Polarkreises oder am Ship Creek im Stadtzentrum von Anchorage. Man schläft in todschicken Lodges für 500 Dollar pro Tag oder in alten Segeltuchzelten, und geangelt wird alles: Äsche, Kabeljau (Dorsch), Stahlkopfforelle, Drachenkopf, Dolly-Varden-Forelle, Seesaibling, Lingcod, Renke, Nordischer Hecht und Regenbogenforelle. Aber am beliebtesten sind Heilbutt und Lachs.

Gegenüber: Hinter seinem Bart strahlt der lokale Angler Jack Spangeler über seinen Königslachs. Oben: Angler fischen am Kenai River bei Cooper Landing. Links: Sockeys auf ihrem Weg zum Grill. Unten: »Kampffischen« unweit des Zusammenflusses von Kenai und Russian River

Regeln wird gewarnt: »Auch der leiseste Versuch, das Fischgewicht zu frisieren, hat den permanenten Ausschluss vom Derby zur Folge.«

Die übertriebene Angelkultur in Alaska wird während der Hauptsaison der Laichwanderungen an leicht zugänglichen Flussufern deutlich, besonders auf Kenai. Scharen von Anglern drängen sich manchmal Ellbogen an Ellbogen an den Flussufern und streiten um einen guten Platz. Wer zusehen will, sollte nicht zu nah an die Massen mit ihren Angelrouten herangehen, sonst landet er am Ende noch selbst am Haken. ■

Kenai National Wildlife Refuge
www.fws.gov/refuges/profiles/index.cfm?id=74525
119 B2–B3
Headquarters & Visitor Center, Ski Hill Rd., Soldotna
907/262-7021

Kenai National Wildlife Refuge

ALLES BEGANN MIT DEM ELCH. UM DIESE PRÄCHTIGEN Tiere und ihren Lebensraum zu schützen, wies die Regierung Alaskas 1941 ein großes Territorium auf der Kenai Peninsula als Kenai National Moose Range aus. Im Jahre 1980 wurde das Gebiet erweitert und in Kenai National Wildlife Refuge umbenannt. Heute umfasst das rund 805 000 Hektar große Areal mehr als die Hälfte der Halbinsel.

Die überall auf der Halbinsel lebenden Elche sind ein wundervoller Anblick, doch Autofahrer müssen auf die Straße kreuzende Tiere achten

Die 1980 vollzogene Umwidmung spiegelte ein immer sensibler werdendes Verständnis für Ökosysteme wider und die Erkenntnis, dass es notwendig ist, ganze Landstriche für die dort lebenden Tiere unter Schutz zu stellen. In vielfältigen Ökosystemen, die von Eisfeldern, alpinen Tundren bis zu Tieflandseen, Flüssen und Fichten- und Birken-Mischwäldern reichen, haben hier nicht nur Elche einen Lebensraum, sondern auch Wölfe, Braun- und Schwarzbären, Dallschafe, Kanadakraniche, Luchse, Karibus, Weißkopfseeadler, Vielfraße, Trompeterschwäne, Biber und viele andere Arten.

Ein guter Ausgangspunkt ist das **Soldatna Visitor Center**, das nicht so ganz leicht zu finden ist. Bei Meile 96,1 zweigt die Funny River Road ab, von dieser biegt fast unmittelbar danach rechts die Ski Hill Road ab, die zum Wohnmobil-Parkplatz und zum Lebensmittelladen führt (etwa 1,2 km). Das Besucherzentrum zeigt Dioramen und Tierfilme. Der **Keen Eye Spruce Trail** (1,2 km) führt durch einen Fichten- und Birken-Mischwald zu einer Aussichtsplattform (mit Fernrohr) am Headquarters Lake.

Im Schutzgebiet liegen 4000 Seen, dazu kommen noch zahllose Feuchtgebiete, Flüsse und Bäche. Kein Wunder, dass es Elche hierher zieht und auch scharenweise Angler. Südlich des Sterling Highway liegen unzählige Teiche zwischen den beiden großen Seen **Skilak** und **Tustumena**. Der Tustumena ist mit einer Fläche von 303 Quadratkilometern einer der größten Seen Alaskas. Das eigentliche Seengebiet aber liegt nördlich des Highways, wo Tausende kleiner Gewässer ineinander übergehen – ein Paradies für Kanuten. Dem **Kenai National Wildlife Refuge Canoe Trail System.**

Der Wasserweg besteht aus zwei Teilen: Die 97 Kilometer lange

Swan Lake Canoe Route verbindet etwa 30 Seen und ist ideal für Tagesausflüge. Die **Swanson River Canoe Route** (129 km) verknüpft über 40 Seen und 80 Kilometer Flussstrecke und ist eher etwas für Kanuten, die länger unterwegs sein wollen. An den von Fichten und Birken gesäumten Ufern suchen Elche im seichten Gewässer nach Nahrung, Schwäne ziehen vorüber und Prachttaucher stoßen ihre Klagelaute aus. Manch einer wird einen durch die Wiesen streifenden Kojoten sehen oder einen Seeotter entdecken.

Man kann auf dem Sterling Highway bis zum Beginn der **Skilak Lake Loop Road** bei Meile 75,5 fahren. Die Schotterstraße (30 km) macht eine Schleife um den Skilak Lake, verläuft durch die Skilak Wildlife Recreation Area und trifft bei Meile 58 wieder auf den Highway. Man hat einen weiten Blick über den See in den südlichen Teil des Reservats, wo die Kenai Mountains sich als Blickfang am Horizont abzeichnen. In diesem Berggebiet entspringt der Skilak. Er wird vom Skilak Glacier gespeist, der wiederum seinen Ursprung im Harding Icefield hat. Es liegt teilweise im Wildlife Refuge und teilweise im Kenai Fjords National Park (siehe S. 124ff.).

Die meisten der Wege des Reservats zweigen von der Skilak Loop Road ab. Auf dem mittelschweren Rundweg **Bear Mountain Trail** (2,5 km) haben die Wanderer schöne Ausblicke auf die Kenai Mountains und treffen nicht selten auch auf Bären. Der mittelschwere bis schwere **Hidden Creek Trail** (4 km) schlängelt sich durch das 1996 vom Hidden Creek Fire betroffene Gebiet. Auf dem Boden gedeihen üppig blühende Wildblumen, unterwegs hat man eine weite Sicht über das Cook Inlet auf die Vulkane der Aleutian Range. ■

Während der Fahrt auf der Skilak Lake Loop Road kommen die majestätischen Kenai Mountains ins Blickfeld

Beeren-Paradies

Kenai Peninsula ist das Land der hoch aufragenden Gipfeln, Lachswanderungen, üppigen Wälder, aber auch unzähligen Arten an essbaren Beeren. Zu den altbekannten Lieblingssorten zählen Blaubeeren und Himbeeren, doch dazu kommen etwas seltenere Arten wie die Moosbeeren (*cranberries*), Johannisbeeren (*currants*) und Lachsbeeren (*salmonberries*). Zu finden sind aber auch Beeren, von denen nur wenige jemals gehört haben: *nagoonberries* (Ackerbeere), *watermelonberries* (Knotenfuß), *cloudberries* (Moltbeeren). Die Cooperative Extension Service Office in Soldatna, eine Zweigstelle der University of Alaska, gibt unter Tel. 907/262-5824 Auskunft, wann und wo man pflücken kann und wie man giftige Beeren erkennt. ■

Kenai
119 A3
Visitor Information
www.visitkenai.com
Visitors & Cultural Center, 11471 Kenai Spur Hwy. bei Main
907-283-1991
Mitte Sept.–Mitte Mai Sa–So geschl.

Kenai und Umgebung

DER STRATEGISCH GÜNSTIG ÜBER DEM STEILUFER DER Kenai-Mündung gelegene Ort war schon früh Anziehungspunkt für Siedler und Fremde. Jahrhundertelang lebten die Dena'ina als Fischer, Jäger, Pelzjäger und Bauern in dieser Region. 1791 bauten russische Pelzhändler hier ein Fort, es war die zweitwichtigste permanente Siedlung der Russen in Alaska. Nur fünf Jahre später besiegten die Ureinwohner die Russen in der Schlacht von Kenai, danach verkam der Ort zu einem zweitklassigen Handelsposten.

Die Kirche Holy Assumption of the Virgin Mary mit ihren signifikanten Zwiebeltürmen erinnert an die russisch-orthodoxe Vergangenheit Kenais

Zwei Jahre nach dem Erwerb Alaskas von den Russen bauten die Amerikaner 1869 hier ihr Fort Kenay. Etwa 15 Jahre später erlangte Kenai durch seine Fischkonservenfabriken überregionale Bedeutung, durch die Entdeckung der wichtigen Öl- und Gasvorkommen Mitte des letzten Jahrhunderts im Cook Inlet wurde Kenai die größte und am stärksten industrialisierte Stadt der Halbinsel. Noch immer leben hier nur 7000 Menschen, seine malerische Lage passt auch eher zu einem Urlaubsort als zu einer Industriestadt.

Die Besichtigung der Altstadt beginnt am **Kenai Visitors and Cultural Center**. Das angeschlossene Museum zeigt eine exzellente Sammlung indianischer Artefakte und Exponate aus russischer und amerikanischer Zeit. Ebenfalls sehenswert sind die zeitgenössischen Tierbilder bekannter amerikanischer Maler.

Im Besucherzentrum gibt es eine Karte mit einem Stadtspaziergang durch die Old Town, die sich über einige Straßenzüge zwischen Highway und Flussmündung erstreckt. Die russisch-orthodoxe Kirche **Holy Assumption of the Virgin Mary** ist mit ihren drei taubenblauen Zwiebeltürmen kaum zu übersehen. Die erste Kirche an diesem Platz wurde 1864 von einem russischen Mönch errichtet, die Nachfolgekirche entstand 1894. Durch die prachtvolle Kirche, die eine der ältesten orthodoxen Kirchen Alaskas ist, werden Führungen angeboten. Eine Querstraße weiter steht die **St. Nicholas Chapel**, ein kleines, im traditionellen Stil aus Baumstämmen erbautes Gotteshaus.

Am Rande der Altstadt hat man jenseits der Mission Road und der Riverview Road einige schöne Ausblicke über den Fluss, die Fischfabriken, die Kenai Mountains im Osten und das Cook Inlet und die Aleutian Range im Westen. Die Spruce Street führt zu den **Kenai Beach Dunes**. Der Strand liegt am Nordufer der Einmündung des Kenai in die Bucht und wird von niedrigen Sanddünen gesäumt.

Südlich des Zentrums und hinter der Bridge Access Road liegen die **Kenai River Flats**, ein 1200 Hektar großes Sumpfgebiet zu beiden Seiten der Warren Ames Bridge. Die Sümpfe eignen sich vor allem im Frühjahr hervorragend zur Tierbeobachtung. Viele Wasservogelarten landen hier, u.a. Tausende von Schneegänsen, die hier Mitte April zur Nahrungssuche Station machen, bevor sie nach Sibirien weiterfliegen. Von Mai bis Anfang Juli kommen Karibu-Kühe in die Sümpfe zum Kalben. Im Frühjahr und Sommer schwimmen hungrige Seehunde und Belugas während der Laichwanderung von Kerzenfisch und Lachs flussaufwärts, um sich in unmittelbarer Nähe der Sümpfe ihre Nahrung zu holen.

Kenai Landing (*Bowpicker Lane 2101, Tel. 907/335-2500*) ist ein anspruchsvolles Neubauprojekt am Ende der Cannery Road. Es liegt auf der schmalen Landzunge, die sich nach Norden in die Kenai-Mündung schiebt. Alte Fischfabriken wurden in einen modernen Komplex mit Hotel, Restaurant, mehreren Galerien, einem Theater, einem Museum, einer Ladenpassage, einer Hafenpromenade, einem Naturpfad, einer Anlegestelle und einer Werft umgebaut. Die Bauherren restaurierten sogar einen Teil der Konservenfabrik, in der immer noch einige Sockeys und Cohos konserviert werden. So können Besucher den traditionellen Verarbeitungsprozess sehen und das schmackhafte Endprodukt probieren. ■

Kenai River Flats
www.wildlife.alaska.gov
119 A3
Alaska Dept. of Fish & Game: 907/262-9368

Ein Muschelsammler in Clam Gulch beim Ausbuddeln der wichtigsten Bestandteile einer delikaten Muschelsuppe

Bärenbeobachtung

Zehn Menschen stehen regungslos auf einer Anhöhe über dem Fluss, schauen gebannt auf einen sich nähernden Braunbär (*braun bear*, im Binnenland Grizzly genannt). Das riesige Männchen schreitet auf allen vieren am Flussufer entlang und nähert sich bis auf etwa 30,5 Meter. Ein viel zu geringer Sicherheitsabstand, denn ein Bär braucht weniger als drei Sekunden, um diese Distanz zu überwinden. Einen Augenblick bleibt der Grizzly unmittelbar vor der Gruppe stehen, watet dann in den Fluss, in der Hoffnung auf eine Lachsmahlzeit.

Andere Artgenossen stehen bereits auf Beutefang im Wasser. Zwei Heranwachsende, die dem Männchen den Weg versperren, steht nicht der Sinn nach einem Kampf – sie weichen bereitwillig zur Seite. Etwa 15 Meter vom Ufer entfernt findet das dominante Männchen einen Platz nach seinem Geschmack: einen knapp zwei Meter hohen Felsrücken, der wie eine Barriere im Wasser liegt und den die wandernden Lachse überspringen müssen. Der Bär kauert sich am Rand dieser Stromschnelle nieder, Blick flussabwärts gerichtet, und wartet. Plötzlich stürzt sich ein 4,5 Kilogramm schwerer Coho über die Barriere. Mit geradezu einschüchternder Schnelligkeit dreht sich der Bär um seine Achse und schnappt den Fisch im Flug. Dann vertilgt er hastig die Beute, reißt ein Fleischstück nach dem anderen ab und begibt sich anschließend wieder in Lauerstellung, um den nächsten unglücklichen Lachs zu fangen.

Stundenlang beobachtet die Gruppe das große Männchen und die etwa 15 bis 20 anderen Bären, die in diesem Flussabschnitt jagen. Einige stehen unterhalb der Stromschnelle im seichten Wasser, platschen umher, um die Lachse mit ihren etwa zwölf Zentimeter großen Pranken zu erwischen. Ein Muttertier schleicht mit seinen zwei Jungen am Rand dieses Jagdreviers herum, ebenfalls auf der Suche nach einer Beutechance oder nach Überresten, ohne die Kleinen einer Gefahr auszusetzen. In einem so dicht bevölkerten und verhältnismäßig kleinen Bärengebiet sind Rangkämpfe unausweichlich. Häufig bellen und grunzen sich die Tiere an.

Da die Gruppe an einer organisierten Bärenbeobachtung unter fachkundiger Leitung teilnimmt, geht sie kein größeres Risiko ein. Wären sie allein, könnte man es unverantwortlich nennen, sich derartig nah an einen so großen Pulk hungriger Bären zu wagen. Die Ausflüge finden unter strikten Sicherheitsauflagen der Regierungsbehörde statt. Sie verwaltet das Staatsland, in dem die Bärenbeob-

Links: Vor Beginn der Laichwanderungen streifen die Braunbären oft durch offenes Grasland. Unten: Die Küstenbraunbären sind exzellente Angler. Unten: Eine kleine Gruppe beobachtet Bären in der Hallo Bay im Katmai National Park

achtungen stattfinden. Geleitet werden die Exkursionen von Fachleuten, denen der Umgang mit Bären vertraut ist und die dafür sorgen, dass sich die Teilnehmer an die allgemeinen Sicherheitsregeln halten. Und für den Fall der Fälle haben sie Gewehr, Pfefferspray oder Leuchtkugeln dabei.

Autorisierte Führer legen ihre Touren in die Zeit der Laichwanderungen im Sommer und Frühherbst, wenn sich Bären mit Sicherheit an Laichplätzen versammeln. Entsprechende Ausflüge werden in vielen Küstenorten Südalaskas angeboten.

Homer ist ein Zentrum der Bärenbeobachtungstouren. Die Touren gehen in den **Katmai National Park**, **Tongass National Forest** und das **McNeil River State Game Sanctuary**. Besonders schwer sind die Plätze für den McNeil River zu bekommen, eine rechtzeitige Buchung ist notwendig.

Informationen über fast alle wichtigen Bärenbeobachtungsorte finden sich auf der Homepage unter dem Stichwort »bear viewing«. Die Ausflüge sind teuer, doch das unvergessliche Erlebnis, einen 300 Kilogramm schweren Bären aus 30,5 Meter Entfernung zu beobachten, ist diesen hohen Preis wert. ■

Dicht an dicht liegen Fischerboote, Wassertaxis und Ausflugsschiffe im Hafen von Homer Spit

Homer

DIE INDIANER KAMEN AUF DER SUCHE NACH SCHALENTIEREN hierher, russische Pelzhändler zogen ebenfalls durch. Richtig besiedelt wurde Homer erst nach 1867, als die Amerikaner Alaska kauften und man nahe des Ortes Kohle entdeckte. Sie wurde dann per Eisenbahn zu den vor Homer Spit ankernden Frachtern befördert. Um die Kaianlagen entwickelte sich eine Siedlung, die aber 1907 aufgegeben wurde. Bis zur Verlängerung des Sterling Highway nach Homer Anfang der 1950er Jahre blieb der Ort ein abgelegener Außenposten.

Homer
119 A1
Visitor Information
www.homeralaska.org
Homer Chamber of Commerce, 201 Sterling Hwy.
907/235-7740

Mit dem Highway zog die Moderne in Homer ein. Zwar strömten nicht Millionen hierher – der Ort hat auch heute nur 5332 Einwohner –, doch zogen nach und nach Menschen ganz unterschiedlicher Couleur in den Ort und ließen Homer zu einer multikulturellen Gemeinde werden.

Die Stadt zog aber auch Reisende an, die von der herrlichen Lage – eine traumhafte Bucht, Gletscher, Vulkane, eine vielfältige Fauna, Wälder und eine maleri-

sche Küste – angezogen wurden. Die Stadt ist der ideale Ausgangspunkt für Ausflüge per Boot oder Flugzeug in die Wildnisgebiete jenseits der Katchemak Bay (siehe S. 141ff.) und in die Regionen auf der anderen Seite des Cook Inlet.

ALASKA ISLANDS & OCEAN VISITOR CENTER

Eine der jüngsten und besonders eindrucksvollen Attraktionen erwartet die Besucher schon bei der Einfahrt in die Stadt. Der Name Visitor Center ist allerdings irreführend, denn der wohldurchdachte, technisch hochmoderne Komplex ist ein naturhistorisches und Kultur-Museum.

Das Zentrum hat zwei wichtige Aufgaben: die Erforschung des **Alaska Maritime National Wildlife Refuge** und die Aufbereitung der Forschungsergebnisse für das breite Publikum. Zum Wildlife Refuge gehören 2500 weit verstreute Inseln, die Meeressäugern und etwa 40 Millionen Seevögeln – mehr als in allen anderen Gebieten Nordamerikas zusammen – einen Lebensraum bieten. Eine Bootsfahrt zu einigen der Inseln im Reservat ist ein Muss!

Wer dafür keine Zeit findet, sollte zumindest ins **Seabird Theater** neben dem Eingang des Zentrums gehen. Über den Köpfen der Besucher ragen realistisch aussehende, mit Guano bedeckte Kunstfelsen empor, auf denen über 120 nachgebildete Papageientaucher, Nashornalks, Kormorane und andere Vögel hocken. Auf Knopfdruck scheint es, als ob die gesamte Kolonie zum Leben erweckt würde: Aus Riesenbildschirmen über den Besucherköpfen und zwischen den Felsen steigen explosionsartig Vogelschwärme auf – so realistisch, dass man unwillkürlich den Kopf einzieht. Schrille Seevogelschreie erfüllen den Raum, selbst der Duft einer Vogelkolonie scheint durch den Raum zu ziehen.

Andere spannende, zumeist interaktiv gestaltete Ausstellungen beschäftigen sich mit der Naturgeschichte der Inseln, auch der stete Eingriff des Menschen in das Schutzgebiet wird dokumentiert. Ein Aleuten-Trapper in Originalgröße erzählt, wie Füchse auf den Inseln ausgesetzt und schließlich zur großen Bedrohung für die dortigen Seevögel wurden. In einem nachgebildeten Forschungszelt berichten Olaus Murie und andere bekannte Naturforscher früherer Tage über ihre Forschungen im Reservat.

Alaska Islands & Ocean Visitor Center

www.islandsandocean.org

✉ 95 Sterling Hwy

☎ 907/235-6961

🕒 Sommer tägl., Labor Day–Mitte Mai Di–Sa

Homer Spit beleuchtet die Kachemak Bay

Vom Zentrum führen eine Reihe Wege durch das Feuchtgebiet Beluga Slough zum **Bishop's Beach** hinunter. Hier kann man bei Ebbe schön spazieren gehen. Vor lauter Schauen nach den Seevögeln vergisst manch einer die herrliche Gebirgslandschaft rund um die Bucht. Geht man den Strand hinauf, liegt am Stadtrand die Bishop's Beach Picnic Area.

Bunnell Street Gallery
www.bunnellstreetgallery.org
✉ 106 W. Bunnell St., Suite A
☎ 907/235-2662
🕒 Winter So geschl.

GALERIEN UND MUSEEN

In der Stadt (immer noch mit Blick auf die Kachemak Bay) befindet sich die **Bunell Street Gallery**. Die gemeinnützige Institution ist im größten und ältesten Geschäftshaus Homers, der Inlet Trading Post, untergebracht: Hier wurden früher Haushaltswaren an die Pioniere verkauft. Im Hauptraum der Galerie – einem lichtdurchfluteten Salon mit Flügel – werden monatlich wechselnde Ausstellungen, oftmals Einzelausstellungen, gezeigt. Entweder stellt ein lokaler Künstler aus, oder es werden Werke aus anderen Teilen Alaskas vorgestellt. Der Schwerpunkt liegt auf hochklassiger Gegenwartskunst.

Die Bunell Street Gallery wird zwar allgemein als eine der besten Galerien Alaskas bezeichnet, doch hat sie harte Konkurrenz. Homer zählt zu den führenden Kunststädten Alaskas: Weitere Galerien findet man an der Pioneer Avenue; der Abschnitt der East Pioneer Straße zwischen Svedlund Street und Kachemak Way mit drei weiteren Kunstgalerien wird sogar **Gallery Row** genannt. In einem luftigen, hellen Ausstellungsraum in der E. Pioneer Ave. 475 präsentiert die **Fireweed Gallery** (*Tel. 907/235-3411, Winter So geschl.*) ein großes Spektrum hochwertiger Alaska-Kunst, das von Ölbildern über Siebdrucke bis zu Stichen im Stil der Jahrhundertwende reicht. Zu den ausgefallenen Dingen gehören geschnitzte Tierskulpturen aus versteinertem Walflossenbein oder die populären, grotesken Arbeiten des lokalen Künstlers Don Henry, dessen Werke überall in der Stadt zu sehen sind. Henry kreiert Figuren, einen Adler etwa oder eine Palme aus Altmetall, zumeist aus alten Küchengeräten.

Neben dem Firewood befindet sich **Ptarmigan Arts** (*E. Pioneer Street 471; Tel. 907/235-5345*), das Fiberglaskunstwerke, Malerei,

Hüte, Glas, Gold- und Silberschmuck sowie Keramik zeigt. Auf der anderen Straßenseite liegt die **Picture Alaska Art Gallery** *(E. Pioneer Street 448, Tel. 907/235-2300)*, die Kunstwerke, hochrangiges Kunsthandwerk und 350 exzellente Alaskafotos präsentiert.

In der Gallery Row und in anderen Galerien anderswo in der Stadt wird an jedem ersten Freitagabend im Monat die Kunstleidenschaft Homers mit Abendöffnungen und Ausstellungen neuer Werke unter Beweis gestellt. Viele der ausstellenden Künstler sind dann anwesend, um über ihre Werke zu sprechen.

Auf der Pioneer Avenue liegt auch das **Pratt Museum**, eines der besten kleinen Museen Alaskas, das sich auf die Naturgeschichte, Geschichte und Kultur der Region spezialisiert hat. Sehenswert ist die Gartenanlage mit heimischen Pflanzen und die Harrington Cabin. Im Museum befindet sich direkt hinter der Kasse ein großer Bereich mit zeitgenössischen Exponaten. In den Haupträumen werden Artefakte aus dem Leben der Indianer, Pioniere und Berufsfischer präsentiert. Ein Videofilm zeigt Indianer in Kajaks auf Seehundjagd. Zu den naturkundlichen Exponaten zählen ein Schnabelwal-Skelett und eine Königskrabbe mit mehr als einem Meter Durchmesser. Eine auf Gull Island installierte Kamera überträgt Livebilder aus einer Vogelkolonie in der Kachemak Bay-Bucht, die Besucher können den Kameraausschnitt wählen und sich nah an die Vögel zoomen. Ähnliches gibt es im Untergeschoss zu sehen: Dort zeigt eine Kamera Livebilder von Braunbären auf Lachsjagd am McNeil River.

Das Pratt Museum beleuchtet die Geschichte und Naturgeschichte der Region

OUTDOOR-AKTIVITÄTEN RUND UM HOMER

Die beste Aussicht auf den Ort hat man vom 300 Meter über der Bucht liegenden Plateau. Wer will, kann hochlaufen oder mit dem Rad hinauffahren: Der Weg beginnt in der Pioneer Road, es geht zunächst ostwärts, bis die Straße in die East End Road einmündet.

Pratt Museum
www.prattmuseum.org
✉ 3779 Bartlett St.
☎ 907/235-8635
🕒 Jan. u. Mitte Sept.–Mitte Mai Mo geschl.
$ $$

Auch heute noch streifen Elche durch Homers Wohngebiete

Nach etwa 1,5 Kilometern stadtauswärts biegt man links in die East Hill Road ab, sie steigt steil bis zur Kreuzung mit dem Skyline Drive an. Dort biegt man links in die Schotterstraße ab, die an eleganten Wohnhäusern vorbeiführt und herrliche Aussicht bietet.

Rechts zweigt die E. Skyline Road ab, sie führt nach etwa 2,5 Kilometern zum **Carl E. Wynn Nature Center**, das an das Center for Alaskan Coastal Studies angegliedert ist. Das etwa 56 Hektar große Areal ist voller Wildblumenwiesen, Fichtenwald und hat einen Wanderkorridor für Elche und Schwarzbären. Man kann auf den Wegen auf eigene Faust wandern oder sich alternativ einer geführten Tour anschließen.

Und schließlich: Ein touristisches Muss ist **Homer Spit**. Hier endet der Sterling Highway auf der äußersten Spitze der Landzunge. Der berühmte, aus Sand und Kies bestehende Finger schiebt sich rund 7 Kilometer weit in südöstlicher Richtung in die schöne Kachemak Bay. Die Landzunge ist das Herz Homers. Im Sommer ist sie voll gestopft mit Autos, Lastern, Wohnmobilen, Fahrradfahrern und Fußgängern. Die Leute strömen hierher, um am Strand entlangzuspazieren, Galerien zu durchstöbern, Essen zu gehen, Drachen steigen zu lassen, die Kajaks zu Wasser zu lassen, ein Bier bei Salty Dawg zu trinken, Seeotter zu beobachten, zu zelten oder im Land's End Resort abzusteigen.

Aber vor allem kommt man hierher, wenn man aufs Wasser will: Hier legen die Fischkutter, Ausflugsschiffe, Wassertaxis und Alaska-Fähren an und ab. Auch der Hafen für die Sportfischereiboote befindet sich hier. Täglich besteigen Hunderte von Angler in der Hoffnung auf den großen Heilbutt- oder Königslachsfang ihre Boote und schippern in die Bucht und ins Cook Inlet hinaus. Viele kommen mit strahlenden Gesichtern zurück. ■

Carl E. Wynn Nature Center
www.akcoastalstudies.org/wynn.htm
☎ Center for Alaskan Coastal Studies: 907/235-6667 oder 235-5266 (im Sommer)
🕒 Labor Day–Mitte Juni geschl.
$ $$

Jenseits der Kachemak Bay

DER REIZVOLLE LANDSTRICH ALASKAS BESITZT KEINEN eigenen Namen. Daher sagen die meisten »across Kachemak Bay« – »jenseits der Kachemak Bay«. Die Region umfasst grob den 32 bis 96 Kilometer breiten Landvorsprung an der Südwestspitze der Halbinsel Kenai, der von der Kachemak Bay im Norden und dem Golf von Alaska im Süden begrenzt wird. Der Süd- und Westteil dieser Region ist kaum zugängliche Wildnis. In diesem Kapitel werden die Küstenstriche nahe Homer und die Regionen im Hinterland des 161 000 Hektar großen Kachemak Bay State Park beschrieben.

Kenai Peninsula Tourism Marketing Council
www.kenaipeninsula.org
✉ 35477 Kenai Spur Hwy., Ste. 205, Soldotna
☎ 907/262-5229

Selbst die nahe an Homer liegenden Regionen sind ziemlich abgelegen und nur per Schiff oder Kleinflugzeug erreichbar. Die Zivilisation beschränkt sich auf die zwei kleinen Orte Seldovia und Halibut Cove sowie einige wenige Häuser, Hütten und Lodges. Ansonsten prägen Fjorde und kleine abgeschiedene, von Wäldern und vergletscherten Bergen umgebene Buchten die Region.

Wer es eilig hat, nimmt am besten ein Kleinflugzeug. Wer die Region aber intensiver kennen lernen will, muss sich aufs Wasser begeben. Nähere Informationen über das Angebot an Schiffsfahrten und Flügen bietet das Homer Chamber of Commerce (*Tel. 907/235-7740, www. homeralaska.org*).

Vom **Center for Alaskan Coastal Studies** (*Tel. 907/235-6667, www.akcoastalstudies.org*) werden exzellente Bootsausflüge mit Landgängen angeboten (siehe S. 146f.). Ein- bis zweimal wöchentlich steuert eine Alaska-State-Fähre (*Tel. 907/465-3941 oder 800/642-0066, Tel. in Homer 907/235-7099 oder 800/382-9229, www.ferryalaska.com*) im Sommer von Homer kommend Seldovia an (75 Min.), wo die Passagiere vier Stunden Aufenthalt haben. Auch einige in Homer liegende Wassertaxis bringen Passagiere ans andere Ufer der Bucht. Wer besonders fit ist, legt die Strecke mit dem Kajak zurück, aber das ist ein langer und zuweilen harter Trip. Empfehlenswerter ist es jedoch, sich die Kajaks bei Verleihern auf der anderen Seite der Bucht auszuleihen und direkt von dort zu starten.

Im Handelsviertel von Seldovia gibt es eine Hand voll Läden, darunter auch Herring Bay Mercantile

Drei in Homer ablegende Schiffe fahren im Sommer täglich auf die andere Seite der Bucht. Zwei von ihnen gehören der Reederei Central Charters (*Tel. 907/235-7847 oder 800/478-7847, www.centralcharter.com*). Die ***Danny J***, ein Fischerboot für 34 Personen, legt zweimal täglich in Halibut Cove an. Die um 12 Uhr abfahrende Fähre macht eine kleine Rundfahrt um Gull Island; in Halibut Cove liegt sie 2,5 Stunden vor Anker. Die um 17 Uhr startende Fähre legt für drei Stunden in Halibut Cove an. Viele gehen dann in das hoch gelobte Restaurant Saltry. Die größere ***Discovery*** hat viele Sitzplätze unter Deck, was je nach Temperatur ganz angenehm sein kann. Der Schiffsausflug dauert sechs Stunden (3 Std. Aufenthalt in Seldovia).

Wildnis-Lodges

Alaska ist reich an Bären, Kälte, Stechmücken, Regen, Einsamkeit und vielem mehr, was das Leben eines Campers erschwert. Anders ausgedrückt, es gibt einen Bedarf an *wilderness lodges* (Wildnis-Lodges). Einige sind einfach, andere luxuriös, die meisten liegen in ihrer Ausstattung irgendwo dazwischen – alle jedoch bieten Sicherheit und Komfort in der Wildnis. Häufig bekommt man auch fachkundige Auskunft, Ausrüstung und Führer. Viele sind auf Angler und Jäger eingestellt, aber immer mehr Lodges nehmen Gäste auf, die wandern, Tiere beobachten oder die Landschaft genießen wollen. Einige der besten Einrichtungen dieser Art liegen am anderen Ufer der Kachemak Bay gegenüber von Homer (*Homer Chamber of Commerce Visitor Information Center, Tel. 907/235-7740, www.homeralaska.org*). ■

Rainbow Tours (*Tel. 907/235-7272, www.rainbowtours.net*) ist mit der ***Rainbow Connection*** unterwegs: Das 99-Personen-Fahrgastschiff fährt täglich nach Seldovia (7 Std. Aufenthalt).

Wer zum ersten Mal nach **Halibut Cove** (26 Einw.) kommt, erkennt schnell, dass dies kein typischer weit abgelegener Ort Alaskas ist. Unübersehbar sind einige Häuser (nicht Hütten!) aus Baumstämmen gebaut. An Land gekommen, werden die Passagiere noch etwas anderes vermissen: Straßen. Sie fehlen nicht nur in der Stadt, sondern generell. Die Bewohner fahren ausschließlich mit Kajaks oder Ruderbooten durch die Lagune, in deren Mitte der Ort liegt, oder gehen zu Fuß über die erhöht am Ufer führenden Plankenwege. Gäste dürfen zwischen 13 und 23 Uhr auch über die privaten Bohlenwege zu den Häusern spazieren, sofern sie

die Privatsphäre der Bewohner respektieren.

Die erste Anlaufstelle ist meist **The Saltry** (*Reservierung notwendig, am besten beim Veranstalter*) – es zählt zu den Spitzenrestaurants Alaskas. Anfang des 20. Jahrhunderts gab es drei Dutzend Verarbeitungsbetriebe für Salzheringe in Halibut Cove, die Einwohnerzahl stieg auf etwa 1000. Leider wurde der Hering bald überfischt, die Pökelfabriken gingen bankrott. Mitte des Jahrhunderts konnte man die Einwohnerzahl an zwölf Fingern abzählen, doch dank der schönen Lage kamen nach und nach Künstler und ein paar andere zurück in die kleine Bucht. Heute gibt es in der Ortschaft einige Ferienanlagen, Bed-and-Breakfast-Häuser und Blockhütten zum Übernachten, einen Bootsbauer, Berufsfischer, eine Morgan-Horse-Farm und über die Sommermonate ein tagsüber geöffnetes Spa.

Mehr als die Hälfte der hier Ansässigen sind Künstler, unter ihnen einige sehr bekannte. Besucher können sich ihre Werke in der **Experience Fine Art Gallery** (*Tel. 907/296-2215*) ansehen, eine Kooperative, die nur Werke lokaler Künstler zeigt. Die **Cove Gallery** (*Tel. 907/296-2207*) gehört Diana Tillion, die mit Oktopus-Tinte malt.

An die Stadt grenzt der **Kachemak Bay State Park** mit kilometerlangen Wanderwegen. Viele Startpunkte sind nur per Boot erreichbar – Wassertaxis bringen Wanderer zu den gewünschten Stellen und holen sie auch wieder ab. Ein einfacher, aber lohnender Weg ist der **Grewingk Glacier Lake Trail**, er führt vom Glacier Spit Trailhead zum Gewingk Glacier Lake (5 km einfach). Zunächst geht es am Strand entlang, dann durch Wälder und über felsiges Gelände bis an den See mit einer grandiosen Sicht auf den Gletscher.

Die Wildnis-Lodges liegen meist im Waldgürtel an der Südküste der Kachemak Bay

Halibut Cove
119 A1

Visitor Information
www.halibutcove.com
509/548-2193

Kachemak Bay State Park
wwww.alaskastateparks.org
119 A1
Tel. Halibut Cove Ranger Station: 907/235-6999 (Sommer), Dept. of Natural Resources: 907/269-8400 oder 907/262-5581 (Winter)

Dreizehenmöve
Weißkopf-
seeadler
Luchs
Wölfe
Schwertwal (Orca)
Schweinswal
Aleutensee-
schwalbe
Gelbschopf-
lund
Kanada-
kranich
Rotgesicht-
scharbe
Seeotter
Trottel-
lumme
Silberalk
Hornlund
Königslachs
Eiderente
Schmuckanemone
Gelbe Krusten-
anemone
Schmuckseestern
BEWOHNER DER
KACHEMAK BAY
Orange-
Ockerstern
Sonnenblumen-Seestern
Pazifischer Hering

Sinnvoll ist es, vor der Wanderung mit den Parkangestellten zu sprechen und eine Karte mitzunehmen. Anspruchsvoller ist der **Poot Peak Trail**, der zur unteren Kuppe des gleichnamigen Berges führt (*den Gipfel sollten nur technisch versierte Kletterer besteigen*).

Seldovia liegt vis à vis von Homer am anderen Ufer der Kachemak Bay. Das Fischerdorf hat 263 Einwohner, die im Dorf wohnen, und 100 weitere, die außerhalb des Ortes leben. Seldovia besitzt sogar eine gepflasterte **Main Street**. Von hier sieht man auf einem kleinen Hügel die bescheidene, 1891 errichtete **St. Nicholas Russian Orthodox Church**. Sie erinnert an die vor 135 Jahren ansässig gewordenen russischen Pelzhändler. Dem Hafen gegenüber und ebenfalls in der Hauptstraße stehen ein kleines Museum, ein Besucherzentrum und ein Souvenirshop des **Seldovia Village Tribe**. Am Südende der Hauptstraße erkennt man auf dem Seldovia Slough noch die Reste des alten Bohlenwegs, der bis zum Erdbeben 1964 früher beinahe den gesamten Hafen säumte. Der bis Homer ausgebaute Highway und das Erdbeben kosteten Seldovia die ökonomische Spitzenstellung im unteren Cook Inlet. Seither wirkt der Ort eher verschlafen.

Am Ende der Spring Street beginnt hinter der Schule der gut ausgeschilderte **Otterbahn Trail** (2 km), der an einer Lagune vorbei zum **Outside Beach** führt. Unterwegs sieht man die drei jenseits des Cook Inlet aufragenden Vulkane. Wichtig ist es, die Gezeitentabelle zu beachten, denn bei Flut ist man auf der Outside Beach abgeschnitten. Mit einem Auto ist auch ein Ausflug auf der ungepflasterten **Jakolof Bay Road** interessant. Die Route führt knapp 21 Kilometer an der Kachemak Bay entlang. Bei Meile 7,5 gehen Treppen zur **McDonald Spit** hinunter. Die 2,5 Kilometer lange in die Bucht ragende Landzunge wird von Meeressäugern und Seevögeln bewohnt. Auf den letzten Straßenkilometern besteht die Möglichkeit, zur Jakolof Bay mit einigen interessanten Gezeitentümpeln hinunterzusteigen. ■

Seldovia
119 A1
Visitor Information
www.seldovia.com
907/234-7803

Ein Ausflug in die Kachemak Bay verspricht Tierbeobachtung und herrliche Landschaften

Bootsausflug in die Kachemak Bay

DIE KACHEMAK BAY UND IHRE SÜDLICHEN KÜSTENSTRICHE SIND weitläufig und unberührt – ein Menschenleben reicht nicht aus, um sie bis ins Detail zu erkunden. Doch mehrere Generationen von Mitarbeitern des Center for Alaskan Coastal Studies (*Tel. 907/235-6667, www.akcoastalstudies.org*) haben gemeinsam die Geheimnisse dieser Region erforscht. Tagesausflügler können heute von ihrem Wissen profitieren. Im Sommer bietet das Forschungszentrum täglich Ausflüge an, am informativsten ist eine zehnstündige Pauschaltour.

Die Exkursion beginnt im **Hafen**, fast am Ende von Homer Spit, wo die große Industrie-Fischereiflotte ankert und die Sportfischerboote liegen. Die einfachen Schiffe des Forschungszentrums ähneln Charterbooten.

In nur 30 Minuten ist man an der **Gull Island** ❶, nach weiteren 30 Minuten ist die nur wenige Hektar große Insel langsam umrundet. Im Sommer nisten in der Brutkolonie Tausende Seevögel, unter anderem Dreizehenmöwen und Trottellummen.

Von der Insel bis zur **Peterson Bay Coastal Science Field Station** ❷ ist es etwa eine Seemeile. Die Feldstation des Forschungszentrums liegt von Fichten umstanden auf einem Hügel oberhalb der Peterson Bay. Wenn das Wetter mitspielt, halten Wissenschaftler ihre Vorträge auf der Veranda. Während der folgenden Wanderung geht es vor allem um das Studium der Gezeitentümpel, deshalb steht zunächst der Besuch der Meerwasserbecken an. In den Becken können viele Tiere aus Gezeitentümpeln nicht nur angesehen, sondern auch angefasst werden: der Fisch fressende Seestern, die Dekorier-Spinnenkrabbe und die Gummistiefel-Chiton (Käferschnecke).

Die **Waldwanderung** ❸ führt zunächst an verstreut liegenden Jurten vorbei, von denen einige vermietet werden. Die Flora am Wegesrand ist äußerst artenreich, handelt es sich hier doch um eine Übergangszone zwischen dem Küstenwald und dem Binnenwald nördlicher Breiten. In Wassernähe schlängelt sich der Weg durch einen Geisterwald aus toten Fichten. Die Bäume starben ab, als sich während des Erdbebens 1964 der Boden um 1,8 Meter senkte und Meerwasser in den Wald eindrang.

Der Weg mündet am steinigen Strand der **China Poot Bay** ❹, wo sich bei Ebbe durch das zurückweichende Wasser die geheimnisvolle Welt der Gezeitentümpel auftut. Während des ein- bis zweistündigen Aufenthalts werden Spalten untersucht und das Leben und die Lebewesen unter Felsen und im Gezeitenbereich studiert: Anemonen, Muscheln, Napfenschnecken, gelbe Schneckeneier und ein Oktopus.

Zurück am Forschungszentrum, geht es nach einer halbstündigen Einweisung mit den Kajaks aufs Wasser. Manchmal paddelt die Gruppe Richtung Gull Island, manchmal weiter bis in die **Peterson Bay** ⑤, wo man Seeotter und einen Austernzuchtbetrieb sieht. Nach zwei bis drei Stunden kehren die Kajakfahrer zur Anlegestelle des Zentrums zurück und steigen auf das große Boot um, das sie nach Homer zurückbringt. ■

Gull Island ist Brutkolonie für verschiedene Möwenarten und die eleganten Kormorane

Siehe Übersichtskarte S. 119 A1
Homer
10 Stunden
Homer

NICHT VERSÄUMEN

- Gull Island
- Peterson Bay Field Station
- China Poot Bay

Hinter der russisch-orthodoxen Kirche in Ninilchik ragt der Gipfel des Mount Iliamna auf

Weitere Sehenswürdigkeiten

COOPER LANDING

Cooper Landing bezeichnet ein Gebiet, in dem es Lodges, Cafés und Geschäfte gibt, die über mehrere Kilometer verstreut am Sterling Highway liegen. Besucher können das kleine **Cooper Landing Museum** besuchen, in dem Exponate zur Regionalgeschichte und Naturgeschichte präsentiert werden. In der **K'beq Footprints Heritage Site** bieten die hier ansässigen Dena'ina Athabascan geführte Wanderungen an und erläutern ihre Kultur. Aber wer Cooper Landing sagt, meint auch den Kenai Lake, den Oberlauf des Kenai und den Zusammenfluss von Kenai und Russian River, die alle dicht beieinander liegen.

Einige Unternehmen bieten geführte Floßfahrten auf dem ruhig dahinfließenden Upper Kenai an, nur einige Stromschnellen der Kategorie II sorgen kurzzeitig für Aufregung. Auch Seekajaktouren zum Kenai Lake, der inmitten von Wäldern und Bergen liegt, sind möglich. Einige Unternehmen befördern ihre Gäste in Booten (*drift boat*) zum Angeln: Der Zusammenfluss von Kenai und Russian River gilt im Sommer, zur Zeit der Lachswanderung, als eines der weltweit besten Anglerreviere.

Teilweise drängen sich die Boote und stehen die Angler Ellbogen an Ellbogen. Um mitten ins Geschehen zu kommen, empfiehlt sich die **Russian River Ferry**, eine Seilfähre, die an das andere Kenai-Ufer übersetzt, das für die Laichzüge des Sockey (Blaurückenlachs) weltberühmt ist.

119 B3 **Visitor information** Cooper Landing Chamber of Commerce & Visitors Bureau ☎ 907/595-8888, www.cooperlanding chamber.com

NINILCHIK

Die kleine Stadt (783 Einw.) liegt am Sterling Highway an der Mündung des Ninilchik River in das Cook Inlet. Sportfischer kommen hierher, um in der **Deep Creek State Recreation Area** zu angeln. Andere Gäste kommen einfach, um in der Wind und Wetter ausgesetzten Siedlung am Wasser zu wandern oder in einem am Wasser gelegenen Lokal Meeresfrüchte zu essen. Eine besondere Sehenswürdigkeit ist die 1901 auf einer Anhöhe über der Stadt erbaute **russisch-orthodoxe Kirche**. 119 A2 ☎ 907/567-3571, www.ninilchik chamber.com

RESURRECTION PASS TRAIL

Der 61 Kilometer lange Fernwanderweg von Cooper Landing nach Hope führt teilweise durch den **Chugach National Forest**. Er gehört zu den schönsten Wegen im südlichen Teil Zentralalaskas. Obwohl man zwei bis vier Tage unterwegs ist, handelt es sich um eine relativ einfache Tour auf gut gewarteten Wegen. Sie führen durch schöne Wälder und alpine Tundren. Wer Glück hat, entdeckt Wölfe und Karibus. Am Weg gibt es Hütten, die man mieten kann (mind. 6 Monate vorher buchen). 119 B3 ☎ 907/224-3374, www.fs.fed. us/r10 /chugach/ seward ■

Alaska Peninsula und die Inselkette der Aleuten ragen in einem sanften Bogen fast 2500 Kilometer weit südwestwärts in den Pazifik. Die weitgehend unberührte Landschaft ist Heimat einer mannigfaltigen Tierwelt und einer faszinierenden Kultur.

Alaska Peninsula und Aleutian Islands

Lachsfilets trocknen unweit vom Lake Clark an der frischen Luft

Alaska Peninsula und Aleutian Islands

DIE ENTLEGENSTEN TEILE DIESER WINDGEPEITSCHTEN, ZERKLÜFTETEN Region befinden sich nur wenige Hundert Kilometer von Russland entfernt – sie liegen näher an Asien als an Alaska. Doch so weit braucht man gar nicht zu reisen, um eine unberührte Wildnis vorzufinden, die kaum jemals ein Mensch betreten hat.

Die Alaska-Halbinsel und die rund 1800 Kilometer lange Inselkette der Aleuten liegen auf dem so genannten »Ring of Fire« (Feuerring), einer Reihe von Vulkanen, die weite Teile des Nordpazifiks umgeben. Zu diesem Bogen – dem Rückgrat Südwestalaskas – gehören mehr als 60 Vulkane, von denen viele noch tätig sind. Ursache dieser Aktivität ist die Subduktion der Nordpazifischen Platte unter die Nordamerikanische Platte entlang des 7800 m tiefen Aleutengrabens.

Trotz Vulkanausbrüchen, Erdbeben und Tsunamis sowie Stürmen, die diese Region häufig heimsuchen, wimmelt es hier vor Leben. Viele Millionen Zugvögel haben hier ihre Brutplätze: Mehr als eine halbe Million Eissturmvögel nisten alleine auf Chagulak Island (der weltgrößten bekannten Brutvogelkolonie). Und auf der winzigen Kaligagan Island leben über 100 000 Gelbschopflunde – sie bilden die größte Kolonie des Bundesstaates. Große Säugetiere wie Karibus, Eisfüchse, Elche, Wölfe und natürlich die berühmten Braunbären von Kodiak Island und dem Katmai National Park durchstreifen das Land. Im Wasser fühlen sich zahlreiche Meeressäuger wohl, darunter Buckel-, Weiß-, Grönland- und Grauwale, Schwertwale (Orkas), Seelöwen, Walrosse und Seeotter sowie ungezählte Fischarten.

Dieser Reichtum lockte vor langer Zeit das Volk der Unangan, besser bekannt als Aleuten, die sich auf den meisten der über 200 Inseln ansiedelten, sowie die Alutiiq, die sich hauptsächlich auf Kodiak Island und Alaska Peninsula niederließen. Jahrtausendelang lebten sie von diesem unwirtlichen, aber auch reichen Land – bis im 18. Jahrhundert

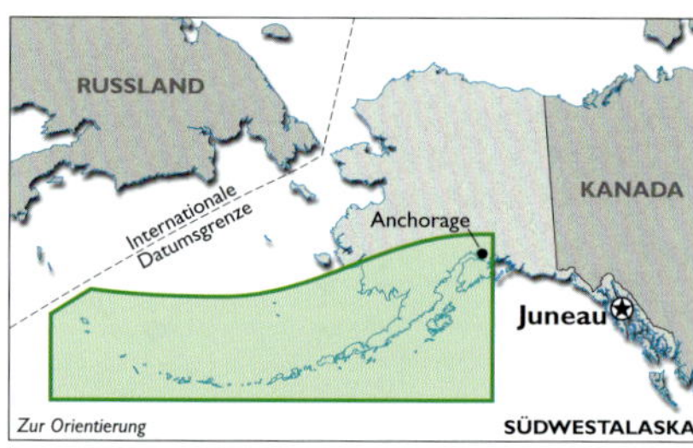

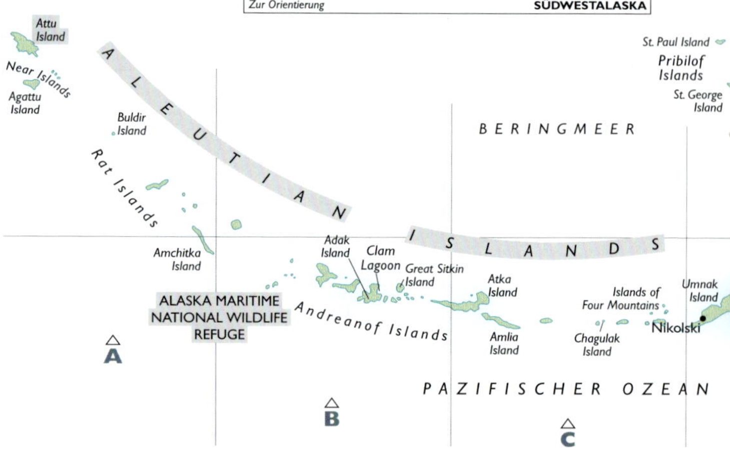

Die Landschaft von Unimak Island ist selbst für versierte Bergsteiger eine Herausforderung

die Russen kamen und sowohl die Seeotterpopulation als auch die Unangan nahezu ausrotteten. Die Zahl der Unangan sank von über 20 000 auf wenige Tausend, und im Gegensatz zu den Seeottern erholte sich das Volk nicht mehr von diesem Bevölkerungsrückgang. Heute gibt es kaum mehr 8000 Aleuten, die auf nur fünf Inseln wohnen. Doch das faszinierende Erbe sowohl der Unangan als auch der Alutiiq hat überlebt und kann in Südwestalaska bestaunt werden. Der Einfluss der USA wurde vorwiegend an zwei Dingen spürbar: dem kommerziellen Fischfang und den wenig bekannten, aber entscheidenden Schlachten, die im Zweiten Weltkrieg auf den Aleuten stattfanden. ■

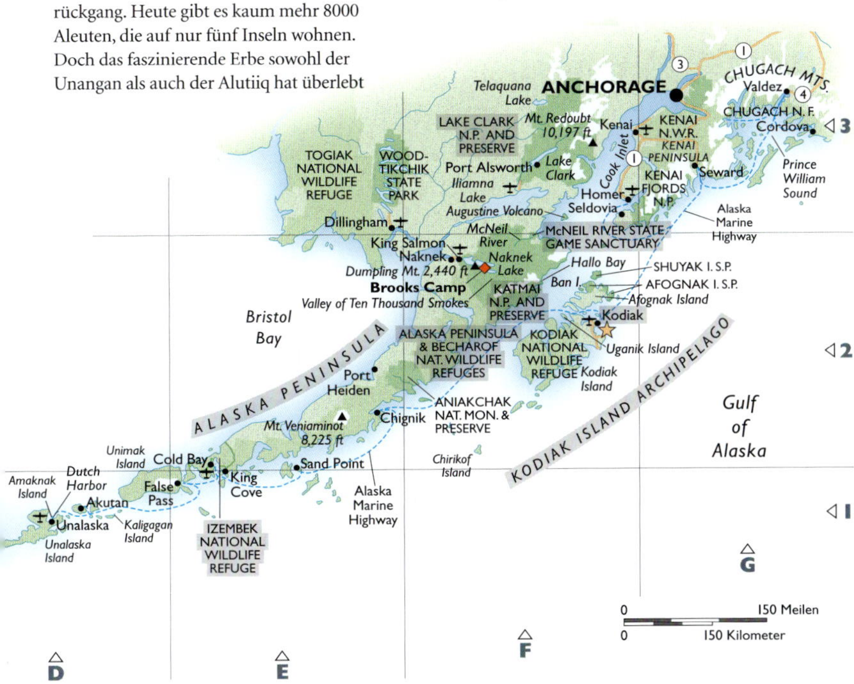

Lake Clark National Park & Preserve

Lake Clark National Park & Preserve
www.nps.gov/lacl
151 F3
Field Headquarters, 1 Park Pl., Port Alsworth
907/271-3751 (Superintendent), 907/781-2218

DAS RIESIGE SCHUTZGEBIET IST MIT RUND 15 000 QUADRATkilometern fast doppelt so groß wie der Yellowstone National Park. Es umfasst eine Vielfalt von Landschaften: 3000 Meter hohe Vulkane, Küstenstriche voller Seevogelkolonien, dichte Fichtenwälder, in denen Wölfe und Bären umherstreifen, Lake Clark, Wildwasserflüsse und ein tundraartiges Plateau, über das Karibuherden wandern.

Am besten erreicht man diesen Park mit einer Chartermaschine. Manche Besucher lassen sich per Boot am Küstenabschnitt absetzen, aber die meisten nehmen die Wasserflugzeuge oder andere kleine Maschinen, die auf Schotterpisten aufsetzen. Hier wartet Natur pur: Wer sich ohne einheimischen Führer in die Wildnis wagt, muss extrem fit und erfahren sein.

Port Alsworth, eine kleine Siedlung am Lake Clark und Sitz der Parkverwaltung, ist Ausgangspunkt des relativ einfachen und gepflegten **Tanalian Falls Trail**, der durch einen Birken- und Fichtenwald vorbei an Teichen, Sümpfen und dem schäumenden Tanalian River zum Kontrashibuna Lake führt und vier Kilometer später beim gleichnamigen Wasserfall endet. An den Felshängen klettern Dallschafe, an den Teichen weiden Elche und überall kann es Bären geben. Auch der **Telaquana Trail** führt durch spektakuläre Natur: vom Lake Clark zum Telaquana Lake. Wer plant, von diesen Wanderwegen abzuweichen, sollte ein gutes Survivaltraining absolviert und ein GPS-Gerät dabeihaben.

Viele Besucher erkunden den Park in Kajaks und Kanus, die man jedoch mitbringen muss. Eine Paddeltour auf einem der großen, nahezu unberührten Seen – z. B. **Turquoise, Twin, Two** sowie **Upper und Lower Tazimina** – ist Alaska-Erlebnis pur. ■

Ein heißes Bad fördert die Entspannung nach einer anstrengenden Wanderung durch den Lake Clark National Park

McNeil River State Game Sanctuary

Am McNeil River wird in Zelten übernachtet

DASS DIE ANZAHL DER MÄCHTIGEN TIERE AM MCNEIL RIVER so hoch ist, hat dreierlei Ursachen: viele Lachse, eine Landschaft mit niedrigen Wasserfällen und Stromschnellen, die die Wandergeschwindigkeit der Fische reduziert, und das Fehlen vergleichbarer Fischgründe in der näheren Umgebung.

Der McNeil River ist sehr schwierig zu erreichen: Pro Jahr werden nur 150 bis 250 *permits* ausgegeben – wer sie bekommt, entscheidet das Los. Wer zu den Glücklichen zählt, muss mehrere Hundert Dollar zahlen, ein Flugzeug chartern, seine eigene Campingausrüstung mitbringen und drei Kilometer weit durch unwegsames Gelände zu einer 16 x 16 Meter großen Kiesfläche stapfen. Dort steht man zusammen mit zehn anderen Touristen und einem Ranger sechs bis acht Stunden – nicht selten in Regen und Eiseskälte.

Freilich ist all das vergessen, wenn ein 500 Kilogramm schwerer Grizzly keine 20 Meter entfernt vorbeimarschiert oder eine Bärin mit ihren beiden verspielten Jungen herantapst, um sich ein paar Fische zu schnappen. Im Laufe eines Tages bekommt man gewöhnlich mehrere Dutzend Bären zu Gesicht. Der Rekord liegt bei 72 Tieren, die meisten davon fast auf Tuchfühlung.

Beachtung verdient auch die spektakuläre Landschaft im Schatten des Vulkans Augustine. Außerdem werden sich höchstwahrscheinlich Rotfüchse und Weißkopfseeadler sehen lassen, dazu Elche, Wölfe und Karibus. Der Sicherheitsstandard könnte übrigens höher nicht sein: Seit Beginn der Touren Anfang der 1970er Jahre wurde kein einziger Besucher angefallen. ■

McNeil River State Game Sanctuary
A 151 F2
www.wildlife.alaska.gov/mcneil

Visitor Information

- 151 F2
- Permits: Alaska Dept. of Fish & Game, Wildlife Conservation, McNeil River State Game Sanctuary, 333 Raspberry Rd., Anchorage, AK 99518
- 907/267-2257
- *Permit* für Auswärtige) plus Bewerbungsgebühr und Charterflug

Der unverkennbare Hornlund, ein häufiger Gast auf Attu, begeistert die *birdwatcher*

Birdwatcher auf Attu Island

In Eurasien heimische Erlenzeisige. Sibirische Blaunachtigallen. Orientturteltauben. Braunschnäpper aus Asien. Ein Vogelbeobachter (birdwatcher), der diese Liste sieht, hat sofort einen magischen Ort vor Augen: Attu, die westlichste Insel der Aleuten, 1000 Meilen vom nordamerikanischen Festland entfernt.

Für *birdwatcher* oder »Vogelbeobachter« ist Attu ein geradezu magischer Ort, denn die hier beobachteten Arten dürfen auf die Nordamerika-Liste eingetragen werden. (Für alle Nichteingeweihten: *birdwatcher* sind passionierte Vogelfreunde, die keinen Aufwand scheuen, um in bestimmten Regionen möglichst viele verschiedene Vogelarten zu sichten.) Gemäß der American Birding Association gehört Attu zu Nordamerika, obwohl es viel näher an Asien liegt. Wenn also ein *birdwatcher* auf Attu einen Erlenzeisig sichtet, kann dieser für Nordamerika abgehakt werden – sichtet er denselben Vogel in Asien (wo er häufig vorkommt), geht das nicht. Dies ist der Hauptgrund, warum insbesondere amerikanische *birdwatcher* Tausende von Dollars ausgeben, um auf Attu Vogelarten zu sehen, die sie wesentlich einfacher und billiger in Asien sichten könnten. Wegen der Stürme, die asiatische Spezies nach Attu verschlagen, und der Zugvogelrouten, auf denen die Insel liegt, kann man hier während der zwei- bis vierwöchigen Saison 30 bis 35 asiatische Vogelarten beobachten.

1977 entdeckten die ersten *birdwatcher* die Insel, und bald folgten organisierte Touren. Die Veranstalter flogen eine Piste aus dem Zweiten Weltkrieg an und gründeten im Südosten der Insel ein Camp. Tagsüber verteilten sich die Vogelbeobachter entlang der Küste, über die Tundra, die Bucht und weitere Lebensräume. Dann warteten sie. Erblickte einer einen seltenen Vogel, wurde dies über Funk bekannt gegeben, und alle eilten zu dem genannten Ort.

Seit 2000 ist Attu nur noch auf dem Wasserweg erreichbar. Ab 2006 werden die **Spirit of Oceanus** *(Victor Emanuel Nature Tours, www.ventbird.com)* und die **M. V. Skimus** *(High Lonesome Bird Tours, www.hilonesome.com)* Attu anlaufen. ■

Katmai National Park and Preserve

Katmai National Park & Preserve
www.nps.gov/katm
151 F2
Visitor Information: Headquarters, P.O. Box 7, King Salmon
907/246-3305

DER ÜBER 16000 QUADRATKILOMETER GROSSE NATIONALpark bietet grandiose Szenerien, traumhafte Ruhe und Abgeschiedenheit sowie jede Menge Möglichkeiten zur Wildtierbeobachtung. Darüber hinaus erleben Besucher hier zwei besondere Attraktionen: Vulkane und Bären. 15 Feuerberge gehören zu dem Parkgebiet, einige davon sind noch aktiv. Und zu ihren Füßen streifen 1500 bis 2000 Bären umher, eine der größten Populationen des gesamten Kontinents.

Katmai ist ausschließlich auf dem Luftweg zu erreichen. Die meisten Touristen kommen mit Linienmaschinen von Anchorage, die in **King Salmon** landen. Die Ortschaft liegt unmittelbar außerhalb der Parkgrenzen, dort befinden sich auch die Parkverwaltung und ein Visitor Center. Von hier aus nimmt man entweder ein Wasserflugzeug (Juni–Mitte Sept. tägl.) oder fährt gute 15 Kilometer zum Lake Camp und von dort mit dem Boot weitere 80 Kilometer ostwärts auf dem **Naknek Lake** nach Brooks Camp.

Brooks Camp ist der Hauptanlaufpunkt des Parks und im Sommer stark frequentiert. Es gibt ein Visitor Center, eine Lodge (Brooks Lodge, siehe S. 254), einen Campingplatz, einen beschränkten Lebensmittelverkauf, Ausrüster und ein Büro, das Führer vermittelt. Brooks Camp ist Ausgangspunkt für eine ganze Reihe interessanter Tageswanderungen. Nur rund 20 Prozent der Sommertage sind sonnig, oft regnet oder nieselt es tagelang. Und wegen der hier heimischen 1500 Braunbären sollte jeder Besucher unbedingt das von der Parkverwaltung angebotene kurze »Bear Safety«-Programm absolvieren.

Der mäßig anspruchsvolle 6,5 Kilometer lange Weg zum Gipfel des **Dumpling Mountain** (744 m), der beim Campingplatz beginnt, wartet mit wunderschönen Panoramablicken über den Naknek Lake und die dahinter liegenden Vulkane auf. Durch dichte Wälder und Bergtundra gelangt man zum Gipfel, der eine fast noch schönere Aussicht bietet. Für naturkundlich Interessierte ist die

Viel mehr als für die Fotografen auf den Aussichtsplattformen interessieren sich die Bären von Katmai für Lachs

Die strenge, unberührte Schönheit der Hallo Bay an der Küste von Katmai bezaubert Tierliebhaber ebenso wie die Freunde urwüchsiger Landschaften

geführte Tour empfehlenswert. Absolutes Muss für jeden Katmai-Besucher ist die achtstündige Busrundfahrt über die 37 km lange unbefestigte Straße durch das **Valley of Ten Thousand Smokes** (*Juli–Aug. Reservierung empfohlen*) zum **Three Forks Overlook**. Das vormals grüne und fruchtbare breite Tal wurde 1912 beim Ausbruch des Novarupta (siehe Kasten gegenüber) teilweise mehr als 200 Meter hoch von Vulkanasche und -gestein verschüttet. Robert Griggs, der das Gebiet 1916 besuchte, notierte angesichts der unzähligen rauchenden Schlote: »So weit das Auge reicht, war das Tal erfüllt von Hunderten, nein Tausenden – buchstäblich Zehntausenden – Rauchsäulen, die aus den Bodenspalten aufstiegen.« Daher der Name des Tals.

Trainierte Wanderer können dem 2,5 km langen steilen **Ukak Falls Trail** vom Aussichtspunkt hinunter und über den Talboden folgen, wo der turbulente **Ukak River** tiefe Schluchten in die Ascheschichten gekerbt hat. Besonders beeindruckend ist die **Three Forks Convergence Area**, an der der Ukak und seine Nebenflüsse zusammentreffen.

Ascheregen

Im Juni 1912 explodierte der Novarupta mit der zehnfachen Gewalt des Mount St. Helens (1980). Gas, Bimsstein und Asche wurden aus dem Bauch der Erde geschleudert und verdunkelten den Himmel über weiten Teilen der nördlichen Hemisphäre. Ergreifender als alle Fakten klingt der Augenzeugenbericht eines Aleuten-Fischers: »Wir erwarten hier jede Minute den Tod. Wir sind von Asche verschüttet – an manchen Stellen über zwei Meter hoch. Tag und Nacht brennen die Lampen. Wir sehen kein Tageslicht ... und wir haben kein Trinkwasser. Alle Flüsse sind mit Asche bedeckt. Es ist Dunkelheit und die Hölle, Donner und Getöse. Es ist entsetzlich. Wir beten.« ■

BÄRENBEOBACHTUNG

Ein Muss für jeden Katmai-Besucher sind die Braunbären, die an den **Brooks Falls**, 800 Meter vom Brooks Camp entfernt, Lachse aus dem Wasser holen. Von einer erhöhten Aussichtsplattform aus kann man die Tiere völlig gefahrlos beobachten. Während der Hochsaison – insbesondere zur Sockeye-Laichzeit (Red Salmon) im Juli – drängen sich die Schaulustigen und Fotografen derart, dass die Ranger jedem Besucher nur eine Stunde zubilligen und sich oft dementsprechend lange Schlange bilden. Eine zweite Aussichtsplattform befindet sich an der Mündung des Brooks River in den Naknet Lake.

Keinerlei Andrang herrscht an der **Hallo Bay** an der Küste von Katmai. Seit 1994 können acht bis zehn Gäste in der **Hallo Bay Bear Lodge** *(Tel. 907/235-2237, www.hallobay.com, Mai–Sept. fünfstündige bis siebentägige Touren, $$$$$)* wohnen und sich unter die Braunbären mischen. Keine Aussichtsplattform, keine Gewehre. Jeweils vier bis fünf Leute gehen mit einem Führer zusammen los und sind mit den Bären fast auf Tuchfühlung. Für Sicherheit sorgen die Bärenkenntnis des Führers, das intensive Bemühen der Veranstalter, die Bären nicht an Menschen zu gewöhnen, sowie Leuchtraketen. In zwölf Jahren gab es keine einzige Bärenattacke, und nur viermal musste eine Leuchtrakete abgefeuert werden. Die Braunbären in freier Natur zu beobachten, ist ein unvergessliches Erlebnis. ■

Kodiak Island Archipelago

DIE 16 GRÖSSEREN UND ZAHLREICHEN KLEINEREN INSELN des Kodiak-Island-Archipels verteilen sich im Gulf of Alaska über 280 Kilometer. Fast drei Viertel der Landfläche der Inselgruppe nimmt Kodiak Island ein, die zweitgrößte Insel der USA. Obwohl die herrliche Insel ihre Bekanntheit vor allem den riesigen Braunbären verdankt, ist sie zugleich der am einfachsten erreichbare und der am besten erschlossene Teil Südwestalaskas.

Kodiak Island
151 F2

Visitor Information
www.kodiak.org
Kodiak Island Convention & Visitors Bureau, 100 Marine Way, Suite 200, Kodiak, AK 99615
907/486-4782 oder 800/789-4782
Memorial Day–Labor Day tägl., sonst Mo–Fr

KODIAK ISLAND

Mit rund 6200 Einwohnern ist der Fischereihafen **Kodiak** die mit Abstand größte Ortschaft auf dem Archipel (sowie des gesamten Südwestens Alaskas). Touristen können per Flugzeug oder Fähre anreisen. Rund 150 Kilometer Schotterstraßen – das einzige Straßennetz der Region – führen von Kodiak aus durch die wunderschöne Natur.

Ausgangspunkt des Stadtrundgangs ist der Hafen, wo die ***Star of Kodiak***, das letzte »Liberty Ship« aus Kriegszeiten, neben dem Visitor Center vor Anker liegt. Nachdem 1964 ein Tsunami den größten Teil der Stadt und mehrere Fischverarbeitungsfabriken fortgespült hatte, wurde das stillgelegte Schiff nach Kodiak geschleppt und zu einer Fabrik umgebaut. Heute

Dichter Bewuchs aus Teufelskeule (Devil's Club) bedeckt den Boden des Regenwalds

hat hier ein Unternehmen, das Meeresfrüchte verarbeitet, seinen Sitz.

Die russische Vergangenheit von Kodiak wird im Baranov Museum lebendig. Das älteste russische Gebäude in den USA wurde 1808 von der Russian-American Company als Lager für Seeotterpelze errichtet. Im Inneren wird eine Fülle von Ausstellungsstücken aus russischer Zeit gezeigt. Daneben informiert das Museum über die indigenen Völker der Inseln und die amerikanische Ära.

Das russische Erbe ist auch eine Querstraße weiter sichtbar, wo die **Holy Resurrection Russian Orthodox Church** *(385 Kashavaro St., Tel. 907/486-3854, Führungen möglich)* als drittes orthodoxes Gotteshaus an dieser Stelle steht (das erste wurde 1794 geweiht). Der Bau von 1945 ist von seinen blauen Kuppeln bis hin zu den Details des Innenraums ein wahrer Augenschmaus. Einen Häuserblock weiter liegen eine bezaubernde Kapelle und das **St. Herman Theological Seminary** *(414 Mission Rd., Tel. 907/486-3524)*, eines von nur drei russisch-orthodoxen Priesterseminaren in den USA.

Über die wechselvolle Geschichte der Ureinwohner des Archipels, insbesondere der Kultur der seit mehr als 7500 Jahren hier ansässigen Alutiiq, informiert das **Alutiiq Museum and Archaeological Repository** *(215 Mission Rd., Tel. 907/486-7004)*. Es zeigt mehr als 100 000 Artefakte, die die Lebensweise der Alutiiq und anderer Eskimovölker illustrieren. Zu sehen sind Anoraks aus Seehunddarm, Zeremonienmasken, Harpunen, Kajaks, Messer, kunstvoll geflochtene Körbe und vieles mehr.

An die jüngere Vergangenheit erinnert der **Fort Abercrombie State Historical Park** *(1400 Abercrombie Dr., Tel. 907/486-6339)*; auf dem Rezanof Drive (der zur Monashka Bay Road wird) sind es 6,3 Kilometer in nordöstlicher Richtung. Die alten Betonbunker des Artilleriestützpunkts aus dem Zweiten Weltkrieg sind interessant, doch die meisten Besucher finden den Blick aufs Meer und die dort zu beobachtenden Seeotter, Papageientaucher, Wale und anderen Tiere ungleich fesselnder. Zur Anlage gehören auch ein Campingplatz, eine Picknick Area und Wanderwege, die durch sattes Grün zur zerklüfteten Küste führen.

KODIAK NATIONAL WILDLIFE REFUGE

Das Schutzgebiet (über 7500 km^2) umfasst die südwestlichen zwei Drittel von Kodiak Island, die Inseln **Uganik** und **Ban Island** sowie einen Teil von **Afognak Island**. Hier leben 2300 Kodiakbären, eine Unterart des Braunbären. Führer und Lufttaxis bringen Besucher zu Beobachtungsplätzen. Besonders viele Bären lassen sich im Juli und August während der Lachssaison sehen. Aber die Bären sind nur eine Attraktion: Der Park wartet auch mit imposanten Bergen, offener Tundra, tiefen Fjorden und vielen weiteren Tieren auf.

SHUYAK ISLAND STATE PARK UND AFOGNAK ISLAND STATE PARK

Die äußeren Inseln des Archipels sind nicht einfach zu erreichen, aber der Aufwand zahlt sich aus. Die beiden abgelegenen State Parks belohnen die mühevolle Anreise mit eindrucksvollen Landschaftsbildern. Wer auf Komfort nicht verzichten möchte, dem sei die **Afognak Wilderness Lodge** *(Tel: 907/486-6442, www.afognak lodge. com)* empfohlen. Die hiesigen Möglichkeiten, die Meeressäuger zu beobachten, zählen zu den besten in ganz Alaska ■

Baranov Museum
www.baranov.us
✉ 101 Marine Way, Kodiak
☎ 907/486-5920
🕒 Sommer tägl., sonst Di–Sa, Feb. geschl.
$ $

Kodiak National Wildlife Refuge
http://kodiak.fws.gov
🗺 151 F2
✉ 1390 Buskin River Rd., Kodiak
☎ 907/487-2600 oder 800/408-3514

Shuyak Island & Afognak Island State Parks
www.dnr.state.ak.us/parks
🗺 151 F2
✉ 1400 Abercrombie Dr., Kodiak
☎ 907/486-6339

Chiniak Highway

Die Strecke folgt der landschaftlich reizvollen Küste von Kodiak Island in Schlangenlinien um drei tiefe Buchten herum, bevor sie ostwärts abbiegt und bei Cape Chiniak und Cape Greville endet. Sie führt durch ganz unterschiedliche Landschaften, darunter gemäßigter Regenwald, Bergwiesen, hügelige Tundra, Erlen- und Pappelhaine sowie Küstenstriche mit donnernder Brandung und ausgeprägten Gezeiten. Der Highway bietet Einblicke in das ländliche Alaska, das neben der Wildnis tatsächlich existiert: An der Route liegen ein Weingut sowie Rinder- und Bisonranches. Die ersten 20 Kilometer sind geteert, der Rest ist eine passable Schotterstraße.

Die Nebenstraßen auf Kodiak Island laden ein zum Erkunden der Schönheiten der Insel

Ausgangspunkt der Fahrt ist die Ecke Marine Way und Rezanof Drive in **Kodiak** ❶ *(nähere Informationen beim Kodiak Island Convention & Visitors Bureau, siehe S. 158).* Der Rezanof Drive geht südwestwärts in den Chiniak Highway über. Bei Meile 2,4 bietet sich bei **Deadman's Curve** ein herrlicher Blick über den Hafen von Kodiak, die Chiniak Bay und einige der vielen Inseln des Archipels.

Zurück am Highway, zweigt bei Meile 4,4 ein Weg zur **Buskin River State Recreation Site** ❷ *(Tel. 907/486-6339, www.dnr.state. ak.us/parks/units/kodiak/ buskin.htm)* ab. Er ist der beliebteste mit dem Auto erreichbare Angelplatz der Insel: besonders im Sommer wandern hier riesige Mengen Sockeyes und Cohos flussaufwärts. Strandläufer bekommen reichlich Weißkopfseeadler zu Gesicht, die ebenfalls auf Lachsfang sind.

Etwa 800 Meter weiter liegt die Abzweigung zur **Anton Larsen Bay Road**, einer 19 Kilometer langen Nebenstraße, die – vorbei am Golfplatz der Insel – entlang der Westküste der **Anton Larsen Bay** verläuft, einem hübschen Fjord mit großen Inseln. Bei Meile 6,6 des Highways kommt die größte Station der U.S. Coast Guard in Sicht – mehr als 1000 Menschen arbeiten hier bei der Küstenwache. 500 Meter hinter der Einfahrt gelangt man zur **Women's Bay** ❸, an der die Straße mehrere Kilometer weit entlangführt. Die Bucht verdankt ihren Namen den Alutiiq-Frauen, die früher an dieser Bucht jagten und fischten.

Bei Meile 10 überspannt eine Brücke die Mündung des **Sargent Creek**, zu dem

im Herbst Kaisergänse zur Überwinterung kommen. 500 Meter weiter lassen sich von der **Russian River Bridge** aus laichende Lachse beobachten (Aug.–Sept.). Zwischen Meile 19 und 21,5 lohnt es sich, entlang der **Middle Bay** in den Pappelwäldern nach Adlern und ihren Horsten zu schauen.

Bei Meile 30,6 liegt die Kreuzung mit der **Pasagshak Bay Road** ④, die gut 25 km weit südwärts zu zwei eher ungewöhnlichen Orten in Alaska führt: zum privaten Kodiak Launch Complex, von dem aus Raketen aus kommerziellen und militärischen Zwecken in den Weltraum geschossen werden *(nicht öffentlich zugänglich)*, und zum **Fossil Beach**, wo das Gestein jede Menge Fossilien enthält.

Zurück zum Highway: Bei Meile 36,7 liegt die **Kodiak Island Winery** ⑤ *(Tel: 907/486-4848, tägl. Führungen)*, die aus allen möglichen Obstsorten hervorragende Weine und Sekte keltert. Eine Grundlage für den Alkohol bekommen Sie am Ende der Straße im passend benannten **Road's End** *(Mile 42,4, Tel: 907/486-2885)*, einem typischen traditionellen Alaska-Rasthaus, das für seine *pies* berühmt ist. ■

Siehe Regionalkarte S. 151 F2

Kodiak

138 km hin und zurück, ohne Nebenstraßen

4 Stunden plus Stopps

Kodiak

UNBEDINGT ANSEHEN

- Buskin River State Recreation Site
- Pasagshak Bay spur
- Kodiak Island Winery

Stolz präsentiert ein Fischer seinen Krabbenfang; im Hintergrund die russisch-orthodoxe Kirche von Unalaska

Aleutian Islands

EINE UNTERSEEISCHE VULKANKETTE BILDET DIE MEHR als 200 Inseln und Inselchen der Aleuten, die sich von der Spitze der Alaska-Halbinsel aus rund 1800 km weit westwärts in Richtung Russland und Japan erstrecken. Das Aufeinandertreffen der milden Kuroschio-Meeresströmung und der kalten Beringsee erzeugt viel Regen, Nebel, Wind und Stürme, die – gemeinsam mit der isolierten Lage – einige der Gründe sind, warum auf den Aleuten nur etwa 8000 Menschen leben. Mehr als die Hälfte davon übrigens auf Unalaska Island.

Unalaska Island
150 D1

Visitor Information
www.unalaska.info
Unalaska/Port of Dutch Harbor Conv. & Visitors Bureau, 15 S. Fifth St.
907/581-2612 oder 877/581-2612

Museum of the Aleutians
www.aleutians.org
314 Salmon Way
907/581-5150
Sommer tägl., sonst Di–Sa
$

Die Stadt Unalaska auf der gleichnamigen Aleuteninsel ist der Nabel dieser Inselwelt. Nicht einmal zehn der Inseln sind bewohnt, und viele gehören zum **Alaska Maritime National Wildlife Refuge** (siehe S. 164f.), einem Seevogel- und Meeressäugerparadies.

Die staatliche Fähre, die Unalaska zweimal im Monat anläuft, ist die preisgünstigste Möglichkeit, die Aleuten zu besuchen. Passagiere können in Kodiak (aber auch in Homer oder Seldovia auf Kenai Peninsula) zusteigen und die drei- bis viertägige Fahrt entlang der Alaska Peninsula und der Aleuten bis Unalaska zum Beobachten von Meerestieren nutzen: Zu sehen sind Seeotter, Seelöwen, Robben, Tümmler, Schwertwale, Buckel-, Grau- und Zwergwale. Ein Fernglas leistet gute Dienste. Ebenfalls einen Feldstecher braucht man, um die felsigen Küsten und Inseln nach Vögeln abzusuchen. Doch auch die von Dunst verhangenen Landspitzen, die nackten Klippen, die von Tundra bedeckten grünen Inseln und die Vulkankegel sind faszinierend – sofern nicht dichter Nebel die Sicht behindert. In Unalaska angekommen, haben die Passagiere rund 5,5 Stunden Zeit. Wer länger bleiben will, kann auch zurückfliegen.

UNALASKA ISLAND

Viele Leute nennen die Stadt **Unalaska** »Dutch Harbor«, doch genau genommen heißt so nur der Hafen. Rund 4350 Einwohner leben im Ort; zur Fischereisaison zwischen November und April halten sich hier aber bestimmt doppelt so viele Menschen auf. Eigentlich liegt die Stadt Unalaska auf zwei Inseln: auf Unalaska und dem benachbarten Amaknak, beide sind über die 150 Meter lange »Bridge to the Other Side« miteinander verbunden.

Einen ersten Überblick bietet das **Museum of the Aleutians** am Salmon Way. Auf knapp 900 Quadratmetern Ausstellungsfläche informiert es über die indigene Kultur der Insel, die russische Ära und die Aleuten-Kampagne im Zweiten Weltkrieg. Im Sommer veranstaltet das Museum archäologische Ausgrabungen – im Umkreis von fünf Kilometern befinden sich mindestens 25 prähistorische Unangan-Siedlungen, darunter das 9000 Jahre alte **Unalaska Bar**, eine der ältesten Fundstätten Alaskas. Interessiere Besucher können bei den Grabungsarbeiten helfen.

Bekanntestes Wahrzeichen der Stadt und herausragendes Symbol der russischen Epoche ist die **Russian Orthodox Church of the Holy Ascension.** Der von zwei blauen Kuppeln bekrönte heutige Holzbau datiert aus dem Jahr 1895, das erste Gotteshaus an diesem Standort wurde 1825 geweiht. Im Inneren gibt es eine wunderschöne Sammlung mehrerer Hundert Ikonen, Kunstwerke und Artefakte.

Über die jüngere Vergangenheit informiert **die Aleutian World War II National Historic Area**. Es ist kaum bekannt, dass eine der blutigsten Schlachten des Pazifischen Kriegsschauplatzes zwischen den Alliierten und Japan auf der westlichsten Aleuteninsel Attu stattfand. Unweit des Flughafens beherbergt ein Bau aus Kriegszeiten ein Besucherzentrum und ein kleines Museum, das über die jahrelangen Kämpfe informiert, die mit der Bombardierung von Unalaska begannen.

Metallskelette erinnern an den ersten Flugplatz, der im Zweiten Weltkrieg entstand

Bei einem Spaziergang um Fort Schwatka, der Küstenfestung auf Amaknak Island, sieht man die S. S. ***Northwestern***, die halb versunken in der Nähe der Captain's Bay liegt.

WEITERE INSELN

Auf den umliegenden Inseln kann man Vögel und Wale beobachten, angeln und wandern. Das örtliche Visitors Bureau informiert über Ausflugsmöglichkeiten und Charterboote. ■

Aleutian World War II National Historic Area
www.nps.gov/aleu
✉ Visitor Center in der Nähe des Flughafens
☏ 907/581-9944 oder 581-1276
🕒 Sommer tägl., sonst Di–Sa

Alaska Maritime National Wildlife Refuge
http://alaskamaritime.fws.gov oder www.islandsandocean.org
150 A1–C1
Alaska Islands & Ocean Visitor Center, 95 Sterling Hwy., Homer
907/235-6546
Labor Day–Mitte Mai So–Mo geschl.

Alaska Maritime National Wildlife Refuge

DAS RIESIGE SCHUTZGEBIET (16 190 km²) UMFASST MEHR als 2500 Inseln und Inselchen, Riffe, Felstürme und Küstenstriche rund um Alaska. Als Zentren gelten die Gebiete vor der Küste von Alaska Peninsula, der Kodiak-Archipel, die Pribilof Islands und, ganz besonders, die Aleuten.

Weite Teile des Schutzgebietes sind nur unter Mühen und großen Kosten mittels Charterflugzeug und -boot zu erreichen. Es gibt jedoch drei Plätze in Südwestalaska, wo man dieses phantastische Naturreservat zu einem erschwinglicheren Preis kennen lernen kann. Die Besucher erleben atemberaubende Landschaften sowie eine staunenswerte Fauna, vor allem Millionen von Seevögeln und Meeressäuger.

Hunderttausende Nördliche Seebären kommen zur Paarung und Aufzucht ihrer Jungen zu den Pribilof Islands

VON KODIAK NACH UNALASKA

Die staatliche Fähre ***Tustumena*** (siehe S. 237) legt zwischen April und Oktober alle zwei Wochen in Homer und Seldovia ab, läuft Kodiak an und fährt dann, vorbei an verschiedenen Schwerpunkten des Schutzgebietes, an der Alaska-Halbinsel und den Aleuten entlang bis Unalaska. Im Sommer sind regelmäßig Naturwissenschaftler an Bord, die Vorträge halten und Fragen beantworten.

Die Fahrt dauert drei bis vier Tage, oft bei schwerer See. Wem die Rückreise per Schiff zu lange dauert, kann zurückfliegen. In Unalaska bieten verschiedene lokale Reiseveranstalter Exkursionen in die nahe gelegenen Teile des Schutzgebietes an *(Informationen über Unalaska/Dutch Harbor Convention & Visitors Bureau, siehe S. 162).*

ADAK ISLAND

Rund die Hälfte dieser 563 Kilometer westlich von Unalaska gelegenen Insel gehört als »Wilderness area« zum Schutzgebiet. Man erreicht diesen isolierten Ort mit dem Flugzeug von Anchorage und über das Straßen- und Wegenetz eines großen Marinestützpunkts, der 1997 geschlossen wurde. Statt vormals 6000 leben heute nur noch 69 Menschen im Ort, der deshalb etwas einer Geisterstadt gleicht. Die Mitarbeiter der Parkverwaltung informieren über die Möglichkeiten, die schroffe Schönheit der Meeresküsten, Berge und Bergtundra zu erkunden.

Interessant ist der zehn Kilometer lange **Wildlife drive** um die hübsche **Clam Lagoon**, wo man Seeotter, Robben und verschiedene Vögel (darunter seltene Arten aus Asien, siehe S. 154) beobachten kann. Bei der **Finger Bay**, einem fjordartigen Einschnitt ins Inselinnere, führt ein gut 1,5 Kilometer langer, nicht zu anspruchsvoller Wanderweg zum **Lake Betty**. Direkt vor der Stadt liegt der schwarze Sandstrand von **Kuluk Bay**, wo man herrlich den Seevögeln zusehen und bei halbwegs guter Sicht den 30 Kilometer entfernten 1739 Meter hohen Vulkan erkennen kann, der neben Great Sitkin Island aus dem Wasser ragt.

ST. PAUL ISLAND

Wem Adak Island noch nicht abgeschieden genug ist, der kann die rund 320 Kilometer nördlich der Aleuten in der Beringsee gelegenen **Pribilof Islands** besuchen, deren größte, **St. Paul**, etwa 13 x 22 Kilometer misst. PenAir *(Tel. 800/448-4226, www.penair.com)* fliegt diese Insel mehrmals wöchentlich von Anchorage aus an. Nahezu alle Besucher kommen mit St. Paul Island Tours *(Tel: 877/424-5637, www.alaskabirding.com)*, einem von Unangan geführten Reiseveranstalter. Unangan (Aleuten) machen auch fast die gesamte Bevölkerung der Pribilof-Inseln aus – sie sind die größte Aleutenpopulation weltweit. Alle Besucher müssen im sehr einfachen King Eider Hotel absteigen (Toilette am Flur); andere Unterkünfte oder Zeltplätze gibt es nicht.

Die Führer zeigen ihren Gästen die von Wildblumen übersäte Tundra, Eisfüchse, Rentiere, nistende Papageitaucher und andere Seevögel, vor allem aber die Nördlichen Seebären oder »Ohrenrobben«: Rund 800 000 dieser massigen Meeressäuger kommen alljährlich zur Fortpflanzung zu den Pribilofs – die größte Konzentration dieser Art weltweit. Von ausgewiesenen Plätzen aus lassen sich Robbenmütter beim Säugen ihrer Jungen, Bullen beim Rivalenkampf und die üblichen Rangeleien zwischen den Kolossen hervorragend beobachten. ■

Fotografen versuchen, den Zauber des Alaska Maritime National Wildlife Refuge im Bild festzuhalten

Adak Island
http://alaskamaritime.fws.gov
151 B1
Aleutian Islands Unit NWR, 146B Seawall Rd., Adak
907/592-2406 (Sommer), 907/235-6546 (restliches Jahr)

Weitere Sehenswürdigkeiten

ALASKA PENINSULA AND BECHAROF NATIONAL WILDLIFE REFUGES

Die beiden aneinander angrenzenden Parks auf der Alaska-Halbinsel werden gemeinsam verwaltet und ihrem Ruf als Wildschutzgebiet mehr als gerecht: Seeotter, Falken, Elche, Seelöwen, Wölfe, Wasservögel – Artenvielfalt und Individuenzahl verblüffen gleichermaßen. Eine 10 000-köpfige Herde Barren-Ground-Karibus verbringt einen Großteil des Jahres hier. Die meisten Lachse der Bristol Bay Fishery, der reichsten Lachsfischgründe der Welt, laichen in Strömen, die in diesen Schutzgebieten entspringen. Und die Anzahl und Größe der Braunbären ist legendär.

Auf den zusammen genommen 22 260 Quadratkilometern liegen zudem (teils noch tätige) Vulkane, der zweitgrößte See Alaskas, zerklüftete Küstenstriche, windgepeitschte Tundra und reißende Ströme sowie außergewöhnliche geologische Formationen. Bei **Gas Rocks** beim Mount Peulik dringen ständig Gase durch Spalten im Granit. Etwa 1,5 Kilometer weiter findet man die außerirdisch anmutenden **Ukinrek Maars** – runde Krater, die 1977 bei einer Reihe von Eruptionen entstanden. Bei **Castle Cape Fjords** ragen hell-dunkel geschichtete Felstürme in den Himmel, die so auffällig sind, dass Seefahrer sie früher als Navigationshilfe benutzten.

Trotz all dieser Sehenswürdigkeiten kommen nur wenige Besucher hierher: Beide Parks sind schwer zu erreichen, ausgesprochen unwegsam und unerschlossen. Dazu kommt das wechselhafte Wetter. Obwohl der Ort King Salmon – das »Tor zur Alaska Peninsula« – nur rund 400 Einwohner hat, gibt es hier gute Unterkünfte, Geschäfte, Restaurants und auch Bars. Im King Salmon Visitor Center *(King Salmon Airport)* hilft man gerne bei einer Routenplanung.

151 F2 ✉ King Salmon Visitor Center ☎ 907/246-4250 (Visitor center), http://becharof.fws.gov oder http://alaska peninsula.fws.gov

Heilbutt-Fieber

Allsommerlich grassiert in Alaska das Heilbutt-Fieber. Kleine Heilbutte sind am schmackhaftesten, doch die meisten Angler träumen von Fischen im Trophäenformat – ein Traum, den die »Halibut Derbys« fördern,. Den derzeitigen Weltrekord hält ein 208 Kilogramm schweres Exemplar, das in der Dutch-Harbor-Region (auf Unalaska Island) gefangen wurde. Auch der vorherige Rekordfisch (179 kg) biss in Dutch Harbor an. Allerdings wäre der stolze Angler, Mike Golat, fast ausgeschieden: Den Regeln zufolge muss der Heilbutt nach dem Fang an Land transportiert werden. Nun wäre Golats kleines Ruderboot beim Hochhieven eines solchen Schwergewichts sicher gekentert; deshalb schleppte er – findig wie er war – den Fisch an der Angel ans Ufer. ■

IZEMBEK NATIONAL WILDLIFE REFUGE

Ein wahres Paradies für Natur- und Tierfreunde. Grau- und Zwergwale durchpflügen die Küstengewässer, Seeotter, Seelöwen und Robben besiedeln die Strände und nahe gelegenen Inseln, Lachse laichen in den Strömen, im Herbst wandern – mit hungrigen Wölfen im Schlepptau – Karibuherden durch, Braunbären genießen die Lachse. Am berühmtesten ist Izembek aber für die Schwärme an Wasservögeln, die wegen der reichen Seegrasbestände der **Izembek Lagoon** (388,5 km²) angeflogen kommen.

Izembek ist relativ leicht erreichbar. Linienflüge und Fährschiffe verkehren nach Cold Bay, einer Kleinstadt am Rande des Schutzgebiets, wo die Parkverwaltung und einige Touristeneinrichtungen liegen. Mit einem Mietwagen können Sie die rund 65 Kilometer Schotterstraßen erkunden, die fächerartig in Teile des Parks hineinführen.

151 D1–E1 ☎ 907/532-2445 oder 877/837-6332, http://izembek.fws.gov ■

In der Region liegen zwei der bedeutendsten Wildnisgebiete Alaskas: Wrangell-St. Elias National Park and Preserve und Prince William Sound. Nur wenige Siedlungen und Straßen liegen in den beiden Schutzgebieten.

Prince William Sound und Umgebung

Buschflugzeuge nehmen Gäste auf Flightseeing-Exkursionen mit oder bringen sie zu Campingplätzen in der Wildnis

Prince William Sound und Umgebung

DIE REGION UMFASST EINE WEITLÄUFIGE TIEFEBENE MIT FICHTEN- UND Regenwald, majestätischen Flüssen und einem Hochland mit gewaltigen Berggipfeln und Gletschern. Am Prince William Sound, einer etwa 48 bis 112 Kilometer breiten Bucht am Gulf of Alaska, verschmelzen Land und Meer. Die Bucht ist eine Welt aus üppig bewaldeten Inseln, Fjorden, Halbinseln und tiefen Küstengewässern mit einer vielfältigen Unterwasserwelt.

In der Region leben Menschen seit Jahrtausenden vom Überfluss, den das Land und das Meer bieten. Der 5,3 Millionen Hektar große Wrangell-St. Elias National Park and Preserve ist bis heute die Heimat der Ahtna, eines im Landesinneren lebenden Stammes der Athabascan. Der Prince William Sound liegt im angestammten Territorium der Alutiiq, die aber vorwiegend auf Kodiak Island und der Alaska-Halbinsel im Südwesten leben. Die kleine indigene Gruppe der Eyak lebt rund um das Delta des Copper River im Grenzgebiet zwischen Wrangell-St. Elias National Park und Prince William Sound.

Die ersten Europäer trafen 1778 ein, als James Cook in die Bucht segelte und ihr den Namen Sandwich Sound gab. Als die Expedition nach England zurückkehrte, war Cooks Gönner, der Earl of Sandwich, in Ungnade gefallen. Cooks Kartografen änderten daraufhin den Namen zu Ehren des dritten Sohnes des Königs, des späteren King William IV. Der größte Zustrom an Fremden kam in den späten 1890er Jahren ins Land,

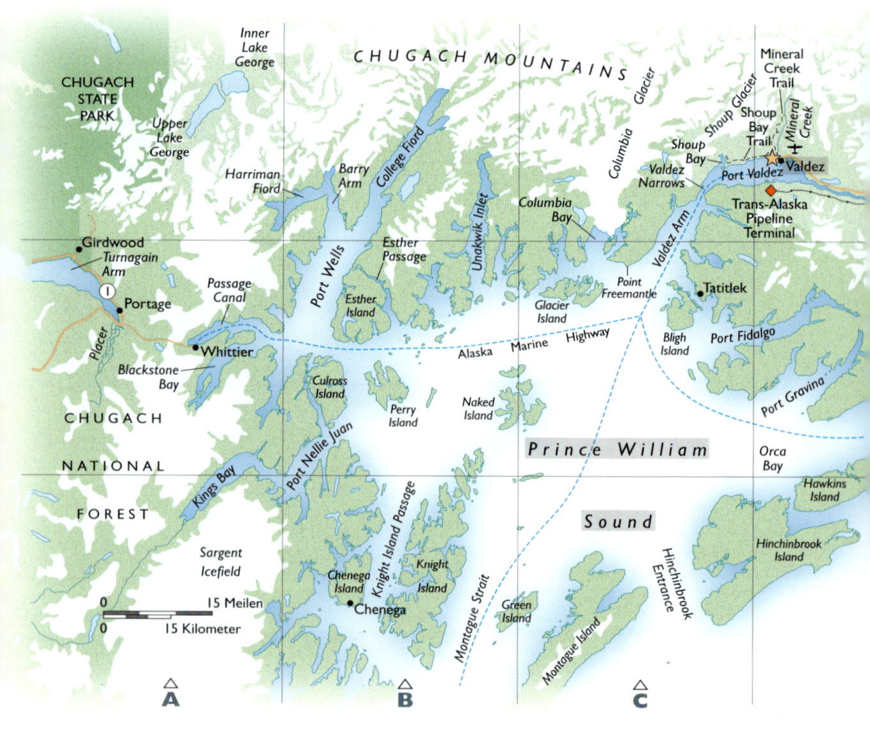

Bergsteiger bezwingen das Eis des Root Glacier im Wrangell-St. Elias National Park

als durch den Klondike-Goldrausch Glückssucher in den Hafen von Valdez und durch das Gebiet des heutigen Wrangell-St. Elias National Park strömten. Nachhaltiger wirkten sich jedoch die Kupferfunde aus: Von 1906 bis 1938 betrieb die Kennecott Mines Company mitten im heutigen Nationalparkgebiet eine Kupfermine.

Auch der Prince William Sound hat seinen Platz in der Geschichte: In der Bucht lag das Epizentrum des verheerenden Erdbebens vom Karfreitag 1964. Die nachfolgenden Stoß- und Flutwellen erschütterten das Gebiet und zerstörten Dörfer und die Stadt Valdez, die später in 6,4 Kilometer Entfernung auf höher liegendem Gelände wiederaufgebaut wurde. Am 24. März 1989, wiederum einem Karfreitag, lief der Öltanker *Exxon Valdez* auf Grund: 41 Millionen Liter Rohöl flossen ins Meer. Die intensiven Säuberungsarbeiten und die ins Land gegangenen Jahre haben zwar die sichtbaren Spuren des Tankerunglücks beseitigt, doch die Renaturierungsmaßnahmen und das Umweltmonitoring sind bis heute im Gange. ■

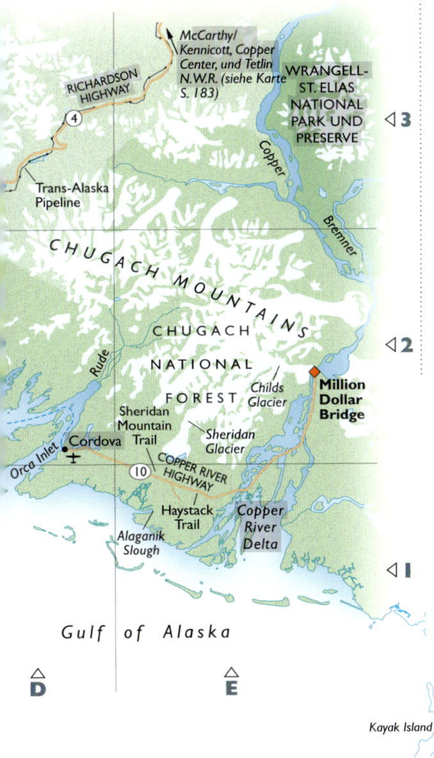

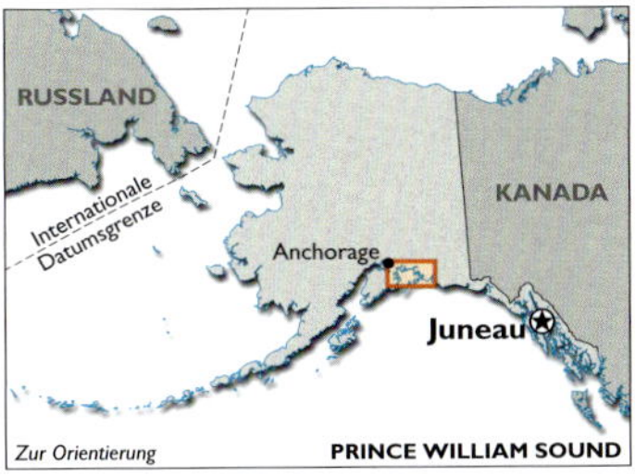

Kommerzielle Fischerboote drängen sich an den Piers im Hafen von Valdez vor Anker

Valdez

VALDEZ GIBT ES ZWEIMAL IN ALASKA: DIE EINE STADT EXIStierte bis Karfreitag 1964, die andere wurde weiter westlich neu gebaut. 1897 wurde das alte Valdez von rund 7000 Gold suchenden Greenhorns gestürmt, die zumeist vergeblich versuchten, die Goldfelder am Klondike zu erreichen. In der Folgezeit entstand eine bescheidene Stadt, vor allem mit der Fertigstellung des Richardson Highway, der den Hafen mit dem Landesinnern verband. Doch 1964 löschte ein gewaltiges Erdbeben die Stadt fast vollständig aus.

Valdez
168 D3
Visitor Information
www.valdezalaska.org
Valdez Convention & Visitors Bureau Visitor Information Center, 200 Fairbanks St.; oder Visitor Center, 200 Chenega St., Valdez
907/835-4636 oder 800/770-5954
April–Sept. tägl., sonst Mo–Fr

Die Einwohner bauten ihre Stadt auf höherem Gelände 6,4 Kilometer westlich des ersten Valdez wieder auf. Die Stadt wuchs rapide, nachdem sich die Ölindustrie hier in den 1970er Jahren niedergelassen hatte und die Trans-Alaska-Pipeline hier ihren Zielhafen erreicht hatte. Heute ist Valdez (4450 Einw.) eine blühende Stadt, die nicht nur ein wichtiger Ölhafen, sondern auch ein touristisches Ziel ist: Hier kann man angeln, Kajak und Floß fahren, Rundflüge buchen, wandern, Ski laufen, Wildtiere beobachten und die Ostseite des Prince William Sound erkunden.

Ein guter Startpunkt für einen Stadtrundgang ist das **Valdez Museum** am Egan Drive. Es zeigt eine gute Mischung aus Artefakten der Urbevölkerung, den Zeiten des Goldrausches, der ersten Besiedlung und der Ölindustrie. Interessant sind die Fotografien, die den Massenansturm der Goldgräber zeigen.

Die Geschichtsstunde setzt sich in **Remembering Old**

Valdez (*436. Hazelet St., Tel. 907/835-5407, Mitte Mai–Anfang Sept. tägl., sonst nach Vereinbarung, $*) fort, einem bescheidenen Ableger des Museums vier Häuser weiter nördlich. Er erinnert an das alte Valdez vor dem Erdbeben. Ein maßstabs- und detailgetreues Modell zeigt das Stadtbild bis hin zur genauen Wiedergabe der Fassade des Alaskan Hotel. Sehenswert ist auch der erschütternde Videofilm über das Erdbeben.

Die Trans-Alaska-Pipeline und ihre Endstation sind auf der anderen Seite der Bucht von Valdez zu sehen (können aber nicht besichtigt werden). Die Alternative ist eine multimediale Show über die Pipeline im **Prince William Sound Community College** (*303 Lowe St., Tel. 907/834-1600, $*). Eine gute Sicht auf echte Öltanker während des Verladevorgangs (wenn auch 4,8 km entfernt) bietet der **Dock Point Trail** (1,2 km). Der Rundweg beginnt am Anleger auf der östlichen Seite des kleinen Bootshafens.

Wem der Sinn eher nach einem Wasserfall und einem dramatischen Canyon steht, sollte auf dem Egan Drive in westlicher Richtung zur Mineral Creek Road fahren. Am Ende der Straße führt der **Mineral Creek Trail** (2,8 km) zum Canyonende und zu einer verlassenen Goldmühle. Eine sehr lange Tageswanderung oder ein Ausflug mit Übernachtung ist die Wanderung auf dem **Shoup Bay Trail** (14,4 km), der am West Egan Drive auf der anderen Seite der Mineral Creek Road beginnt. Die ersten 4,8 Kilometer bis Gold Creek sind leicht, auf den folgenden 9,6 Kilometern wird es zunehmend steil und felsig. Wer die Bucht erreicht, wird mit Ausblicken auf eine nahe gelegene Dreizehenmöwenkolonie und den Shoup Glacier belohnt.

Die Wassermassen des Bridal Veil Falls stürzen in den Keystone Canyon außerhalb von Valdez

Einige Kilometer außerhalb der Stadt befindet sich das vorzügliche **Maxine & Jesse Whitney Museum** (im Flughafen-Komplex), die landesweit größte Privatsammlung an Kunstgegenständen und Artefakten der Urbevölkerung Alaskas. Es zeigt auch ausgestopfte Großsäugetiere Alaskas. Wenn nicht zu viele Besucher da sind, machen die Mitarbeiter schon mal eine Privatführung. Sehr sehenswert sind die phantastischen Parkas, wie z. B. ein Modell aus dem Brustgefieder von 40 Trottellummen und einem Futter aus Vielfraßpelz. Das Highlight des Museums ist jedoch ein Raum voller feiner Elfenbeinschnitzerei: Die Vögel, Puppen, Schiffe, Wale und anderen Figuren wurden von einheimischen Künstlern aus Walrosselfenbein gearbeitet. ■

Valdez Museum
www.valdezmuseum.org
✉ 217 Egan Dr.
☎ 907/835-2764
🕒 Mitte Mai–Anf. Sept. tägl., sonst Mo–Sa
$ $

Maxine & Jesse Whitney Museum
www.pwscc.edu
✉ 303 Valdez Airport Rd.
☎ 907/835-8931
🕒 Sommer tägl.
$ $$

In der Hoffnung auf einen preiswürdigen Fang fahren Angler einen ruhigen Seitenarm des Copper River flussaufwärts

Cordova und das Delta des Copper River

DER ORT LIEGT AM FUß DER VON GEMÄSSIGTEM REGENwald und Gletschern bedeckten Berge am Orca Inlet und ist für den phantastischen Wildlachs aus dem Copper River berühmt. Im Frühling und Sommer verdoppelt sich die Einwohnerzahl (2300 Einw.): Angler strömen zu den reichen Fischgründen an der Mündung des Copper River oder zur Arbeit in die Fisch verarbeitenden Betriebe.

Cordova
168 D2
Visitor Information
www.cordovachamber.com
✉ Cordova Chamber of Commerce, 401 1st St., Cordova
☎ 907/424-7260

Cordova Historical Museum
www.cordovamuseum.org
✉ 622 1st St.
☎ 907/424-6665
🕒 Memorial Day–Labor Day tägl., sonst Di–Sa
$ $

Das 283 300 Hektar große Delta des Copper River ist etwa 96 Kilometer breit. Im Delta liegen Watten, von Weiden umstandene Sümpfe, Bäche, Teiche und Feuchtgebiete. In der Zeit der Frühjahrs- und Herbstzüge tanken außerdem bis zu fünf Millionen Küstenvögel hier neue Kräfte und geben den Auftakt zum berühmten jährlich stattfindenden Küstenvogelfestival *(um die erste Maiwoche)*.

HAFENSPAZIERGANG

Beim Dock nahe der Hafeneinfahrt befindet sich das **Prince William Sound Science Center** *(300 Breakwater Ave., Tel. 907/424-5800, www.pwssc.gen.ak.us, Mo–Fr geschl.)*. Von seiner Terrasse hat man einen eindrucksvollen Blick über den Hafen, in dem zwischen den vielen Fischerbooten immer mal wieder Seeotter schwimmen, denn Hunderte von ihnen leben im Orca Inlet. Das Zentrum ist vor allem eine Forschungs- und Bildungseinrichtung, das für die Einwohner (und Gäste) Feldstudien, Vorträge und wissenschaftliche Projekte anbietet.

Vom Zentrum geht es die Breakwater Avenue entlang, die an der Nordseite des Hafens verläuft. Das

Anchor Bar & Grill (*207 Breakwater Ave., Tel. 907/424-3262*) ist ein uriges Stammlokal der Fischer – wer sich reinwagt, erlebt das echte Cordova. Am Ende der Breakwater Avenue geht es nach rechts in die North Railroad Avenue, der östlichen Hafenseite. Der Weg führt an mehreren Konservenfabriken vorbei, wo Arbeiter draußen ihre Pause genießen.

Hinter einem langen Häuserblock geht es nach rechts in den Nicholoff Way, der die südliche Hafenseite markiert. Unweit der Straßenecke liegt das **Baja Taco** (*Tel. 907/424-5599*), ein kleines Lokal mit Aussicht. Hier genießen die Gäste bei ein paar Fisch-Tacos den Blick über den Hafen. Das ganze Café beschränkte sich früher auf den roten Schulbus, in dem sich jetzt die Küche befindet. Ein paar Häuser weiter liegt das **Ilanka Cultural Center** (*110 Nicholoff Way, Tel. 907/424-7903*), das zur Eyak-Gemeinde gehört. Im kleinen, aber eleganten Museum sind u. a. eine Geldbörse aus Schwanenfüßen und eines der seltenen vollständigen Schwertwalskelette weltweit zu sehen.

DOWNTOWN

Das Zentrum von Cordova besteht aus ein paar Häuserblocks östlich des Hafens. Am lebhaftesten geht es auf der First Street zu. **Orca Book & Sound Company** (*507 1st St., Tel. 907/424-5305*) ist ein guter kleiner Buch- und Musikladen, in dem auch regionale Kunstwerke ausgestellt werden. Im Hinterhaus ist das **Killer Whale Café** (*Tel. 907/424-7733*) untergebracht, das für seine Käsekuchen und Brötchen berühmt ist. Auf der Straße gibt es noch zwei weitere Bars: **Alaskan Hotel & Bar** (*600 1st St., Tel. 907/424-3288*) und **Cordova Hotel & Bar** (*604 1st St., Tel. 907/424-3388*).

Wildlachs

Alaska ist ganz wild auf Wildlachs. Der kommerzielle Wildlachsfang ist seinem Umfang nach der größte weltweit. Rund 160 Millionen Lachse werden jährlich gefangen. Der Staat verbietet derzeit Fischzuchtfarmen und wirbt stattdessen leidenschaftlich für die Vorteile, die der Wildlachs für Gesundheit, Wirtschaft und Naturschutz hat. In Fischerorten wie Cordova preisen Autoaufkleber den Wildlachs an. Das Alaska Seafood Marketing Institute (*Tel. 800/478-2903*) ist eine umfassende Quelle des Wissens über Wildlachs: Einkaufsratgeber, Rezepte, der Lebenszyklus eines Lachses u.v.m. sind hier abrufbar. ■

ANREISE

Cordova ist nur per Flugzeug oder auf dem Wasserweg erreichbar. Die Alaska-State-Fähren fahren mehrmals wöchentlich nach Cordova, Düsenflugzeuge fliegen regelmäßig

Copper River Delta
169 E1

Der großen Anzahl an laichenden Sockeys verdankt der Copper River seinen Ruf als Fischereigewässer

Ein paar Häuser weiter folgt das **Cordova Historical Museum**. Es dokumentiert eingehend die 315 Kilometer lange Eisenbahnstrecke von der Kupfermine im Wrangell-St. Elias National Park zum Hafen von Cordova. Die Strecke wurde um 1900 durch unwirtliches Gebirge gebaut. Auch was sonst noch so in Cordova interessant ist, wird hier gezeigt: Fotos vom Iceworm Festival, ein Einbaum der Eyak, ein kleines Ge-

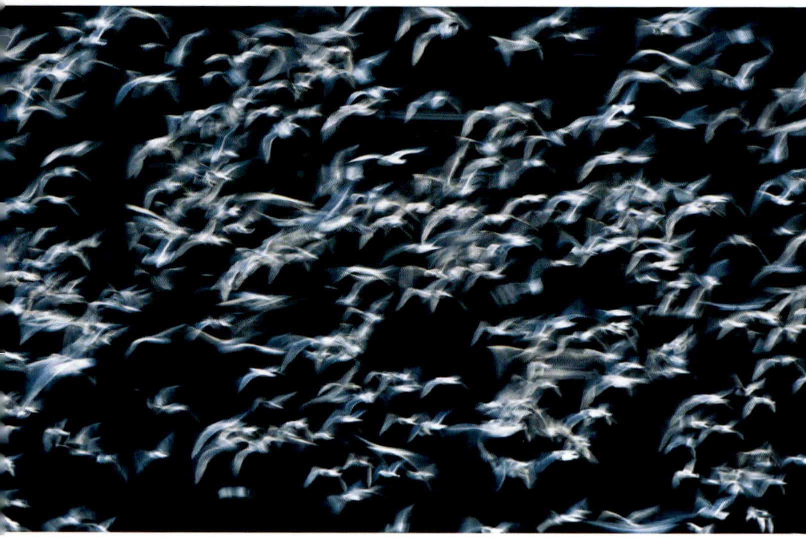

Unüberhörbar und unübersehbar bevölkern Millionen Küstenvögel das Delta des Copper River während der Vogelzüge

mälde von Sydney Laurence und kommerzielle Fischereigeräte.

Einen Häuserblock östlich des Museums befindet sich das Cordova Ranger District Office des Chugach National Forest im historischen Gerichts- und Postgebäude. Die Forstbehörde überwacht das Copper-River-Delta und informiert über das Ökosystem. Ein besonderes Erlebnis ist ein Rundflug über das Delta und die dahinter liegenden Berge. Die meisten begeben sich jedoch auf den **Copper River Highway** (78,5 km), der das Delta durchquert. Wer kein Auto hat, kann eine Bustour über den Highway buchen *(Copper River/Northwest Tours, Tel. 907/424-5356)* oder ein Auto mieten.

Visitor Information

www.fs.fed.us/r10/chugach cordova

✉ Cordova Ranger District, Chugach National Forest, 612 2nd St., Cordova

☎ 907/424-7661

COPPER RIVER HIGHWAY

Meile 0 liegt bei der Fähranlegestelle im Norden von Cordova. Die Ocean Dock Road geht in die First Street über, die wiederum in den Copper River Highway überleitet. Bei Meile 7 durchquert der Highway ein Gebiet, das von den Einheimischen **»the Gap«** genannt wird und den Übergang von den Bergen und Wäldern zum offenen Delta markiert. Fichten, Hügel, vor allem aber flache Feuchtgebiete mit Erlen, Weiden und Gras prägen »the Gap«: Fünf bis zehn Prozent der weltweiten Population an Trompeterschwänen kommen hierher zum Brüten, 100 bis 150 Schwäne überwintern sogar. Bei Meile 10,5 stehen Informationstafeln des Forest Service.

Nach weiteren 4,8 Kilometern erschließt eine Nebenstraße (6,4 km) den **Sheridan Glacier**. Der anspruchsvolle **Sheridan Mountain Trail** führt an Wasserfällen entlang zu einem malerischen Bergkessel. Hier beginnen auch die abenteuerlichen Alaska River Expeditions (*Tel. 907/424-7238 oder 800/776-1864, www.alaskarafters.com, Ende Mai–Sept., $$$$$*): Ein Veranstalter aus Cordova führt seine Gäste zunächst zum Gletscher und lässt sie dann auf Flößen den von Eisbergen übersäten Gletschersee überque-

ren. Anschließend geht es auf dem Copper River durch Stromschnellen der Klassen II und III flussabwärts und durch das Delta bis zum Highway, wo die Rafter wieder an Land gehen.

Bei Meile 16,8 des Highways zweigt eine Sackgasse zum **Alaganik Slough** ab. Ein erhöhter und beschilderter Holzsteg führt hier durch einen typischen Abschnitt des Deltagebiets. Im Sommer kommen Bären, Adler, Möwen und andere Tiere wegen der hier laichenden Kerzenfische hierher. Der **Haystack Trail** (1,3 km), ein leicht begehbarer Holzsteg, beginnt bei Meile 19,1 am Highway; er führt durch Fichten- und Hemlocktannenwald auf eine Kuppe zu, von der aus man das Delta und den dahinter liegenden Gulf of Alaska überblickt.

Bei Meile 26,7 quert der Highway mittels zahlreicher Brücken die Hauptkanäle des **Copper River**. Im Herbst und Winter muss man beim Aussteigen aufpassen: Der Wind bläst so stark durch diesen Korridor, dass er einen erwachsenen Menschen umwerfen kann.

Nach einem Dutzend Meilen schwenkt der Highway nach Norden, verläuft durch Pyramidenpappelwälder am Ostufer des Flusses entlang und endet bei Meile 48,1 an der **Million Dollar Bridge**. Der Bau der 472 Meter langen Brücke hat 1910 sogar 1,4 Millionen US-Dollar gekostet. Die Brücke war Teil der Eisenbahnstrecke zwischen Cordova und den Kennecott-Kupferminen, stürzte beim Erdbeben von 1964 jedoch ein. Um die Straße streiten die Bürger von Cordova heftig: Seit 2005 ist sie wieder befahrbar, führt aber – bisher – ins Nirgendwo.

Über den kleinen Campingplatz neben der Brücke geht es zum Flussufer. Auf der anderen Seite liegt der **Childs Glacier** in 400 Metern Entfernung. Der aktive Gletscher kalbt regelmäßig riesige Eisbrocken. Aber Achtung: Die Flutwellen können über den Fluss bis ans gegenüberliegende Ufer laufen, wo oft Zuschauer stehen. ■

Ein Labyrinth aus Wasserläufen und Sumpfgebieten: Der Copper River entwässert die Wrangell und Chagach Mountains

Prince William Sound

Prince William Sound
168 B1–D1

Visitor Information
www.valdezalaska.org
Valdez Convention & Visitors Bureau Visitor Information Center, 200 Fairbanks St. oder Visitor center
907/835-4636 oder 800/770-5954

DIE BUCHT ZÄHLT ZU DEN SCHÖNSTEN MEERESBUCHTEN der Welt. Der vielgestaltige Küstenstreifen mit Hunderten von kleinen und großen Buchten, Lagunen, Meerengen und tiefe Fjorde ist 2414 Kilometer lang. Das Festland ist mit seinem dichten Regenwald, den ins Meer kalbenden Gletschern und den zerklüfteten Chugach Mountains ein landschaftliches Highlight und die Bucht ein touristisches Muss für jeden Alaska-Reisenden.

WESTERN SOUND

Das Eingangstor zum Westteil der Bucht ist **Whittier**. Mit dem Auto fährt man durch den Anton Anderson Memorial Tunnel dorthin (siehe Kasten unten). Fast alle Einwohner leben in einem Dutzend Betonhochhäusern aus den 1950er Jahren. Whittier liegt jedoch nur 96 Kilometer von Anchorage entfernt, so dass viele Besucher, die den Prince William Sound besichtigen wollen, dort übernachten. Zahlreiche Anbieter von Schiffs-, Charter-, Angel- oder Kajaktouren stehen bereit, um Gäste für drei Stunden oder den ganzen Tag in die Bucht zu begleiten. Die Fähre von und nach Whittier ist ebenfalls ein populäres Transportmittel.

Die meisten Touren führen südlich von Whittier in die **Blackstone Bay**, wo man das spektakuläre Kalben der Gletscher ins Meer beobachten kann. Andere Touren gehen in nordöstlicher Richtung zum **College Fjord**, **Barry Arm** und **Harriman Fiord**, wo Dutzende von Gletschern zu sehen sind; wieder andere gleiten gemächlich durch die **Ester Passage**, die sich an manchen Stellen auf wenige Meter verengt. Überall im Westteil stürzen hohe, von Gletschern gespeiste Wasserfälle ins Meer, an den Ufern gehen Bären auf Fischfang, Bergziegen klettern leichtfüßig über hohe Hänge.

Die Greater Whittier Chamber of Commerce (www.whittier alaska. com) hat eine Liste der Veranstalter in Whittier.

EASTERN SOUND

Valdez (siehe S. 170f.) ist das Tor zur Ostseite der Bucht. Manche Tagestouren mit dem Schiff von Valdez führen in westlicher Richtung durch den oberen Teil des **Valdez Arm**, die Boote nähern sich bis auf 180 Metern dem bewaldeten Nordufer. Dutzende von

Anton Anderson Memorial Tunnel

Um die Militärbasen von Anchorage und Fairbanks über die Schiene an einen Ozeanhafen (Whittier) anzubinden, sprengten Armeeingenieure im Zweiten Weltkrieg einen 1,6 Kilometer langen Tunnel durch den Begich Peak und einen weiteren 3,6 Kilometer langen Tunnel durch den Maynard Mountain. Im Jahr 2000 wurde der Tunnel für den Autoverkehr umgebaut, dazu wurden die Schienen versenkt. Im Konvoi fahren Autos alternierend mit den Zügen durch den Tunnel. Mit 40 km/h geht es an feuchten Felsen durch einen dämmrigen Tunnel – definitiv nichts für klaustrophobisch Veranlagte. Gelegentlich dröhnen die gigantischen Ventilatoren, die die Tunnelabgase abführen. ■

Wasserfällen ergießen sich durch die grüne Tundra an den schroffen Berghängen in schmale Kanälen hinab oder stürzen abrupt von steilen Klippen.

Gleich hinter dem Shoup Glacier dringt das Schiff in die **Valdez Narrows** vor: Hier nähern sich zwei Landvorsprünge bis auf 548 Meter. Die Köpfe ausgewachsener Weißkopfseeadler sind als weiße Punkte in den Wipfeln der küstennahen Fichten zu sehen, mehrere wuchtige Adlerhorste sind zu erkennen. Mit einem Fernglas lassen sich an den Hängen nahe der Schneegrenze Bergziegen beobachten.

Sobald das Schiff Point Freemantle umrundet und in nordwestlicher Richtung auf Columbia Bay zusteuert, kommen Eisberge ins Blickfeld, ein deutliches Zeichen, dass das Schiff sich seinem Hauptziel nähert: dem **Columbia Glacier**. Mit einer Fläche von 1165 Quadratkilometern, einer Länge von 54,7 Kilometern und einer Dicke von 914 Metern zählt er zu den größten und überdies aktivsten Gletscher der nördlichen Hemisphäre. Das Schiff verlangsamt die Fahrt, während der Kapitän eine Route durch die Eisberge sucht. Einige sind so groß wie ein Haus, andere dienen den Seehunden als Fähre. Das Schiff nähert sich der Gletscherstirn bis auf 800 Meter, so dass man in sicherer Entfernung zuschauen kann, wie riesige Eisbrocken mit lautem Krachen ins Wasser stürzen und es hoch aufspritzen lassen. Die Stirn ist 4,8 Kilometer breit und 91,5 Meter hoch.

Die Rückfahrt führt an Hunderten von heiser brüllenden Seelöwen in einer dicht bevölkerten Kolonie vorbei, auch farbenfrohe Papageientaucher, Bergziegen, Buckel- und Schwertwale sind zu sehen. ■

***Sea kayking* ist ein beliebter Freizeitsport im Prince William Sound, der mit immer neuen Ausblicken begeistert**

Mit dem Auto: Richardson Highway

Der landschaftlich reizvolle Highway verbindet den Prince William Sound mit dem nördlichen Hinterland. Er folgt den Spuren alter Goldgräberpfade an Flüssen vorbei ins küstennahe Gebirge und weiter in die Ebene des Copper River. Der Highway gilt als erste Straße Alaskas; ursprünglich wurde er »Valdez to Eagle Trail« genannt. Offiziell führt er bis Fairbanks, in diesem Kapitel wird der Abschnitt bis zur Einmündung des Edgerton Highways beschrieben.

Der Blick vom Thompson Pass (oben) reicht kilometerweit; im Sommer leuchtet die Tundra in einem Meer von Farben

Auf der Fahrt sollte man immer beachten, dass die Meilenangaben am Richardson Highway aus der Zeit vor dem Erdbeben von 1964 stammen, das Old Valdez zerstörte. Die neue Stadt wurde 6,4 km entfernt wieder aufgebaut. Ein Meilenstein am Thompson Pass, der die Zahl »26« trägt, steht 26 Meilen (41,8 km) von Old Valdez, aber 30 Meilen (48,3 km) von New Valdez entfernt.

Etwa 14,5 Kilometer außerhalb von Valdez stößt der Highway auf den **Lowe River**. Bei Meile 13 schwenkt der Highway nach Nordosten ab und erreicht die Engstelle des **Keystone Canyon** ❶.

Schäumende Wasserfälle stürzen von hoch aufragenden Klippen in den Lowe River hinab. Bei Meile 13,4 liegen die **Horsetail Falls** und 800 Meter weiter die **Bridal Veil Falls** ❷. Hier beginnt die anspruchsvolle Wanderung auf dem **Valdez Goat Trail** (4 km). Der einstige »Military Trail« folgt einem alten Pfad der Ureinwohner und diente Goldsuchern und Armeeangehörigen als Verbindungsweg von der Küste ins Landesinnere. Nach 400 Metern kommt ein Aussichtspunkt. Bei Meile 16,4 bietet ein Veranstalter Floßfahrten durch den Keystone Canyon an.

Ab Meile 18,8 ändert sich die Landschaft: Deutlich steigt der Highway an, überschreitet nach einigen Kilometern die Baumgrenze und erreicht schließlich die Bergtundra. Bei Meile 24 führt eine unbefestigte Straße (1,6 km) zur **Blueberry Lake State Recreation Site** ❸, die einen Campingplatz, Rastplätze und Angelmöglichkeiten bietet.

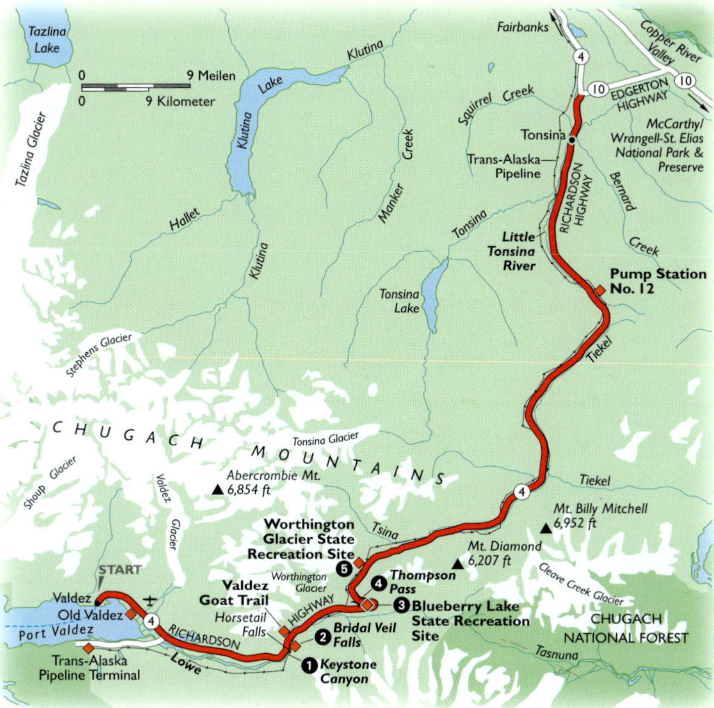

Nach weiteren 3,2 Kilometern erreicht die Straße ihren höchsten Punkt, den **Thompson Pass** ❹ auf 816 Metern Höhe. Er gehört zu den schneereichsten Gegenden Alaskas: An einem einzigen Tag sind hier schon 1,5 Meter Neuschnee gefallen, in einem Winter summierte sich das auf unvorstellbare 25,4 Meter! Bei der Wanderung durch die Tundra bieten sich überwältigende Aussichten. Nächster Halt ist die **Worthington Glacier State Recreation Site** ❺ bei Meile 28,7 mit einem kleinen Besucherzentrum, Infotafeln und einem befestigten Weg, der zur nahe gelegenen Gletscherstirn führt.

Im Verlauf der folgenden 64 Kilometer kommen immer wieder Haltebuchten. In den Feuchtgebieten zwischen Meile 53 und 58 tauchen häufig Elche und Biber auf. Bei Meile 64 kreuzt die Trans-Alaska-Pipeline den Highway, bei Meile 64,7 informieren Schautafeln an der **Pump Station No. 12** über die berühmte Ölleitung. Im Folgenden verläuft der Highway parallel zu den Flüssen **Little Tonsina** und **Tonsina**. Die Fahrt endet bei Meile 82,5; dort trifft der Richardson auf den Edgerton Highway. Die Zufahrtsstraße nach McCarthy (siehe S. 186f.) führt direkt in das Herz des Wrangell-St. Elias National Park. ■

Siehe Karte S. 168 D1–D2
Valdez
133 km ab Old Valdez
2 Std. ohne Zwischenstopps
Edgerton Highway junction

UNBEDINGT ANSEHEN

- Keystone Canyon
- Thompson Pass
- Worthington Glacier

Ein Felsbrocken »reitet« auf dem Bagley Ice Field gletscherabwärts

Wrangell-St. Elias National Park and Preserve

GEWALTIGE BERGE UND GLETSCHER, EINE VIELFALT AN Wildtieren, aktive Vulkane, die verzweigte Küstenlinie des Gulf of Alaska, Taiga, Tundra, weiß schäumende Flüsse und nur wenige Spuren einer Zivilisation: Wrangell-St. Elias verkörpert wie kein anderes Schutzgebiet das wilde Alaska. Und es ist groß – bei weitem der größte Nationalpark der USA.

Wrangell-St. Elias National Park & Preserve
www.nps.gov/wrst
169 E3 & 183
Mile 106.8 Richardson Hwy.
Visitor center: 907/822-5234
Visitor Center Sommer tägl., sonst Mo–Fr

Am westlichen Rand des Nationalparks befindet sich in der kleinen Gemeinde Copper Center das **Headquarters Visitor Center**, ein guter Ausgangspunkt zur Erkundung des Parks. Es zeigt eine Ausstellung zu ökologischen Themen, freundliche Ranger beantworten bereitwillig alle Fragen und zeigen den 20-minütigen Film **»*Crown of the Continent*«**. Aber außerhalb dieser Wände liegen 5,3 Millionen Hektar Wildnis. Es gibt nicht einmal einen Campingplatz und nur sehr wenige markierte Wanderwege. Der einzige Außenposten der Zivilisation tief im Parkinneren ist die Enklave McCarthy/Kennicott (siehe S. 186f.). Zu den wenigen Wanderwegen im Park gehört der **befestigte Weg** hinter dem Besucherzentrum. Der 800 Meter lange Rundweg am Rand des Höhenzuges ist mit vielen Schautafeln ausgestattet und bietet großartige Ausblicke auf die mit Fichtenwald bestandene Ebene und die sich dahinter auftürmenden Wrangell Mountains mit den

Vulkanen Mount Drum, Mount Wrangell und Mount Blackburn.

DAS HINTERLAND

Nur gut ausgerüstete und sehr erfahrene Trekker sollten auf eigene Faust in die Wildnis des Wrangell-St. Elias aufbrechen – und auch das nur nach einer Beratung durch die Ranger. Allen anderen Besuchern bietet sich die Möglichkeit, über die Nabesna Road und die McCarthy Road in das Schutzgebiet zu fahren. Unzählige Führer bieten ihre Dienste an – sie wohnen in McCarthy/Kennicott, einer Hand voll winziger Ortschaften entlang der Highways an der Südgrenze des Wrangell-St. Elias und in Yakutat im Südosten des Parks. Die wichtigsten Parkgemeinden sind Glennallen, Copper Center und Chitina (*Greater Copper Valley Chamber of Commerce, Tel. 907/822-5555, www.traveltoalaska.com*). Wer das herrliche Hinterland erleben möchte, ohne tagelang Bäche zu durchwaten oder Berge zu erklettern, kann sich in die Luft begeben. Charterflugzeuge setzen kleine Besuchergruppen an entlegenen Stellen ab, indem sie auf Kiesstreifen an Flussufern, auf einem verlassenen Minengelände, an flachen Berghängen und sogar auf Gletschern landen. Die Urlauber schlagen ihr Zelt inmitten der Wildblumen in der Bergtundra oder an einem See auf, auf dem Eisberge so groß wie Autos schwimmen. An manchen Landeplätzen gibt es sogar Hütten. Zu einer vorab festgelegten Zeit holen die Piloten ihre Passagiere wieder ab.

Wer den Park nur überfliegen möchte, kann auf einer so genannten Flightseeing-Tour einen Blick auf die Urlandschaft werfen, wie sie sonst nur Bergsteigern vorbehalten ist: Vier Gebirgszüge treffen im Wrangell-St. Elias aufeinander, allein 9 der 16 höchsten Gipfel des Landes liegen in den Grenzen des Nationalparks. An erster Stelle steht der 5489 Meter hohe Mount St. Elias. Mount Wrangell, einer der größten aktiven Vulkane Nordamerikas, lässt immer mal wieder Rauchfahnen aufsteigen. Auch die breit dahinfließenden und mäandrierenden großen Flüsse, die vom Hochland meerwärts strömen, bieten ein eindrucksvolles Bild.

Und sie bieten ebenfalls Zugang ins Hinterland, sei es im Rahmen einer halbstündigen oder mehrwöchigen Floßfahrt. Beliebte Floß- und Kajakflüsse sind **Copper**, **Kennicott**, **Chitina**, **Nabesna** und **Nizina**. Manche Flüsse bieten halsbrecherische Abenteuer durch Stromschnellen der Klasse IV, andere gleiten sanft dahin, so dass Angeln und Tierbeobachtungen entspannt möglich sind.

ANREISE

Die wichtigsten Flughäfen sind Gulkana, Chitina und McCarthy. Der Flughafen in Tok erschließt den Nordteil, die Flughäfen Glennallen, Valdez, Cordova und Yakutat den Südteil

Wanderer blicken versunken auf die Landschaft rund um Jumbo Mine im Wrangell-St. Elias

Die besten Kajakreviere bieten die Küstengewässer von **Ice Bay** und **Yakutat Bay** in der äußersten südöstlichen Parkecke. Die Kajakfahrer können ungestört Weißkopfseeadler, Tümmler, Harlekinsenten und die muskulösen Stellerschen Seelöwen beobachten, die so schwer wie ein Mittelklasseauto werden.

Besucher, die das Hinterland nicht auf eigene Faust oder mit einem Führer erkunden wollen, können einen kleinen Eindruck auf der Autofahrt entlang der McCarthy Road (siehe S. 186f.) oder Nabesna Road gewinnen. Doch auch die Fahrt über die stellenweise nicht asphaltierten und rauen Straßen ist kein Kinderspiel – nichts ist einfach im Wrangell-St. Elias. Von beiden Straßen zweigen weitere Nebenstraßen ab.

NABESNA ROAD

Die 67,6 km lange Nabesna Road beginnt in **Slana** an der nördlichen Parkgrenze (*Meile 59,8 auf dem Glenn Hwy. bzw. Meile 65,2 auf dem Tok Cutoff*). Die Slana Ranger Station (*Tel. 907/822-5234 oder 000/0000, Juni–August*) hat einen aktuellen Straßenzustandsbericht – manchmal wird die mit Schlaglöchern übersäte Nebenstraße durch das Wetter unpassierbar. Auch unter günstigen Bedingungen schafft man es mit einem normalen Auto nur bis Meile 29, ab da sind Vierradantrieb und Geländewagen notwendig.

Die Fahrt beginnt in einer von Schwarzfichtenwäldern bewachsenen Ebene. Die Wälder bieten zahlreichen geflügelten Tierarten, von Moskitos bis hin zu nördlichen Sperbereulen, eine Heimat.

Bei Meile 7 gleitet der **Rufus Creek** auf der nördlichen Seite der Straße vorüber, während im Süden das gekräuselte Band des **Copper River** sichtbar wird. Beide Wasserwege kündigen ein bald auftauchendes Feuchtgebiet an – eine Welt aus Teichen und Seen, die im Norden, Süden und Osten von Bergen umrahmt wird. Das Feuchtgebiet ist ein Dorado für Elche, eine pferdegroße Hirschart. Die Tiere tauchen ihre

Köpfe ins Wasser, um dort die Unterwasserpflanzen abzurupfen. Wenn sie sich wieder aufrichten, läuft ihnen beim Kauen das Wasser vom Gesicht oder – sowie es sich um Männchen handelt – von den gewaltigen Geweihen.

Bei Meile 16,6 und 16,7 liegen einfache Campingplätze mit Picknicktischen, doch die eigentliche Attraktion der Plätze ist der weite Blick auf Kettle Lake, Mount Wrangell (4317 m), Tanada Peak (2816 m) und Mount Sanford (4949 m). Bei Meile 29 können alle, die ab hier nicht weiterfahren dürfen, auf dem **Trail Creek** wandern. Der Weg ist nicht besonders deutlich markiert, doch da er am Bachbett entlangläuft, ist er nicht allzu schwierig zu finden. Man könnte tagelang so weiterwandern. **Lost Creek** bei Meile 31 bietet eine ähnliche Gelegenheit, der dortige Wanderweg führt zu mehreren Seen und einer Quelle.

Auf dem letzten Drittel der Fahrt rücken die Berge immer näher; die Schotterstraße wird immer holperiger und folgt immer stärker der Topographie. Schließlich biegt der Highways nach Süden zur früheren Minensiedlung **Nabesna** ab, hinter der sich eine Wand von Bergen auftürmt. Dahinter liegt nur noch die unerschlossene Wildnis des Wrangell-St. Elias – sie zieht sich über 322 Kilometer nach Süden. ■

Rückzug der Gletscher

Wenn Jane und John die Dias ihrer Reise von 1963 durch die Inside Passage hervorkramen, sind darunter eindrucksvolle Aufnahmen von der Stirn des Mendenhall Glacier, der in 457 bis 549 Metern Entfernung vom Besucherzentrum aufragt. Würden sie den Mendenhall Glacier heute wieder besuchen, wären sie schockiert darüber, dass er inzwischen 1,6 km vom Besucherzentrum entfernt endet.

Überall in Alaska schmelzen die Gletscher ab. Mit wenigen Ausnahmen befinden sich nach einer Einschätzung des Geologen Bruce Molnia vom U.S. Geological Survey landesweit 99 Prozent aller Gletscher mit einer Dicke von weniger als 1600 Metern im Rückzug. Alle Gletscher Alaskas schmelzen zwar seit dem Ende der Kleinen Eiszeit um die Mitte des 18. Jahrhunderts, doch zeigt eine große Studie, die 2002 in *Science* veröffentlicht wurde, dass der Abschmelzungsprozess in den letzten 50 Jahren erheblich zugenommen hat und sich seit den 1990er Jahren rapide beschleunigt. Der Mendenhall Glacier ist allein 2004 um 183 Meter abgeschmolzen – mehr als viermal so viel wie durchschnittlich in den Jahren davor. Es gibt viele natürliche Gründe, warum Gletscher einmal vorstoßen und dann wieder abschmelzen, jedoch stimmt ein solch massiver Rückgang, wie in der Glacier Bay beobachtet, nicht mit den gewohnten Mustern überein. Viele der Wissenschaftler, die Alaskas Gletscher erforschen, sehen in der Theorie einer globalen Erwärmung die Gründe für dieses Phänomen. Eisschichten von geringer Dicke, wie sie 80 Prozent des gesamten Gletschereises des Bundesstaates ausmachen, schmelzen nicht nur am Ende einer Glet-

scherzunge, sondern auf weiten Teilen der Oberfläche. In der Studie von 2002 untersuchten die Gletscherforscher 67 Gletscher in Alaska. Sie stellten fest, dass seit Mitte der 1950er Jahre innerhalb von 40 Jahren Gletschereis in einem geschätzten Umfang von 2000 Kubikkilometern abgeschmolzen und ins Meer geflossen ist. Alaska besitzt rund 50 000 bis 100 000 Gletscher. Geschätzte 99 Prozent der dünnen Gletscher schmelzen ab, dieser Vorgang beschleunigt sich gegenwärtig bei 85 Prozent aller Gletscher.

In der in *Science* veröffentlichten Studie wird darauf hingewiesen, dass die abschmelzenden Gletscher Alaskas den Meeresspiegel weltweit jedes Jahr um 2,54 Zentimeter ansteigen lassen könnten. Ein unbedeutender Anstieg? Dadurch kann sich das Tempo so beschleunigen, dass viele Gletscher und Eisdecken auf der Erde ebenfalls und vielleicht bald schneller abschmelzen und dass bereits ein Anstieg des Meeresspiegels von wenigen Zentimetern großen Schaden anrichten kann. ■

Das Gewicht des Rainbow Glacier hat eine trogförmige Vertiefung hinterlassen (links), die durch das Abschmelzen sichtbar wurde. Touristen stehen bewundernd vor der Eiswand des Portage Glacier (unten)

Die Terrasse der Kennicott Glacier Lodge bietet atemberaubende Ausblicke

McCarthy/Kennicott

McCarthy/ Kennicott
183
Visitor Information
www.traveltoalaska.com
Greater Copper Valley Chamber of Commerce, Glennallen
907/822-5555

Kennicott National Historic Landmark
www.nps.gov/wrst
Visitor Center, Kennecott Mines
907/554-4445
Memorial Day–Labor Day tägl. (Visitor Center)

LANGE BEVOR MENSCHEN AUF DER SUCHE NACH LANDschaftlicher Schönheit und Unberührtheit in den Park vordrangen, kamen sie auf der Suche nach Kupfer dorthin. Zwischen 1911 und 1938 wurde Kupfererz im Wert von 100 bis 200 Mio. US-Dollar gefördert und in den Kennicott-Kupferminen tief im Innern des heutigen Nationalparks verarbeitet.

Die einstige Siedlung Kennicott rund um die Mine ist heute eine Geisterstadt. (Die Leute von der Mine verschrieben sich beim Namen des Entdeckers Kennicott, nach dem sie die Mine benannten.) In acht Kilometern Entfernung blüht jedoch das kleine Städtchen McCarthy. Die McCarthy Road von Chitina an der westlichen Parkgrenze ist eine von lediglich zwei Straßen, die durch den Wrangell-St. Elias National Park führen. Die **McCarthy Road**, die 96,5 Kilometer tief in die Wildnis vordringt, ist eine Legende in Alaska. Die Straße ist unbefestigt, eng und von Fahrrinnen zerfurcht. Sie führt in 73 Metern Höhe auf einer alten einspurigen Brücke über einen Fluss und auf einem verlassenen Eisenbahnbett entlang. Immer mal wieder erreichen alte Nägel und Metalltrümmer die Oberfläche und zerreißen Autoreifen. Fast alle Autovermietungen schließen die Straße per Vertrag aus. Doch jedes Jahr finden sich dennoch Tausende

Die Dekoration an der McCarthy Lodge ist typisch alaskanisch

von Reisenden, die sie begeistert befahren. Die McCarthy Road erreicht McCarthy nicht. Sie endet am Kennicott River, wo die Autofahrer parken *(gegen Gebühr)* und die Kanäle des Flusses auf zwei Fußgängerbrücken überqueren müssen. Jenseits des Flusses sind es weitere 1,6 Kilometer bis McCarthy (nach 400 m die rechte Straße nehmen). Regelmäßig verkehren Shuttlebusse ($) zum Ort.

McCarthy entstand als Versorgungs- und Erholungsort für die Minenarbeiter, d. h., es gab einige Läden und viele Wirtshäuser und Bordelle. Heutzutage geht es hier gesitteter zu, ein paar Restaurants, Hotels und private Unterkünfte, von denen viele in historischen Gebäuden liegen, erwarten die Autofahrer. Gleich am Ortseingang liegt das kleine **McCarthy-Kennicott Museum**. Sein Schwerpunkt ist die Bergbauära, doch das Museum dokumentiert auch das Leben der Arbeiter außerhalb der Mine. In McCarthy gibt es mehrere Tourveranstalter, die Floßfahrten, Ausritte, Berg-, Trekking- und Flightseeing-Touren anbieten.

Ein Van ($) fährt zu den Werksgebäuden der **Kennecott Mines** hinauf. Das Kennecott Visitor Center verteilt eine Broschüre, mit der man die Mine auf eigene Faust erkunden kann. Alle Innenräume sind jedoch meist nur im Rahmen einer geführten Tour zugänglich (*das Besucherzentrum und die Ortsansässigen wissen Bescheid*).

Richtig Leben im Ort findet man außer bei der Mine nur noch in der historischen **Kennicott Glacier Lodge** (*Tel. 907/258-2350 oder 800/582-5128, www.kennicottlodge.com, im Sommer geöffnet*). Der Ort ist ideal zum Essen oder Trinken oder um die Füße auf der 54,8 Meter langen Veranda hochzulegen und die Aussicht auf den Kennicott und Root Glacier zu genießen. Näher zum Gletscher führt der leicht bis mittelschwere **Root Glacier Trail**, er läuft rund 2,4 km am Gletscher entlang. Eine längere Trekkingtour ist der Rundweg **Bonanza Mine Trail** (14,5 km), der überwältigende Ausblicke bietet. ■

ANREISE

Als Alternative zum eigenen Auto bietet Backcountry Connection (*Tel. 907/822-5292 oder 866/582-5292, www.alaska-backcountry-tours.com*) einen Shuttlevan-Service an. Auch Flugzeuge fliegen McCarthy an

Weitere Sehenswüdigkeiten

COPPER CENTER

Das 445-Seelen-Städtchen wurde 1896 am westlichen Rand des Wrangell-St. Elias National Park gegründet und war die erste europäische Siedlung in Südzentralalaska. In der Zeit des Goldrausches taumelten die Möchtegern-Goldsucher bei ihrem Wettlauf über den Valdez Glacier zum Klondike aus den Bergen herab in das Städtchen Copper Center.

Die meisten dieser Glückssucher landeten, ob auf der Suche nach einem Bett, einer Mahlzeit oder einem Drink, beim Blix Roadhouse. 1932 trat das **Copper Center Lodge** (*Tel. 907/822-3245 oder 866/330-3245, www.coppercenterlodge.com*) an dessen Stelle. Das hübsche zweigeschossige Blockhaus nimmt noch immer Reisende auf, das Restaurant ist auch bei Einheimischen beliebt. Und noch immer wird ein Heilbuttsandwich mit scheinbar einem halben Pfund Fisch belegt – typisch für viele Lokale Alaskas, die ihre Portionen nach wie vor am Bedarf schwer arbeitender Leute mit hohem Kalorienbedarf orientieren.

Nebenan liegt das **George I. Ashby Memorial Museum** (*Auskünfte in der Lodge, Juni–Mitte Sept. täglich, Spende*) in den Räumen zweier historischer Blockhäuser. Die Ausstellung im ersten Haus zeigt ein bisschen von allem: Pioniergeschichte, regionale Kultur der Urbevölkerung usw. Die Ausstellung ist hübsch, aber einfach gehalten: In der Schublade mit der Aufschrift »Rocks and Stuff« (»Steine und alles Mögliche«) finden sich zwischen Fallen, Geweihren und alten Minenwerkzeugen auch faszinierende historische Fotos und Briefe. Das zweite Haus konzentriert sich auf den Goldrausch von 1898. Karte S.. 183 **Visitor Information** ✉ Greater Copper Valley Chamber of Commerce, P.O. Box 469, Glennallen, AK 99588 ☎ 907/822-5555, www.traveltoalaska.com

KAYAK ISLAND

Die lange, schmale Insel liegt südöstlich vom Prince William Sound außerhalb der schützenden Bucht im offenen Pazifik. Kayak Island war der erste Ort Alaskas, auf den Vitus Bering auf seiner Entdeckungsreise nach Russland 1741 stieß. Aber weder Bering noch die Insel verdienen den Ruf, Person und Ort der ersten Begegnung zwischen Europa und Alaska gewesen zu sein. Ein Untergebener Berings, Alexej Tschirikow, befehligte ein zweites Schiff, das bei schwerer See vom gemeinsamen Kurs abkam und tatsächlich ungefähr einen Tag früher in Alaska landete.

Ist die historische Bedeutung auch etwas geschmälert, bleibt Kayak Island doch ein ganz besonderer Ort voll landschaftlicher Schönheit und vielen Wildtieren. Wenige Touristen kommen hierher, obwohl es mit dem Flugzeug nur 100 Kilometer nach Cordova sind. (Von Cordova fahren Schiffe zur Insel, die 16-stündige Überfahrt kann aber ziemlich rau werden.) Eine Wanderung an der Küste von Kayak Island wird oft zu einer Schatzsuche: Strandgut aller Art wird vom Pazifik an die südwestlichen Strände der Insel gespült – Gummienten, Schuhe, Schwimmkorken aus Glas und ab und zu sogar eine klassische Flaschenpost. **Visitor Information** ✉ Cordova Ranger District, Chugach National Forest, P.O. Box 280, Cordova, ☎ 907/424-7761, www.fs.fed.us/r10/chugach/cordova

TETLIN NATIONAL WILDLIFE REFUGE

Das 295 400 Hektar große Schutzgebiet ist zum größten Teil von Wasser bedeckt. Während der Vögelzüge landen an den ungezählten Teichen und Seen Millionen von Wasservögeln, allein 100 000 Kanadakraniche. Elche, Grizzly- und Schwarzbären, Karibus, Wölfe und andere Tiere finden hier Zuflucht. Das Schutzgebiet ist schwer zu durchdringen, aber der Alaska Highway verläuft rund 105 Kilometer an der Grenze des Schutzgebietes entlang (der entsprechende Streckenabschnitt beginnt 48 km südöstlich von Tok). An sieben Parkbuchten stehen Informationstafeln. Das Besucherzentrum befindet sich bei Meile 1229.

Karte S. 183 **Visitor Information** ✉ Refuge headquarters, Tok ☎ 907/883-5312, http:// tetlin.fws.gov ■

Zentralalaska ist das Herz des Bundesstaates. Nur wenige Städte und Straßen unterbrechen die Wildnis mit ihren Bergen, Flüssen, Wäldern und Tundra. Fairbanks und der Denali National Park öffnen Zentralalaska für die Besucher.

Zentralalaska

Ein Sibirischer Husky – der Schlittenhund schlechthin

Zentralalaska

IN ZENTRALALASKA (INTERIOR) DOMINIERT DIE NATUR, UND IN DEN wenigen Ortschaften leben die Menschen in einfachen Verhältnissen. Besucher kommen hierher, um den Mount McKinley zu bestaunen, Grizzlybären zu beobachten, im Denali National Park zu zelten oder um Kanutouren zu unternehmen. Sie wollen das sehen, was schon die ersten Koyukon-Athabascan sahen: eine Landschaft, die die Indianer schon vor Tausenden von Jahren ernährte.

An Seen entlang dem Elliott Highway sieht man häufig Elche

Da es an drei Seiten von Meer umgeben ist und die Mehrzahl der Wohn-, Ferien- und Industrieansiedlungen am Meer liegen, erweckt Alaska leicht den Eindruck eines Küstenstaates. Doch fern von Pazifik, Polarmeer und Beringsee breitet sich im Binnenland Alaskas Kernland aus. Hier gibt es – neben imposanten Bergen und gigantischen Gletschern, die man auch an der Küste findet – ganz einzigartige Landschaftsformen.

Taiga – subarktischer borealer Wald, der aus hauptsächlich Weißfichte besteht – bedeckt weite Teile des nördlichen Landesinneren. Im Gegensatz zu den üppigen Küstenwäldern im Süden ist die Taiga spärlich bewachsen, die anspruchslosen Weißfichten werden nur neun bis zwölf Meter hoch – auf dem nährstoffarmen Boden der so genannten »Drunken Forests« (»Betrunkene Wälder«) sogar nur halb so hoch. In Zentralalaska sind weite Flächen mit Tundra bedeckt. Die dem Wind ausgesetzten Hänge und flachen Feuchtgebiete sind ohne jeglichen Baumbestand – hier gedeihen nur bodennahe Pflanzen.

Menschen leben schon seit Jahrtausenden in Zentralalaska. Zuerst kamen die Nomaden- und Halbnomadenstämme der Athabascan, die den Karibuherden folgten und im Sommer ihre Lager an den Lachsflüssen aufschlugen. Die Athabascan hatten – wenn auch in geringerem Ausmaß als Alaskas Küstenvölker – ab den 1820er Jahren Kontakt zu russischen Pelzhändlern; viele arbeiteten für die Russian American Company als Trapper.

Moderne Siedlungen entstanden im Binnenland erst ab 1902, als Goldfunde Tausende in die Gegend von Fairbanks lockten und die Stadt schnell zum Zentrum der Region wurde. Die Fertigstellung der 755 Kilometer langen Alaska Railroad von Seward nach Fairbanks

1923 ermöglichte die weitere Entwicklung des Landesinneren. Im Zweiten Weltkrieg setzten militärische Baumaßnahmen ein, und ab den 1960er Jahren wurde Öl in der Prudhoe Bay gefördert, wofür man viele Pipelines baute. Zwischen 1967 und 1969 wuchs allein die Bevölkerungszahl im Großraum Fairbanks von 40 000 auf 65 000 an. ■

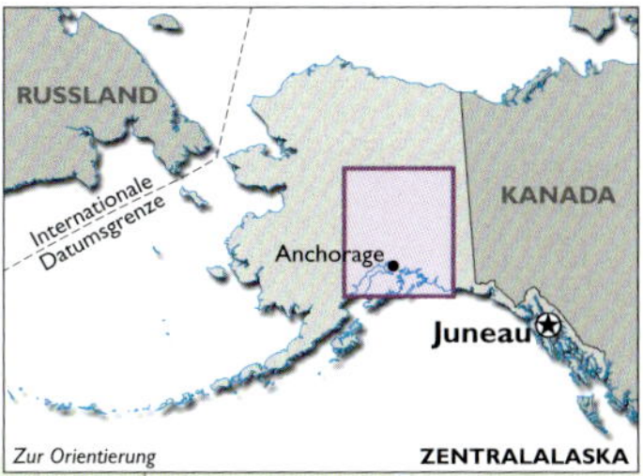

Talkeetna

TALKEETNA IST DAS PERFEKTE GEGENMITTEL ZUM HEKTIschen modernen Lebensstil. Das ruhige 850-Seelen-Dorf besteht aus Holzhäusern und einer Landebahn, die an einen ungepflegten Kiesweg erinnert. Hier geht man lieber zu Fuß, als mit dem Auto zu fahren. Zu Talkeetnas hinterwäldlerischem Charme trägt die Tatsache bei, dass es am Ende einer 23 Kilometer langen Straße liegt, die bei Meile 98,7 vom Parks Highway abzweigt.

Im West Rib Pub & Café kommen leckere Moschusochsen-Burger auf den Tisch

Die Zufahrtsstraße geht beim Village Park in die **Main Street** über. Zur bunten Mischung aus Geschäfts- und Wohnhäusern in dieser Straße gehört auch das historische **Talkeetna Roadhouse** *(Tel. 907/733-1315, www.talkeetnaroadhouse.com)*, in dem seit Jahrzehnten Reisende einkehren – für eine Mahlzeit, zum Schlafen oder nur, um eines der berühmten Zimtbrötchen zu essen. Mehrere Souvenirläden und Kunstgalerien wie **Talkeetna Artisans** *(Tel. 907/733-4222)* verkaufen hochwertige typische Alaskaartikel.

Die Main Street und die Straßen nördlich und südlich davon bilden den **Talkeetna Historic District** *(Talkeetna Historical Society, Tel. 907/733-2487)*. Die Historical Society veranstaltet Führungen zu 16 historischen Häusern in diesem Viertel. Eine gute Ergänzung dazu ist das **Talkeetna Historical Society Museum** *(Straße südlich der Main Street und B Street, Tel. 907/733-2487)*.

Besonders im Sommer ist in Talkeetna viel los. Buschpiloten bieten Rundflüge über den Denali National Park an; auf Bootsfahrten am Zusammenfluss von Talkeetna, Susitna und Chulitna kann man die Flusslandschaft erkunden. Oder man fährt mit dem **Hurricane Turn**: Der zwischen Talkeetna und dem Hurricane-Gulch-Gebiet pendelnde Zug hält auf Handzeichen an den Stationen an. ■

Talkeetna
191 A2
Visitor Information
www.talkeetnachamber.org
✉ Talkeetna Chamber of Commerce
☎ 907/733-2330

Sheldon, der Ritter

Um 1950 flog der ortsansässige Buschpilot Don Sheldon Forscher und Bergsteiger zu den Gletschern des Mount McKinley und vollbrachte dabei Landemanöver, die kein anderer Pilot gewagt hätte. Er rettete viele verirrte Wanderer und Bergsteiger aus gefährlichen Situationen. Zu den vielen Storys über Sheldons Taten gehört auch die folgende: Nachdem ihr Boot gekentert war, hingen fünf Männer an einem Felsen inmitten der Stromschnellen des Susitna. Sheldon landete mit seinem Wasserflugzeug weiter flussaufwärts, ließ sich abwärts treiben und hievte die Männer nacheinander unter Lebensgefahr ins Flugzeug. ■

Denali Highway

WER ERWARTET, DASS DER DENALI HIGHWAY DURCH DEN Denali National Park führt, hat sich geirrt: Die Straße verläuft südöstlich des Parks. Doch der Highway hat seine ganz eigenen Reize: 180 Kilometer der insgesamt 216 Kilometer sind ungeteert, staubig, holprig und teilweise voller Schlaglöcher. Unterwegs gibt es weder Ortschaften noch Service-Stationen – lediglich ein paar traditionelle *road houses* (Raststätten) und Hütten. Im Notfall kann man dort einen Reifen flicken lassen oder tanken, besser ist es aber, selbst die nötige Vorsorge für die Fahrt auf einer solchen Schotterstraße zu treffen.

Bureau of Land Management Glennallen Field Office
www.glennallen.ak.blm.gov
191 B3
Mile 186.5 Glenn Hwy.,Glennallen
907/822-3217

Die ersten Kilometer ab **Cantwell** (Parks Highway) sind geteert, dann beginnt die Schotterstraße. Nach ein paar Kilometern erreicht man den **Nenana River**, der auf den folgenden 24 Kilometern parallel zur Straße fließt. Unterwegs gibt es viele Möglichkeiten, Kanus und Kajaks zu Wasser zu lassen. Will man zelten, fährt man bei Meile 30 zum Brushkana Creek Campground mit 18 Stellplätzen (eine Reservierung ist nicht möglich). Auf den folgenden 16 Kilometern laden mehrere Straßenbuchten zu Zwischenstopps ein: Die Sicht auf den West Fork Glacier und die Gipfel der Alaska Range sind grandios.

Bei Meile 52,8 steht das **Gracious House** *(Tel. 907/333-3148 oder 907/259-1111 im Sommer; Funktelefon: zehnmal klingeln lassen, www.alaskaone.com/gracious).* Es ist eines dieser bodenständigen »Alles-in-einer-Hand«-Häuser, die Zimmer, Essen, Rundflüge, Jagdausflüge, Zeltplätze und vieles mehr anbieten.

Die Feuchtgebiete entlang der ganzen Strecke, vor allem aber zwischen Meile 75 und 90, sind ideale Orte, um mit dem Fernglas nach Trompeterschwänen, Elchen und Flussottern Ausschau zu halten. Besonders gute Aussicht hat man vom Rastplatz auf dem 1169 Meter hohen **Maclaren Summit**, dem zweithöchsten Pass des Bundesstaates. Der Blick reicht über die Berge und die Flüsse Maclaren und Susitna, mit Glück ziehen gerade Karibus und Grizzlybären die Hänge entlang.

Kanufahrten sind eine der schönsten Möglichkeiten, die Tangle Lakes zu erkunden

Wer die Wildnis selbst erkunden will, fährt zu den **Tangle Lakes** bei Meile 112. **Tangle Lakes Lodge** *(Mile 113 Denali Hwy., Tel. 907/822-4202)* und **Tangle River Inn** *(Mile 115 Denali Hwy., Tel. 907/822-3970 oder 907/895-4022 im Winter)* helfen bei der Organisation von Kanutouren, Angelausflügen und Vogelbeobachtung. Gleich nach den Seen ist die Straße wieder geteert, auf den letzten Kilometern geht es vorbei an weiteren großartigen Aussichtsplätzen. Die Straße endet in **Paxson**, das am Richardson Highway liegt. ■

Denali National Park and Preserve

Denali National Park & Preserve
www.nps.gov/dena
191 A3, 197, & 199
Mile 237 Parks Hwy.
907/683-2294
$$

Greater Healy/Denali Chamber of Commerce
www.denalichamber.com
907/683-4636

DENALI IST GROSS, NICHT NUR IN BEZUG AUF DIE GESAMTfläche (über 2,43 Millionen Hektar), sondern auch im Kleinen: Die Gletscher sind kilometerlang, die Flüsse mehrere Hundert Meter breit. Die Elche erreichen eine Schulterhöhe von 2,10 Metern. Und über allem thront der 6194 Meter hohe Mount McKinley, der höchste Berg des Kontinents, den die Einheimischen schlicht »the mountain« nennen. Über 809 371 Hektar sind reine Wildnis, und auch die restlichen 1,6 Millionen Hektar zeigen nur wenig menschlichen Einfluss. Stattdessen trifft man auf Grizzlybären und Wölfe.

Der Nationalpark wurde zum Schutz von Bären, Wölfen, Karibus, Dallschafen und Elchen gegründet. Seit Jahrtausenden jagten die Athabascan in der Gegend, aber auf eine so schonende Weise, dass sie die Tierpopulationen nicht gefährdeten. Dies änderte sich 1903 schlagartig mit den Goldfunden in der Nähe der Berge. Mit den Goldsuchern kamen professionelle Jäger und töteten viel Wild, um die Schürfer mit Fleisch zu versorgen.

Charles Sheldon, ein Freund von Theodore Roosevelt und Outdoor-Fanatiker, kam in die Region zum privaten Jagen und war angewidert von der Schlächterei der Berufsjäger. Er arbeitete in den Folgejahren unermüdlich daran, einen Nationalpark zum Schutz der Tiere zu schaffen. 1917 erreichte er sein Ziel: Präsident Woodrow Wilson unterzeichnete ein Dokument, das die Region zum Mount McKinley National Park erklärte. Den Stift, den er dabei benutzte, überreichte er einem der erfreuten Zuschauer – Sheldon.

ORIENTIERUNG

Weil der Park so groß und unzugänglich ist, ist ein Besuch schwieriger als z. B. ein Aufenthalt im Yellowstone National Park oder den Great Smoky Mountains. Der Nationalpark wird in zwei Bereiche unterteilt: den vorderen *(front country)* und den hinteren *(back country)* Teil. Der hintere, größere Bereich ist für Privatwagen gesperrt. Die einzige Straße, die **Park Road** (siehe S. 198ff.) darf nur von Shuttlebussen befahren werden. (Die Parkverwaltung musste angesichts von rund 400 000 Besuchern im Jahr zum Schutz der Natur zu dieser Maßnahme greifen.) Um einen guten Eindruck vom Park zu bekommen, sollte man zumindest die halbe Strecke mit dem Bus fahren.

Der vordere Parkbereich hat seinen ganz eigenen Reiz – trotz der vielen Service-Stationen nahe dem Eingang. Lohnenswert sind die Promenade über den tosenden Fluss Nenana sowie die Ausblicke von einigen Restaurants und Hotels. Mehrere Tourveranstalter bieten Ausflüge in den Nationalpark via Flugzeug, Hubschrauber, Floß, Jetboot, Jeeps mit Allradantrieb, Bus und zu Fuß an.

»Flightseeing«-Touren sind besonders beliebt, wenn auch kostspielig. Die Rundflüge führen über den Park und – bei gutem Wetter – den Berg. (Viele Veranstalter haben ihren Sitz in Talkeetna; siehe

Gegenüber: Mount McKinley dominiert diesen Teil der Alaska Range

In den Bergen graben sich die Bergsteiger oftmals Zeltplätze in den Schnee

S. 192.) Wenn man in einem Flugzeug sitzend den Mount McKinley wie die Fliege einen Elefanten umkreist, erahnt man erst die wahre Größe des gewaltigen Eisberges. Mit 6194 Metern ist er der unangefochtene König der Berge in Nordamerika.

Ab dem Meeresspiegel gemessen ist er zwar um 2743 Meter niedriger als der Mount Everest, aber wenn man von seiner Basis aus misst, übertrifft der McKinley den Everest um 1829 Meter. De facto erhebt er sich 5486 Meter aus der umliegenden Ebene.

VISITOR CENTER

Orientierungshilfe bekommt man gut zwei Kilometer nach dem Parkeingang im **Denali National Park Visitor Center**. Das 2005 eröffnete Besucherzentrum ist zugleich ein naturgeschichtliches Museum. Auf einer Großleinwand werden interessante Filme gezeigt, es gibt einen Buch- und Souvenierladen, Möglichkeiten zum Essen gehen und einen Bahnhof.

Geführte Wanderungen und Busse zum Hundezwinger des Parks starten hier. Den eigenen Hund kann man dort jedoch nicht abgeben – dort werden ausschließlich die Schlittenhunde gehalten, die die Ranger im Winter durch den Park ziehen. Im Sommer zeigen die Ranger dreimal täglich eine Schlittenhunde-Vorführung.

Im Besucherzentrum befindet sich auch das **Murie Science & Learning Center** *(Tel. 907/683-1269 oder 866/688-1269, www.alaska/murie-science-learning.org).* Sein Programm richtet sich an Schulklassen und Lehrer, ein kleinerer Teil aber auch an Parkbesucher. Hier werden die Forschungsprojekte des Parks vorgestellt und im Sommer zweimal täglich der dreistündige Kurs »Wildlife Tracker: Science of Predators & Prey« (Wildtierspuren) veranstaltet. Ganz Eifrige können an drei- bis fünftägigen Feldkursen zu Themen wie »Denalis Wölfe«, »Gebirgsblumen« oder »Gletscher der Alaska Range« teilnehmen.

WANDERUNGEN

Im Hinterland des Parks gibt es nur sehr wenige, im vorderen Teil jedoch viele gepflegte Wanderwege. Denalis Natur ist so unberührt, dass man selbst im *front country* regelmäßig

auf Tiere – auch Bären und Elche – trifft. Die Parkaufsicht rät zu einem Mindestabstand von 25 Metern zu einem Elch (50 m zu einer Elchkuh mit Kalb) und 250 Metern zu einem Bären.
Zum Schutz auch harmloser Säugetiere sollte man sich diesen auf höchstens 25 Meter nähern. Ungefähr 100 Meter Sicherheitsabstand empfehlen die Ranger bei Raubtieren mit Jungen und bei großen Höhlen von Säugetieren.

Der **Savage River Loop Trail** (3,2 km, Rundweg) beginnt bei Meile 14,8 der Park Road, alle anderen Wege starten in der Nähe des Besucherzentrums. Der leichteste Wanderweg ist der **Taiga Trail** (4,2 km, Rundweg), der sich durch den subarktischen Wald schlängelt und mit drei anderen Pfaden verbunden ist. Am beliebtesten ist der **Horseshoe Lake Trail** (2,3 km, Rundweg), der an einem Fluss, einem Bach, Teichen und dem namengebenden See vorbeiführt. Unterwegs sieht man viele Blumen, Biber, Bisamratten, Enten und Elche.

Wanderer mit guter Kondition können den **Mount Healy Overlook Trail** (7,2 km, Rundweg ab Taiga Trail, oder 8,9 km Rundweg ab Besucherzentrum) in Angriff nehmen.

Er führt in die wichtigsten Lebensräume des Parks, bietet von einem Grat eine tolle Aussicht über weidende Dallschafe sowie kreisende Habichte, Adler und Falken. Vom Besucherzentrum geht man rund 800 Meter auf dem Taiga Trail zum Anfang dieses Weges. ■

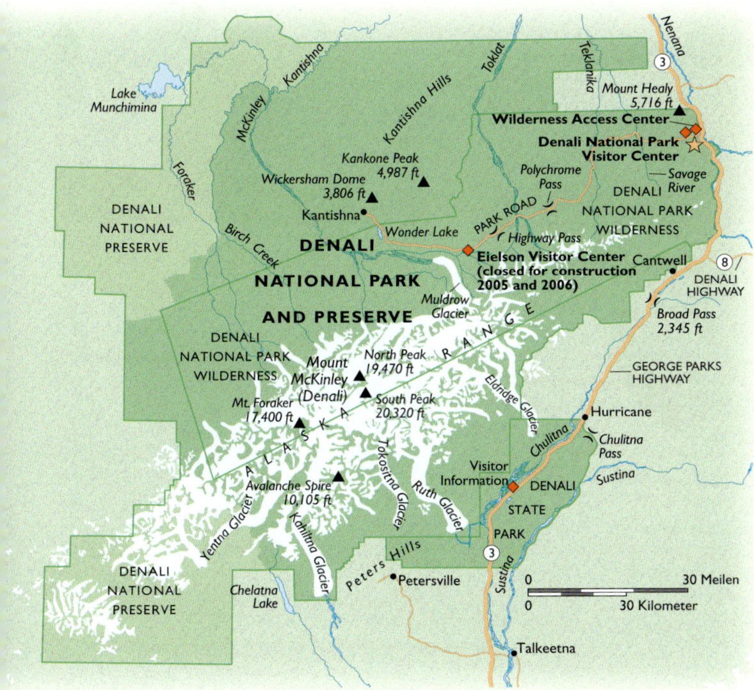

Mit dem Auto: Denali National Park

Die 148 Kilometer lange Park Road führt in Denalis ansonsten unberührte Wildnis, durch Fichten- und Espenwälder, auf Bergstraßen über breite Flusstäler, durchquert ausgedehnte Bergtundra und bietet viele Möglichkeiten, die im Park heimische Tierwelt zu beobachten. Die Straße ist so beliebt, dass die Parkaufsicht 1972, als der Park Highway eröffnet wurde, große Teile davon für den Privatverkehr sperren musste, um permanente Staus zu vermeiden. Ab Kilometer 24 dürfen nur noch Shuttlebusse die Strecke befahren. Manche Besucher ärgert diese Beschränkung, aber die Maßnahme dient dem Schutz von Flora und Fauna des Parks. Die Businsassen können an bestimmten Plätzen aussteigen, umherwandern und mit einem späteren Bus weiter- oder zurückfahren (soweit Plätze frei sind). Wer sich für einen Zwischenstopp entscheidet, muss mindestens eine Stunde in der Wildnis auf den nächsten Bus warten. Regenkleidung und Insektenschutzmittel sollten nicht fehlen.

Ein Park-Shuttlebus unterwegs auf der Straße über den Polychrome Pass

Das **Wilderness Access Center** ①, das 800 Meter vom Parkeingang entfernt liegt, hat eine Reihe von Informationen für die Parkbesucher; hier fahren auch die Busse ab. Busreservierungen nimmt vor Ort das Wilderness Access Center entgegen, doch im Sommer empfiehlt es sich, schon Wochen oder Monate im Voraus Plätze zu buchen *(Tel. 907/272-7275 oder 800/622-7275, www.reservedenali.com).*

Der Nationalpark bietet eine Vielfalt an Reisemöglichkeiten: Die erste Entscheidung ist die Wahl zwischen Tour- und Shuttlebussen. Tourbusse bieten viele Annehmlichkeiten und fahren die beliebtesten Strecken ab. Auf der Tundra Wilderness Tour etwa ist ein Naturführer an Bord, es gibt Mittagessen und Getränke, man kann außer am WAC an verschiedenen Plätzen zusteigen und der Bus fährt zu den Flüssen Teklanika River oder Toklat River (Meile 31,3 bzw. 53) und von dort wieder zurück. Logischerweise ist eine solche organisierte Tour zum Toklat River teurer als eine einfache Rundfahrt mit dem Shuttlebus.

Shuttlebusse sind reine Transportfahrzeuge, die Fahrer sind meist aber recht gut informiert und bereit, den Passagieren ihre Fragen zum Park zu beantworten. Besucher können aus einem halben Dutzend Strecken und Zielen wählen: Das Spektrum reicht von der zweistündigen Rundfahrt (bis Meile 15) bis

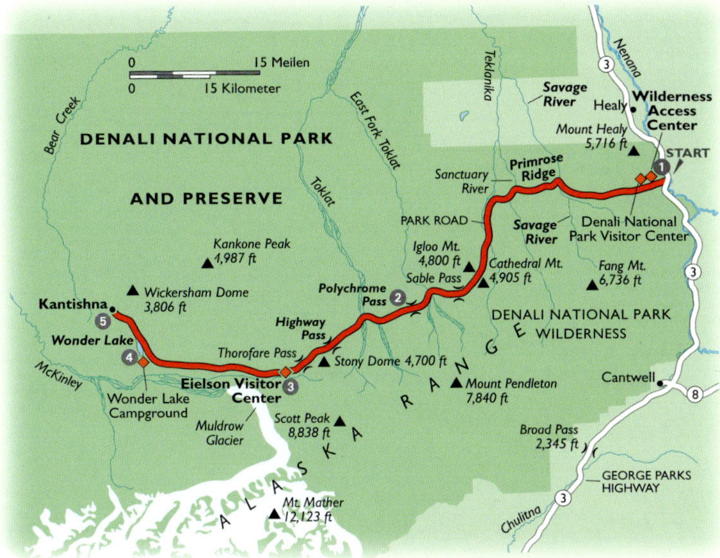

zur 13-stündigen Rundfahrt zum Ende der Straße bei Meile 92. Die beste Sicht hat man an einem Fensterplatz mit Blick nach Süden.

Die ersten – geteerten – 24 Kilometer (15 Meilen) zum Savage River führen am Fuße der **Healy Ridge** entlang und windet sich durch zwei Flusstäler. Bei der Fahrt durch die Taiga verstellen zunächst noch Bäume die Aussicht. Doch nach ein paar Kilometern steigt die Straße bergan, und die Weißfichten, Espen, Papierbirken und Balsampappeln werden kleiner und weniger. Weiter oben dünnt die Vegetation immer weiter aus. Zu bestimmten Zeiten sieht man die Polarhasen mit ihren übergroßen Pfoten alle paar hundert Meter. Oft erspäht man auch ihren gefährlichsten Feind, den Luchs. Bei Meile 9 rückt an klaren Tagen der Gipfel des Mount McKinley ins Bild, obwohl er über 113 Kilometer entfernt liegt.

Bei Meile 14,7 markiert der **Savage River** die Grenze zwischen *front country* und *back country*. Hier passieren die Busse einen Kontrollpunkt, hinter dem Privatfahrzeuge (mit ein paar Ausnahmen) verboten sind. Ab hier ist die Straße auch nicht mehr geteert. Die nächsten 13 Kilometer verläuft sie parallel zur

Siehe Karten S. 191 A3 und 197
Wilderness Access Area
einfach 150 km, Rundfahrt 296 km
5–13 Std.
Wilderness Access Area

UNBEDINGT ANSEHEN
- Mount McKinley
- Polychrome Overlook
- Wonder Lake
- wildlife

Primrose Ridge, zumeist oberhalb der Baumgrenze in der Tundra. Vom Bus aus hat man ungehinderte Sicht auf die mächtige Alaska Range etwa 24 Kilometer im Süden sowie über Flusstäler und Berghänge, die mit Tundra bedeckt sind. In der baumlosen Landschaft sind oft Wildtiere, vor allem Grizzlybären, zu sehen. Sowohl Tour- als auch Shuttlebusse halten lange genug an, damit die Fahrgäste die Tiere fotografieren können; allerdings stoppen sie nicht, wenn das Fotomotiv nur ein Fleck auf einem weit entfernten Hügel ist.

Die Strecke zwischen dem Savage River und dem Polychrome Pass bei Meile 45,9 bietet sogar noch bessere Chancen, Tiere zu sehen. Gleich nach der Brücke über den **Sanctuary River** bei Meile 22 führt die Straße gen Süden und 27 Kilometer am Teklanika River entlang zum Sable Pass. Im Flusstal streift ein Wolfsrudel umher, zuweilen kommen die Wölfe bis an die Straße. Elche bevorzugen Teiche und das Weidendickicht der Auenwälder. An den Hängen sieht man häufig Dallschafe, ebenso an der Quelle, wo sie an mineralhaltigen Steinen lecken. Grizzlybären tauchen häufig unvermittelt auf – Muttertiere mit ihren Jungen sieht man regelmäßig am **Sable Pass** (Meile 39,1), wo auch eines der 14 Wolfsrudel im Park heimisch ist.

Die Tierwelt konkurriert oftmals mit der Landschaft um die Aufmerksamkeit der Besucher, doch das ändert sich spätestens, wenn die Straße vom East Fork Toklat River zum **Polychrome Pass** ❷ ansteigt. Wer nicht schwindelfrei ist, wird sich auf seinem Platz auf der Südseite womöglich nicht mehr wohl fühlen: Die schmale Straße führt an Schwindel erregend steilen Abgründen entlang, doch die grandiose Aussicht entschädigt für die Aufregung. Ganz entspannt kann man dann an der Raststation den Ausblick genießen: Der Blick reicht über Berge, Flusstäler und Gletscher zu den orange, gelb, rot, lila, schwarz und weiß gestreiften Ausläufern der Alaska Range, nach denen der Pass benannt ist.

Tiere und phantastische Landschaft pur und immer wieder Tiere sind auch auf den 32 Kilometern vom Polychrome Pass zum Eielson Visitor Center zu sehen. Mitten in der offenen Tundra erhebt sich der **Highway Pass** – mit 1213 Metern die höchste Stelle der Straße –, entsprechend spektakulär ist das Panorama. Außer den kreisenden Steinadlern sieht man in den Felsen womöglich auch ihre Beute: Pfeifhasen und Murmeltiere. Auf Kämmen und Schneebänken laufen zuweilen Karibus, die vor lästigen Mückenschwärmen fliehen.

Von der Veranda des **Eielson Visitor Center** ❸ *(Wegen Umbau geschlossen, Wiedereröffnung vermutlich im Sommer 2008 – mit Ausstellungen, Führungen und Info-Schalter.)* aus entfaltet der Mount McKinley seine ganze Pracht – vorausgesetzt, das Wetter spielt mit. Sommerliche Regenschauer sorgen für den Großteil der jährlich 410 Millimeter Niederschlag im Park. Auch an klaren Tagen verdecken Wolken oft seinen Gipfel. Wer das Glück hat, doch den Berg zu sehen, wird in Begeisterungsstürme ausbrechen.

Oben: Das Kantishna Roadhouse, eine der drei Lodges am Ende der Straße. Gegenüber: Wanderer auf dem Weg zum Polychrome Pass

Vom Eielson Center aus führt die Straße bergab zum Thorofare River, vorbei am Muldrow Glacier, und folgt dann dem McKinley River zum **Wonder Lake** ❹. In den Teichen an der Straße tummeln sich Elche, Biber, Bisonratten und Wasservögel. Bei Meile 84,6 nehmen die meisten Busse die Straße zum **Wonder Lake Campground**, einem herrlichen Platz zum Picknicken oder Wandern. Hier kommen die Besucher dem 43 Kilometer entfernt liegenden Mount McKinley am nächsten.

Ein paar Busse fahren weiter nach **Kantishna** ❺ (Meile 91), das eine Meile vor dem Ende der Straße liegt. Das Gebiet wurde im Zuge der Erweiterung 1980 in den Park aufgenommen, zusammen mit weiteren 1,7 Millionen Hektar Land. Ein paar Privat-Lodges, die es schon vorher hier gegeben hatte, sind noch immer die komfortable Alternative für alle Besucher, die nicht zelten wollen. ■

Nenana
191 B4
Visitor Information
Parks Hwy., Nenana
907/832-5435
Labor Day–Memorial Day Sa–So geschl.

Nenana

HEUTE LASSEN DIE MEISTEN, DIE AUF DEM PARK HIGHWAY unterwegs sind, die geschichtsträchtige Ortschaft Nenana (549 Einw.) links liegen. Der traditionelle Versammlungsplatz der Athabascan diente im frühen 20. Jahrhundert als Basisstation beim Bau der Alaska Railroad. 1923 schlug hier Präsident Warren G. Harding zur Feier der Fertigstellung des Schienenweges einen goldenen Schienennagel ein. Noch immer ist Nenana der Hafen für Schlepp- und Lastkähne, die die Flüsse Tanana River und Yukon River befahren, um die abgelegenen Ortschaften in der eisfreien Zeit zu versorgen.

Der Schleppkahn *Taku Chief* befuhr 30 Jahre lang die Flüsse Tanana und Yukon. Heute liegt er beim Besucherzentrum

Nenana Ice Classic

Seit 1917 wetten die Alaskaner, wann genau die Eisdecke auf dem Tenana River bei Nenana aufbrechen wird. Jeden Winter stellen die Bewohner Nenanas einen großen Dreifuß auf das Eis und ziehen von dort eine Schnur zu einer Uhr in einem Gebäude am Ufer. Wenn das Eis aufbricht – meist Ende April oder Anfang Mai –, fällt der Dreifuß um und hält die Uhr an: Die Gewinnerzeit steht fest. Zwischen 1. Februar und 5. April werden in ganz Alaska 300 000 Wettscheine zu je 2,50 Dollar verkauft (*www.nenaakiceclassic.com*). 51 Prozent des Geldes bekommt der Gewinner, 49 Prozent (abzüglich der Verwaltungskosten) gehen an wohltätige Einrichtungen. ■

Gleich hinterm Highway steht das Besucherzentrum, eine Holzhütte mit Grasdach. Daneben liegt die farbenfrohe *Taku Chief*, ein Schleppkahn, der über 30 Jahre lang die Flüsse befuhr. Ein paar Blocks die A Street hinunter findet man neben Läden auch das **Rough Woods Inn** *(2nd St. & A St., Tel. 907/832-5299)*. Das Café ist für seinen Kuchen und als Heimat der Alaskan Wood Carvers bekannt.

An der Kreuzung A Street und Front Street befindet sich im Bahnhof (*depot*) von 1922 das kleine **Alaska State Railroad Museum**. Neben Eisenbahn-Exponaten zeigt es Objekte zur Geschichte der Ureinwohner und des Goldrausches. Zu sehen ist u. a. ein Foto von Frank Bateau in Hundegeschirr, der seinen eigenen Schlitten zieht: Er konnte den Gedanken nicht ertragen, dass Hunde ihn auf seinem Weg aufhalten könnten.

Vier Blocks östlich, am Tanana-Ufer, liegt das **Alfred Starr Nenana Cultural Center** *(415 Riverfront, Tel. 907/832-5520, Winter geschl.)* von 1998, das die Geschichte der hiesigen Urbevölkerung und Kultur präsentiert. Von der Terrasse lassen sich Kähne beobachten, die bis zu 2250 Kilometer weit fahren, um abgelegene Dörfer mit Lebensmitteln und anderen notwendigen Gütern zu versorgen. Flussaufwärts holen Schöpfräder Fische aus den Flüssen. ■

Nenana City Office
www.nenana.org
907/832-5441

Fairbanks

Im Golden Heart Park erinnert *The First Unknown Family* an die ersten Menschen, die über die Bering-Landbrücke von Asien nach Alaska kamen

FAIRBANKS IST EIN WICHTIGES DIENSTLEISTUNGSZENTRUM und die De-facto-Hauptstadt Zentralalaskas. Obwohl Fairbanks die zweitgrößte Stadt Alaskas ist, leben doch nur 29 954 Einwohner im Ort – was in dieser weiten, dünn besiedelten Region allerdings sehr viel ist. In Fairbanks hat die größte Universität der Region ihren Sitz, es gibt große Einkaufszentren, wichtige Festivals und viele kulturelle Einrichtungen. Die Stadt ist insgesamt kompakt, und die Wildnis beginnt unmittelbar hinter der Stadtgrenze ein Phänomen, das man in anderen Städten selten antrifft.

Fairbanks liegt am Chena River, unweit des Zusammenflusses mit dem mächtigen Tanana River und den Stätten des Goldrauschs an der Wende zum 20. Jahrhundert. Die Lage der Stadt wurde dennoch willkürlich gewählt. Der Stadtgründer, Bürgermeister und berüchtigtes (einige sagen, kriminelles) Schlitzohr Capt. E.T. Barnette wollte 1901 eigentlich weiter flussaufwärts am Tanana River einen Handelsposten gründen, doch der Raddampfer mit Barnette und seiner Ausrüstung an Bord kam nicht so weit. Barnette musste im Nirgendwo an Land gehen – genau an der Stelle, an der das heutige Stadtzentrum liegt. 1902 fand man in der Gegend Gold, und der Goldrausch verwandelte Barnettes Handelsposten innerhalb von drei Jahren in eine blühende Stadt mit Elektrizität, Schulen, Polizei und Feuerwehr, Bücherei, einem dreistöckigen »Wolkenkratzer« und 33 Saloons auf einem vier Block großem Areal. Auch nach dem Goldrausch blieb Fairbanks die wichtigste Stadt Zentralalaskas.

Der Stadtrundgang beginnt am **Chena River** im **Log Cabin Visitor Information Center**, einer alten Hütte aus Weißfichten

Fairbanks
191 B4
Visitor Information
www.explorefairbanks.com
550 1st Ave.
907/456-5774 oder 800/327-5774

mit Grasdach im Schatten der Cushman Street Bridge. Das Stadtzentrum (Downtown) eignet sich gut zum Bummeln, zwischendurch laden die Restaurants auf der Flussterrasse zu einem Essen im Freien an – jedenfalls an einem sonnigen Tag im Sommer. Ungemütlicher ist es an einem Februartag, wenn die Höchsttemperatur bei -34 °C liegt. Vom Besucherzentrum geht es zum benachbarten Golden Heart Park, dann überquert eine Fußgängerbrücke den Chena River. Alternativ bietet sich die die First Avenue an, die am Fluss entlang verläuft. Wer die Stadt vom Wasser aus genießen will, kann sich ein Kajak ausleihen und durch Downtown Fairbanks paddeln.

Viele Besucher erkunden Fairbanks und den Chena River mit den Heckraddampfern ***Discovery II*** und ***III*** *(1975 Discovery Dr., zwei Blocks nördlich vom Flughafen, Tel. 866/479-6673, www.riverboat discovery.com, Mitte Sept.–Mitte Mai geschl.)*. Auf der 3,5-stündigen Fahrt durch die Stadt und ihr Umland lernt man einige Traditionen Alaskas kennen, erlebt etwa eine Schlittenhunde-Vorführung, eine Buschflieger-Show und eine Führung durch das **Chena Indian Village**.

Der kälteste Ort der Stadt während des Sommers ist das **Fairbanks Ice Museum** *(500 2nd Ave., Tel. 907/451-8222, www.ice museum.com)* mit einem auf -7 °C gekühlten Raum, in dem kreative Eisskulpturen zu sehen sind. Doch keiner muss frieren: Der Zuschauerbereich ist geheizt. Jedes Jahr im März trägt die Stadt die **World Ice Art Championships** *(www.icealaska.com)* aus, bei denen Künstler aus aller Welt realistische und abstrakte, teilweise über sechs Meter hohe Eisfiguren schaffen. Die schönsten werden dann über den Sommer im Museum ausgestellt. Ein Film zeigt außerdem die Entstehung der Skulpturen.

Westlich des Zentrums, am Südufer des Chena, liegt der **Pioneer Park** (die Einheimischen nennen ihn immer noch so) *(2300 Airport Way, Tel. 907/459-1087, www.co.fairbanks.ak.us/Parks&Rec/Pioneer Park)*. Der bis 2001 unter dem Namen Alaskaland

Skulpturen der World Ice Art Championships sind im Sommer im gekühlten Fairbanks Ice Museum zu besichtigen

laufende, 18 Hektar große Park ist eine Mischung aus Geschichtsmuseum, Themenpark, Gemeindezentrum, Touristenfalle und Stadtpark. Das Alaska Native Village & Museum zeigt Exponate aus der Ära der Athabascan. Für die Zeit der ersten Siedlungen stehen die Pioneer Hall, das Wickersham House (Wohnhaus von James Wickersham, Alaskas erstem Bezirksrichter), ein umgebauter Eisenbahnwagon (in dem einst Präsident Harding fuhr), das Pioneer Art Museum. Die Rusty-Heurlin-Ausstellung bietet außerdem eine Führung zum Thema Goldrausch. Das historische Highlight ist aber der restaurierte Heckraddampfer *Nenana*, der von 1935 bis Mitte der 1950er Jahre den Yukon River befuhr.

Daneben gibt es im Pioneer Park so gut wie alles: Kunstgalerien, eine Lachsbraterei, ein Karussell, einen Minigolfplatz, einen Platz, an dem man Goldwaschen darf, eine Kirche, Picknickplätze, ein Theater mit 384 Sitzplätzen, einen Saloon, einen Tanzsaal, einen Fahrradverleih, eine Eisenbahn, Lokale und Souvenirläden.

Mitten in Fairbanks, zwischen Läden und Malls, liegt eine rund 650 Hektar große Oase, das **Creamer's Field Migratory Waterfowl Refuge** *(Farmhouses Visitor Center, 1300 College Rd., Tel. 907/452-5162, www.creamersfield.org)*. Auf ihren Frühlings- (April/Mai) und Herbstzügen (Aug./Sept.) rasten hier Enten, Gänse und Schwäne vor ihrem Weiterflug. Von den angelegten Wegen und Plattformen aus sowie durch ein Teleskop am Besucherzentrum lassen sich die Wasservögel beobachten. Wenn Tausende Kanadagänse im Schutzgebiet einfallen, wissen die Einheimischen, dass der Frühling begonnen hat. Auch die 1,20 Meter großen Kanadakraniche sieht man hier, vor allem beim Annual Tanana Valley Sandhill Crane Festival im August. Mit Glück erspäht man auch einige der Fressfeinde der Wasservögel, z. B. Wanderfalken und Rotfüchse.

Fünf leichte Wanderwege, die ganz unterschiedlich lang sind (0,4–3,2 km), führen tiefer ins Reservat hinein. Auf dem **Seasonal Wetlands Trail** sieht man Vögel und Waldfrösche, auf dem **Farm Road Trail** Waldmurmeltiere, jagende Kornweihen (Greifvögel) und Buntfalken. Der **Boreal Forest Trail** *(Broschüre im Besucherzentrum)* führt durch die Taiga. Zu sehen sind Hasen, Elche und viele Blumen, darunter Wildrosen,

Das luftige, hohe Gebäude des erweiterten Museum of the North spiegelt Alaskas großartige Landschaften wider

Kanadischer Hartriegel, Veilchen und die Orchidee Calypso bulbosa. In der Südwestecke des Reservats befindet sich das Besucherzentrum des **Alaska Bird Observatory** *(Tel. 907/451-7159, www.alaskabird.org)*, das hier eine Beringungsstation für Vögel betreibt. Auf telefonische Anmeldung hin kann man eventuell an einer Beringungs-Demonstration teilnehmen oder den örtlichen Biologen bei einem Rundgang begleiten.

UNIVERSITY OF ALASKA

Unter dem Dach der University of Alaska in Fairbanks finden sich einige Attraktionen. Die bekannteste ist das angesehene **Museum of the North** *(907 Yukon Dr., Tel. 907/474-7505, www.uaf.edu/museum, $$)*. Vom Museumseingang reicht der Blick an klaren Tagen bis zur Alaska Range am Horizont. Auch der 250 Kilometer entfernt liegende McKinley ist an solchen Tagen zu sehen.

Auffallend ist die schöne weiß schimmernde gewellte Fassade. Die ungewöhnlich moderne Architektur (das Museum wurde zwischen 2002–2005 großzügig erweitert) erinnert an zerklüftete Berge mit Gletschern und Nordlichtern und an den Schwanz eines Wals.

Im erweiterten Innenbereich können nun auch lange in den

Der Raddampfer *Discovery* II fährt auf dem Chenan River, vorbei an Fairbanks und seinem Umland

Archiven liegende Schätze gezeigt werden. Die neue **Rose Berry Alaska Art Gallery** mit hoher Decke und geschwungenen Wänden erinnert an eine Gletscherspalte.

Hier werden Kunstwerke der Indianer und klassische Alaska-Landschaften präsentiert. Neu ist auch das **Arnold Espe Auditorium**, das ab 2007 zwei Multimedia-Präsentationen zeigen wird: *Dynamic Aurora* (über das Polarlicht) und *Northern Inua* (über Sportler bei den World Eskimo Indian Olympics).

Aber auch die älteren Teile des Museums sind sehenswert: Die **Gallery of Alaska** zeigt den eigentlichen Kern der Museumssammlung. Jeder schaut ehrfürchtig auf Otto, den 2,70 Meter großen, 560 Kilogramm schweren – freilich ausgestopften – Braunbären am Eingang. Dahinter liegen fünf Räume, die die Kultur- und Naturgeschichte, Kunst und Gegenwart in jeweils einer der fünf geographischen Regionen Alaskas zum Thema haben. In der **Western & Arctic Coasts Gallery** steht ein *Inupiaq umiak* – ein Boot aus Walrosshaut, dazu wird ein Video über Eskimos im *umiak* bei der Jagd auf Wale vorgeführt.

Daneben werden die Bronzeskulptur eines Eisbären und die »Dinosaurs of Alaska« gezeigt. Es handelt sich dabei um die weltweit größte Sammlung an Dinosauriern und verwandten Wirbeltieren aus den nördlichen Breiten. Alle Regionalgalerien zusammen bieten einen guten Überblick über Alaska.

Auf dem Campus der Universität liegt auch der **Georgeson Botanical Garden** *(117 W. Tanana Dr. auf der Westseite des Campus, Tel. 907/474-1944, www.uaf.edu/snras/gbg, im Winter geschl.)*. Zwar zieht vor allem das florale Feuerwerk die Besucher in den Garten, aber interessanter ist die Tatsache, dass dies der nördlichste botanische Garten der Welt ist. Hier wird erklärt, wie sich Alaskas Pflanzen an die Bedingungen im Land der Mitternachtssonne und die bitterkalten Winter anpassen.

Wer ab Mitte Juli durch den Garten wandert, kann 14 Kilogramm schwere Rüben, Gurken in der Größe von Drittklässlern, 36 Kilogramm schwere Kohlköpfe und anderes Monstergemüse bestaunen: Sie alle verdanken ihre Größe den täglichen 21 Sonnenstunden während des Polarsommers.

Kanadakraniche gehören zu den vielen Vogelspezies, die im Creamer's Field Migratory Waterfowl Refuge Halt machen

Im Sommer bietet die Universität Führungen durch einzelne Forschungseinrichtungen. Das **Geophysical Institute** *(903 Koyukuk Dr. auf der Westseite des Campus, Tel. 907/474-7558, www.gi.alaska.edu)* informiert über das Polarlicht (Aurora Borealis) und über Erdbeben. Im **International Arctic Research Center** *(Westseite des Campus, Tel. 907/474-2484, www.iarc.uaf.edu)* werden die möglichen Folgen der Erderwärmung auf Alaska und andere nördliche Länder erläutert. Am beliebtesten ist aber die Führung durch die LARS, die **Large Animal Research Station** *(2220 Yankovich Rd., nördlich vom Campus, Tel. 907/474-7207, www.uaf.edu/lars)*. Die Station hält – 320 Kilometer vom Polarkreis entfernt – Karibus, Rentiere und Moschusochsen zu Forschungszwecken. Besucher haben in der Zuchtstation die einzigartige Möglichkeit, die faszinierenden Bewohner des hohen Nordens von nahem zu betrachten. Sie können den Experten Fragen stellen und lernen viele Details über die Tiere.

Besucher erfahren, dass Karibus und Rentiere zur selben Spezies gehören, aber dass sich nach 10 000 Jahren Trennung (die Karibu leben in Nordamerika, die Rentiere in Europa) Unterschiede herausgebildet haben: So sind Karibus größer, dafür haben Rentiere mehr weiße Flecken. Beide haben Haare, die innen hohl sind und in der bitteren Kälte isolierend wirken und den Tieren beim Durchqueren von Flüssen den nötigen Auftrieb verleihen. Das beim Laufen hörbare Klicken sowohl der Rentiere als auch der Karibus verursacht eine Sehne, durch die sie auf langen Märschen Kraft sparen.

Die Moschusochsenbullen der Station sind bis zu 315 Kilogramm schwer und sehr angriffslustig – zuweilen gehen sie sogar auf Jeeps los, weshalb die LARS-Mitarbeiter das Gehege nur mit einem großen Traktor befahren. Die kleinen Kälber sind hingegen so nett wie alle Jungtiere.

Die Muttertiere säugen ihren Nachwuchs noch als 90 Kilogramm schwere Einjährige. Das ist nicht ohne Risiko: Die Zitzen der Moschusochsenkuh liegen in tiefen Falten, und wenn ein stämmiger 180-Pfünder daran nuckelt, hebt er zuweilen die Hinterläufe seiner Mutter hoch.

SCHLITTENHUNDE

In Fairbanks kümmern sich verschiedene Organisationen um Schlittenhunde. Eine der besten Vorführungen bietet Mary Shields mit ihren Hunden. Das zweistündige Programm nennt sie **Alaskan Tails of the Trail** *(Informationen unter 907/457-1117, www.maryshields.com)*. Shields beendete als erste Frau das aufreibende, 1690 Kilometer lange Schlittenhunderennen Iditarod und reiste mit ihren Hunden in ganz Alaska und sogar in Sibirien umher.

Bis zu 20 Besucher führt sie jeweils durch die Hundezwinger und zu ihrem eigenen Holzhaus, wo sie den Gästen über die Schlittenhunde und ihre Leidenschaft plaudert. ■

Chena Hot Springs Road

Heiße Quellen erwarten müde Autofahrer am Ende der Straße

DIE 91 KILOMETER LANGE CHENA HOT SPRINGS ROAD führt durch einzigartige Landschaften, entlang der Straße sind immer wieder Wildtiere zu sehen. Zwei weitere Gründe sprechen für die Straße: Die heißen Quellen am Ende des Highways mit dem Resort, das sich rund um die Quellen entwickelt hat, und die Chena River State Recreation Area. Das 102 870 Hektar große Schutzgebiet besteht aus Wald, Bergen, Flüssen und Tundra und begleitet die Autofahrer auf etwa der Hälfte der Gesamtstrecke.

Die Chena Hot Springs Road zweigt nördlich von Fairbanks vom Steese Highway (siehe S. 211f.) ab. Die ersten Kilometer sind nett, aber nicht berauschend: Landhäuser, landwirtschaftliche Höfe, Wälder, ein paar Bäche. Bei Meile 26,1 beginnt die **Chena River State Recreation Area.** 1,5 Kilometer weiter liegt der Rosehip State Campground, der erste von drei Campingplätzen in der Recreation Area. Auch wer an diesem hübschen Platz am Fluss nicht zelten will, sollte auf dem kurzen **Rosehip Campground Nature Trail** wandern: Infotafeln informieren über die Vegetationsabfolge im Wald oder über die Erosion von Flüssen, außerdem lassen sich hier gut Wildtiere beobachten.

Bei Meile 38, einen Steinwurf von der First Bridge entfernt, kommt ein Rastplatz mit Picknicktisch in Sicht. Hier lassen viele Wassersportler ihre Kajaks und Kanus zu Wasser. Doch auch an vielen anderen Plätzen bieten sich Gelegenheiten, eine Kanutour zu starten. Die oberen Abschnitt des Chena River bieten Stromschnellen der Klasse II, dieser untere Abschnitt ist jedoch recht sanft. Dennoch muss man vorsichtig sein, da die Strömung heftig sein kann, das Wasser kalt ist und häufig Bäume die Strecke blockieren. Paddler sehen unterwegs oft Elche und Biber –

Chena River State Recreation Area

www.dnr.state.ak.us/parks /units/chena

191 B4–C4

Mile 26.1 Chena Hot Springs Rd.

907/451-2705

immer aber Spuren von Bibern sowie ihre Dämme oder Gänge.

Bei Meile 39, gleich hinter der Second Bridge, liegt der Tors Trail State Campground. Die Zeltplätze am Flussufer, unter Fichten und Birken, sowie ein weiterer guter Startpunkt für Bootstouren sind einer der Gründe, hier zu halten, die Hauptattraktion ist aber der **Granite Tors Trail**. Konditionsstarke Wanderer bewältigen den mittelschweren bis schweren Rundweg (24 km) an einem Tag, viele übernachten aber unterwegs. Der Weg beginnt im Wald und zieht sich dann über offene Bergtundra – mit Wildblumen im Vordergrund und gewaltigen Bergen als Kulisse dahinter. Mancherorts ist der Weg nicht klar zu erkennen, und man muss sich an Steinhaufen orientieren, was bei Nebel oder Regen ein Problem werden kann. Auf halber Strecke überquert man die **Plain of Monuments**, eine Tundraebene voller Felstürme *(tors)*. Die Granitformationen sind bis zu 30 Meter hoch und bildeten sich vor zig Millionen Jahren unter der Erdoberfläche und wurden durch Erosion an die Oberfläche gebracht.

Nach dem Campingplatz folgt die Straße dem Fluss gen Norden, vorbei an Teichen und Sumpfland mit Elchen, Bibern und Bisamratten. Bei der Fourth Bridge (um die Meile 49) führt eine kurze Seitenstraße zum Parkplatz des **Angel Rocks Trail**, einem schönen Rundweg (5,6 km) mit massiven Felstürmen. Wer sich auspowern möchte, biegt nach drei Kilometern auf den **Angel Rocks to Chena Hot Springs Trail** ab. Dieser führt zu einem Gebirgskamm und passiert Steinhaufen um Steinhaufen. Der Panoramablick ist phantastisch – wie auch die Aussicht auf das Ende des Weges im **Chena Hot Springs Resort**, wo die müden Knochen sich entspannen können.

Ein Bad im Rock Lake, in der Wanne oder im Hallenbad ist ein Muss, aber das Resort bietet auch Hütten, Zeltplätze, ein Restaurant, Rafting- und Mountainbiketouren, Hundeschlittenfahrten, Angelausflüge, Goldwaschen, Kanutouren und das **Aurora Ice Museum**. Hier ist alles – Möbel, Trinkgläser, sogar der Tresen – aus Eis. Die meisten Besucher fahren weiter zu den heißen Quellen bei Meile 56,6. ■

Oben: Hier hat jemand das Stoppschild zum Zielschießen missbraucht.

Rechts: Ein Wanderer genießt die Szenerie in der Chena Hot Springs Recreation Area

Chena Hot Springs Resort
www.chenahotsprings.com
191 C4
Mile 56.6 Chena Hot Springs Road
907/451-8104 oder 800/478-4681 (nur von USA aus)

Steese Highway

Weit nach Mitternacht geht die Sonne über dem Steese Highway unter

SCHÖNE LANDSCHAFTEN, TIERE IN FREIER WILDBAHN, GEschichte, Ortschaften im Busch, heiße Quellen – der Steese Highway, der von Fairbanks nach Circle im Nordosten verläuft, bietet viele Überraschungen. Die ersten 85 der insgesamt 260 Kilometer sind geteert, die nächsten 118 zumeist geschottert, aber breit, und die restlichen 57 Kilometer dann schmal und kurvenreich. Auf knapp 190 Kilometern gibt es keine Tankstelle, alle Autofahrer sollten also vor der Abfahrt und dann nochmals vor der Rückfahrt in Central oder Circle voll tanken.

Die Fahrt auf dem Steese durch die Hügel- und Berglandschaft Zentralalaskas ist vor allem im Herbst, also Ende August bis Anfang September besonders schön, denn dann färben sich die Tundra und die Bäume gelb und rot. Nach den ersten Kilometern in der Stadt liegt bei Meile 8 ein Parkplatz der **Trans-Alaska-Ölpipeline** *(Tel. 907/278-1611, www.alyeska-pipeline.com)*, zu der man hochsteigen kann. Das Besucherzentrum ist nur im Sommer geöffnet.

Eine Meile danach kommt die Ausfahrt zur **Gold Dredge No. 8** *(1755 Old Steese Hwy. N, Tel. 907/457-6058, www.golddredgeno8.com)*. Die Goldstream Road, auf die man links vom Highway abbiegt, und der Old Steese Highway (nochmals links abbiegen) führen zur Schürfanlage. Von der Errichtung 1928 bis zu ihrer »Pensionierung« im Jahr 1959 kroch der 76 Meter lange, fünf Stockwerke hohe Bagger über den Boden, schuf sich seinen Wasserkanal und bearbeitete Unmengen von Gestein. Insgesamt förderte die Anlage über 210 Millionen Gramm Gold. Die Förderanlage ist zwar in Privatbesitz, doch die Parkaufsicht erklärte sie zum National Historic Mechanical Engineering Landmark.

Weitere Zeugen der »goldenen Ära« warten bei Meile 28 im **Chatanika Gold Camp** *(Tel. 907/389-*

Upper Chatanika River State Recreation Site

191 B4–C4

907/451-2705 (Alaska Dept. of Natural Resources PIC, Fairbanks)

INFORMATIONEN ÜBER WANDERWEGE
Über Davidson Ditch, Nome Creek Valley Gold Panning, Twelvemile Summit, Pinnell Trail und Eagle Summit informiert das Alaska Bureau of Land Management, www.ak.blm.gov, Tel. 907/474-2251 (Northern Field Office, Fairbanks)

Eine der historischen Schürfanlagen in Zentralalaska, die einst Gold förderten

2414, www.fegoldcamp.com): Hier hatte die historische Fairbanks Exploration Company in den 1920er Jahren ihr Camp. Heute finden sich hier ein rustikales Restaurant, eine Bar und ein Hotel. Sonntags heizt das Personal fürs Frühstücksbuffet einen großen Kohleofen an.

800 Meter weiter auf dem Highway steht die **Chatanika Lodge** *(Tel. 907/389-2164)* – sie ist Motel, Laden, Restaurant und Saloon zugleich. Eingang und Wände zieren unzählige Jagdtrophäen.

Auf den folgenden Kilometern folgt die Straße dem schönen Chatanika River, einem beliebten Kanufluss (Klasse II) ohne Stromschnellen. Die **Upper Chatanika River State Recreation Site** bei Meile 39 bietet gute Möglichkeiten, die Boote zu Wasser zu lassen. Längere Kanutouren können weiter flussaufwärts beginnen; den Wasserstand gibt das Büro des Department of Natural Resources in Fairbanks bekannt.

Gräben sind eher selten eine Touristenattraktionen, doch die **Davidson Ditch Historical Site** bei Meile 57,3 ist einen Stopp wert. Der 1925 angelegte, 134 Kilometer lange Kanal versorgte die schwimmenden Goldschürfanlagen der Gegend mit bis zu 212 000 Litern Wasser in der Minute. Von der gleichen Abfahrt (U.S. Creek Road) können Allradwägen über steile Hügel hinweg zur elf Kilometer entfernten **Nome Creek Valley Gold Panning Area** fahren, einem von mehreren Plätzen am Steese, wo sich jeder im Goldwaschen versuchen kann.

Wanderer gelangen bei Meile 85,5 über den 972 Meter hohen **Twelvemile Summit Wayside** zu einem der schönsten Wanderwege Alaskas, dem **Pinnell Mountain National Recreation Trail**. 43 Kilometer lang führt er durch Bergtundra und über Bergkämme mit phantastischen Fernblicken auf die White Mountains sowie die Alaska und Brooks Ranges. Endpunkt ist der Parkplatz bei Meile 107,5 am Steese Highway. Großartige Wildblumen wachsen auf dem **Eagle Summit**, knapp 800 Meter vom Parkplatz entfernt.

Die Ortschaft **Central** (102 Einw.) bei Meile 127,5 versorgt den Bergbaubezirk ringsum sowie Reisende mit allem Notwendigem. Das dortige **Circle District Historical Society Museum** *(Tel. 907/520-5312)* informiert über die Naturgeschichte und den historischen und heutigen Bergbau.

Der Steese endet im noch kleineren **Circle** *(Visitor Information: Yukon Trading Post, Tel. 907/773-1217; HC Company Store, Tel. 907/773-1222)* am Westufer des Yukon. Hier legen im Sommer Schiffe und Jetboote ab. ■

Elliott Highway

DER ELLIOTT HIGHWAY, DER ÜBER HÜGEL UND BERGKÄMme verläuft, bietet Aussicht auf Taiga, Berge, Flüsse und Tiere in freier Wildbahn. Der Highway beginnt 18 Kilometer nördlich von Fairbanks an der Kreuzung mit dem Steese Highway unweit der Ortschaft Fox und führt 245 Kilometer in die Wildnis. Die ersten 118 Kilometer bis zur Kreuzung mit dem Dalton Highway sind geteert, die restlichen 127 Kilometer eine schmale, kurvige Schotterstraße. Tanken kann man bei Meile Fox 66 und am Ende des Highways.

191 A4–B4

Karibus sind nicht die einzige Spezies, deren Wanderrouten durch Zentralalaska führen

Wie verlassen die Gegend ist, beweist das Schild für Olnes City (1 Einw.) bei Meile Fox 9. Olnes hätte wohl nirgends sonst sein eigenes Ortsschild – hier ist es die drittgrößte Ortschaft am Highway. (Die größte, Manley Hot Springs, ist eine »Metropole« mit 73 Bewohnern.)

Wer wandern will, fährt bei Meile Fox 27,7 zum **Wickersham Dome Trailhead** *(Kontakt: Fairbanks BLM Office, Tel. 907/474-2200)* ab. Der Pfad führt zum Wegenetz der **White Mountains National Recreation Area**. Schon ein 20-minütiger Spaziergang bringt den Wanderer über die Baumgrenze zu Blumenwiesen und herrlichen Panoramaaussichten. Ein Großteil der Fahrstrecke liegt ebenfalls oberhalb der Baumgrenze – somit ist die Aussicht garantiert.

Bei Meile Fox 66 liegt das kleine Livengood (29 Einw.), eine alte Bergbausiedlung. Elf Kilometer weiter zweigt der Dalton Highway gen Norden ab – der Elliott wendet sich dagegen in südwestliche Richtung. Hinter Meile Fox 85 öffnet sich die Landschaft: Der Blick fällt auf die White Mountains, den Tanana River, die Minto Flats und die Alaska Range.

Am Ende der Straße liegt **Manley Hot Springs**. Der Kurbetrieb wurde eingestellt, aber noch immer kann man in den heißen Quellen in der Nähe des Campingplatzes baden. Das Dorfleben spielt sich im alten **Manley Roadhouse** *(Tel. 907/672-3161)* ab, das seit 1906 Anwohner und Reisende verköstigt. Hütten können zum Übernachten gemietet werden, danach steht nichts mehr einem Bier und einem Plauderstündchen im Weg. ■

Weitere Sehenswürdigkeiten

CHICKEN

Hunderte von Kilometern tief in Alaskas Hinterland liegt Chicken, ein exzentrisches Dörfchen mit 21 Einwohnern. Im Sommer, wenn die Bergleute einfallen, steigt die Einwohnerzahl auf das Dreifache. Der Ort soll 1903 als Ptarmigan gegründet worden sein, die Bewohner änderten den Namen jedoch in Chicken (ein Synonym für Ptarmigan), weil es leichter auszusprechen ist. Es gibt kein Telefon (und nur bedingten Handyempfang) und keine Spültoiletten, aber ein Postamt, in das dienstags und freitags Post geliefert wird. Im **Chicken Mercantile Emporium** gibt es Sue Wirens berühmte Zimtbrötchen, Kuchen und – natürlich – Hühnersuppe. Zu den Sehenswürdigkeiten zählt die **Pedro Dredge No. 4**. Wem der Anfahrtsweg zu lang ist, kann die NSFAQ (not-so-friendly asked questions) auf Chickens farbenfroher Website *(www.chickenalaska.com)* lesen. Das Chicken Center *(www.chickenak. com)* informiert über Ortsführungen. 🅼 191 C3

Die Ortschaft Chicken hoch am Taylor Highway besteht aus nur wenigen Gebäuden

DENALI STATE PARK

Der 131 720 Hektar große Park steht zwar im Schatten seines berühmten Nachbarn im Norden, verdient aber durchaus Beachtung. An klaren Tagen bietet er fabelhafte Sicht auf den Mount McKinley und die Alaska Range mit ihren schneebedeckten Gipfeln. Die Ausblicke auf die Berge von den Rastplätzen bei Meile 134,7 und 162,4 am Parks Highway (der von Meile 132,2 bis 168,5 den Park durchschneidet) gelten als die besten.

Durch den Park führen mehrere Wanderwege, von denen einige auf Rucksack-Wanderer ausgerichtet sind. Aber auch Tagesausflüge sind möglich, indem man einen Teil der längeren Wanderwege hin- und zurückläuft, z. B. die ersten knapp fünf Kilometer des **Little Coal Creek Trail**, der am Parkplatz bei Meile 163,8 des Highways beginnt. Eine schöne und leichte Tageswanderung ist auch der 7,7 Kilometer lange **Byers Lakeshore Loop** vom Byers Lake Campground um den See herum. 400 Meter nördlich vom Byers Lake liegt die **Alaska Veterans Memorial/POW-MIA Rest Area**, deren Besucherzentrum in den Sommermonaten besetzt ist.
🅼 191 A2 ✉ Alaska State Parks, Mat-Su/CB Area ☎ 907/745-3975, www.dnr.state. ak.us /parks/units/denali1.htm ■

The Bush, wie er kurz genannt wird, steht für wilde Natur und kleine Dörfer abseits der Städte, der Straßen und der Fähren. Diesen Teil Alaskas sehen nur die wenigsten Touristen.

Alaskan Bush

Ein Walrossschädel zwischen Wildblumen in der Tundra der entlegenen Pribilof Islands

Walrossversammlung im Walrus Islands State Game Sanctuary in Bristol Bay bei Dillingham

Alaskan Bush

REISENDE KÖNNEN IM DENALI TIEF IN DIE WILDNIS VORDRINGEN, ABseits der Straßen erreichen sie an Bord staatlicher Fähren entlegene Orte in Südostalaska. Und mit dem Flugzeug fliegen sie in Ortschaften wie Unalaska auf den einsamen, 800 Kilometer vom Festland entfernt liegenden Aleuten. Für Europäer liegen solche Orte schon sehr abgelegen – der Norden und Nordwesten des Bundesstaates ist noch viel wilder und einsamer als alle oben genannten Gebiete Alaskas.

Hogatza, die Kilbuck Mountains, Flat, Kogoluktuk River, Sleetmute, Marys Igloo, Platinum, Thunder Mountain, Olikok Point, Red Devil, Shaktoolik – das alles sind wildromantische Orte, von denen nur wenige jemals etwas gehört haben und die noch weniger jemals gesehen haben. Es sind ausgedehnte Landschaften, in denen es mehr Grizzlybären, Elche und Wölfe als Menschen gibt. In den meisten Siedlungen leben 200 bis 300 Ureinwohner (Natives) und vielleicht eine Hand voll Zugezogener.

Viele Bewohner des hohen Nordens und Westens sind Selbstversorger: Sie jagen Elche, Walrosse, Karibus, Gänse, Weißwale, Bären, Enten, Seehunde und Grönlandwale; sie fangen Biber, Nerze, Otter, Vielfraße und Hasen. Sie sammeln Beeren und wilde Zwiebeln, und sie fischen und angeln nach fast allem, was ihnen an den Haken kommt. Viele verdienen ihr Geld als Berufsfischer, Jagd- und Angelführer, Feuerwehrmänner, Bergarbeiter, als Regierungsangestellte oder als Künstler.

Die Region besitzt keine natürlichen Grenzen: Sie umfasst grob die westliche Hälfte des Festlandes und den nordöstlichen Quadranten Alaskas und nimmt damit ungefähr drei Viertel Alaskas ein. Dieses riesige Hinterland setzt sich aus vielen Ökosystemen zusammen, die sich jedoch in zwei von Bergketten gesäumten Großlandschaften unterteilen lassen: Tundra und Taiga. Hinzu kommt die lang gestreckte Küste am Beringmeer, an der Chukchi Sea (Tschuktschensee) und an der Beaufort Sea (Beaufortsee), einem Teil des Nordpolarmeeres (Arctic Ocean).

Dieser Teil Alaskas ist weder durch Straßen noch durch Eisenbahnen mit dem Rest des

Landes verbunden. Eine Ausnahme bildet der Dalton Highway, der für die Versorgung der arktischen Ölfelder in der Prudhoe Bay gebaut wurde. Die Menschen fahren mit dem Boot die Küste entlang oder über die Flüsse und bewegen sich so auch durch die gewaltige Wasserfläche des Yukon-Kuskokwim-Deltas. Ansonsten sichern kleine Propellerflugzeuge die Verbindung zur Außenwelt.

Reisende kommen in der Regel per Flugzeug: Täglich starten Flugzeuge von Anchorage in einige der größeren Ortschaften in Alaskas Outback. Die Autofahrt über den Dalton Highway oder das Flugzeug sind die preisgünstigsten Möglichkeiten, in den unzugänglichen Norden und Westen Alaskas vorzudringen. Viele Gebiete sind aber auch mit dem Boot zugänglich.

Die größeren Ortschaften bieten Unterkünfte, Restaurants und Lebensmittelgeschäfte und organisieren Ausflugstouren, die meistens auf Fischer und Jäger zugeschnitten sind. ■

Dillingham
217 B1

Visitor Information
www.dillinghamak.com
Seward & D Sts.
907/842-5115
Sa–So geschl.

Dillingham und Umgebung

WER FISCH MAG, FÜR DEN IST DILLINGHAM GENAU DER richtige Ort. Hier befindet sich der Hafen für die kommerzielle Sockey-Fischerei in der Bristol Bay. Dillingham bietet überdies ausgezeichnete Angebote für Sportfischer: Überall gibt es Angelführer, Charterboote und in der Wildnis gelegene Fischerhütten. Die Stadt hat aber auch für Nichtangler einiges zu bieten, denn von hier aus lassen sich Exkursionen in die unberührte Natur unternehmen. Obwohl Dillingham zunächst einmal eine Arbeiterstadt ist, bietet es den Reisenden doch einfache Einrichtungen wie Hotels, Restaurants und Geschäfte.

Ein männliches Walross präsentiert seine mächtigen Zähne, mit denen es Mollusken aus dem Ozeanboden gräbt

Togiak National Wildlife Refuge
http://togiak.fws.gov
217 A2
Information:
6 Main St., Kangiiqutaq Bldg.
907/842-1063

Der Ortsrundgang beginnt an der Bibliothek an der Ecke von Seward Street und D Street. Im gleichen Gebäude wie die Bibliothek befinden sich auch das Visitor Center und das **Sam Fox Museum** (Tel. 907/842-5610, Sa–So geschl.). Das kleine Museum zeigt Exponate zur Lokalgeschichte, vor allem der der Yupik-Eskimos. Es dient auch als Kunstgalerie, in der traditionelle und zeitgenössische Kunst ausgestellt wird. Besucher können geschnitztes Elfenbein, Masken, Eskimopuppen, Kunst und Kunsthandwerk in mehreren Läden des Ortes kaufen.

Nur wenige Schritte sind es zum **Hafen**, der für das moderne Dillingham steht. Dort liegen Hunderte kleine Fischerboote. Wer mehr über die Industrie vor Ort erfahren möchte, kann sich im Visitor Center nach einer Führung in einer der vielen **Lachskonservenfabriken** erkundigen.

Diejenigen, die raus in die Natur wollen, sollten das **Togiak National Wildlife Refuge** besuchen. Das 1,7 Millionen Hektar große Tierschutzgebiet mit seinen Seen, Flüssen, Bergen und Küstenstrichen ist Wildnis pur. Die Ostgrenze liegt nur 4,8 Kilometer westlich der Stadt; die Westgrenze liegt dagegen 210 Kilometer entfernt. Fast alle Reisenden heuern angesichts der Größe einen Führer an. Raftingtouren starten oft auf Quellseen und dauern mehrere Tage. Viele Ausflüge sind auf Fischer oder Jäger zugeschnitten, doch auch Naturbegeisterte werden auf ihre Kosten kommen, denn im Reservat leben Elche, Wölfe, Otter sowie Braun- und Schwarzbären. Die fast 200 000 Karibus der Mulchatna und Nushagak Peninsula durchstreifen das Reservat, während Wale, Seelöwen, Seehunde und mehr als eine Million Seevögel die 965 Kilometer lange Küste bewohnen.

Vom Dillingham windet sich eine **landschaftlich schöne Nebenstrecke** (40 km) zum

Dorf **Aleknagik** und zum südlichen Zipfel des **Lake Aleknagik.** 16 Kilometer oberhalb des Sees beginnt der **Wood-Tikchik State Park,** mit 688 500 Hektar der größte Staatspark des Landes. Besucher erreichen den Park per Charterboot von Aleknagik oder auf dem Wood River von Dillingham aus. Viele fliegen jedoch mit Wasserflugzeugen zu einem der großen Seen und schließen sich sonders wenn die Lachse wandern und Adler, Braunbären, Flussotter, Eisvögel und Füchse gemeinsam mit den Anglern die Lachse erwarten. Wer andere Tiere beobachten möchte, kann mit einem Wasserflugzeug oder einem Charterboot von Dillingham zu den **Round Islands**, dem Herzen des **Walrus Islands State Game Sancturay** im Norden der **Bristol Bay**, reisen. Die Gewässer vor dieser zer-

Wood-Tikchik State Park
www.dnr.state.ak.us/parks/units/woodtik.htm
217 B2
Dillingham Ranger Station: 907/842-2375

dann einer Floß-, Kanu- oder Kayaktour durch das verzweigte Netz der Seen an, die untereinander durch Flüsse verbunden sind. Der Park liegt in einer Übergangszone: Im Osten erstreckt sich bewaldetes und feuchtes Tiefland, während der Westen durch hohe Gipfel, alpine Täler und fjordähnliche Seen, die tief in die Bergwelt eindringen, geprägt wird. Hier kann man hervorragend Tiere beobachten, be- klüfteten kleinen Insel sind der Lebensraum der Walrosse. Rund 8000 männliche Walrösser versammeln sich jährlich an den Stränden. Hier trifft man außerdem auf rund 250 000 Seevögel, Hunderte von Stellers Seelöwen und Rotfüchse. Für diese Tour benötigt man allerdings eine spezielle Genehmigung (*permit*), außerdem sollte man sich vorher von ortskundigen Jägern und Fischern beraten lassen. ■

Dillingham lebt vom Meer

Walrus Islands State Game Sanctuary
Alaska Dept. of Fish & Game, Div. of Wildlife Conservation: 907/842-1013

Bethel
217 A2
Visitor Information
www.bethelalaska.com
192 Alex Hately St.
907/543-2911

Yupiit Piciryarait Cultural Center & Museum
420 Chief Eddie Hoffman Hwy.
907/543-1819
So u. Mo geschl.
$

Bethel und Umgebung

BESUCHER WUNDERN SICH OFT ÜBER DIE GRÖSSE DER STADT – ihre Einwohnerzahl schwankt je nach Jahreszeit zwischen 6000 und 8000. Der Flughafen ist der am drittstärksten frequentierte Alaskas: Es gibt täglich Verbindungen nach Anchorage; zahllose Kleinflugzeuge fliegen die benachbarten Dörfer an. Die Stadt ist Verkehrs- und Versorgungszentrum für große Teile Westalaskas und hat sich dennoch das Flair einer Outbacksiedlung bewahrt. Einige Bewohner der vornehmlich von Ureinwohnern bewohnten Stadt tragen noch immer die traditionelle Yupik-Eskimo-Kleidung, wie zum Beispiel Karibufell-Parkas und Mukluks aus Robbenfell. Dennoch ist Bethel auch eine Stadt des 21. Jahrhunderts, denn hier leben auch Albaner, Filipinos und Koreaner, von denen viele hier als Taxifahrer arbeiten. Etwas überraschend angesichts der wenigen Dutzend Straßenkilometer.

Plüschkopfenten nisten im Yukon Delta National Wildlife Refuge

Yukon Delta National Wildlife Refuge
http://yukondelta.fws.gov
217 A2
907/543-3151
So geschl.

Wer etwas über die Geschichte und die zeitgenössische Kultur der Yupik/Cupik und Dene erfahren möchte, besucht am besten das **Yupiit Piciryarait Cultural Center & Museum**. Eine der drei Galerien zeigt eine Dauerausstellung über einheimische Kunst und Kunstgegenstände, die anderen beiden Wechselausstellungen.

Bethels Hauptanziehungspunkt ist das riesige **Yukon Delta National Wildlife Refuge**. Dort hat Gletschermehl, das über Jahrmillionen hier von Yukon und Kuskokwim abgelagert wurde, das zweitgrößte Delta der USA gebildet. Der größte Teil des Schutzgebietes besteht aus Feuchttundra, die von Tümpeln, Seen, Flüssen und Bächen durchsetzt ist. Karibus, Luchse, Bären, Wölfe, Eisbären (an der Küste) und Moschusochsen (auf den Nunivak Islands) sowie Millionen Vögel ziehen durch das Reservat. ■

Nome und Umgebung

Ein schlichter Brettersteg am Wasser erinnert an Nomes Vergangenheit

ANDERS ALS DIE MEISTEN STÄDTE IM NORDWESTEN IST Nome ursprünglich keine Siedlung von Ureinwohnern. Der Ort entwickelte sich nach den Goldfunden 1898 und hieß ursprünglich Anvil City. Bis zum Sommer 1900 waren bereits an die 20 000 Menschen in die abgelegene Stadt auf der Seward Penisula am Rande des Beringmeeres gekommen. Obwohl der Abbau des Goldes bis heute eine wichtige Industrie geblieben ist, ist der große Rausch längst vorbei. Die Bevölkerung hat sich nun bei 3500 eingependelt.

Von allen Outbackgemeinden ist Nome das beste Reiseziel für alle, die weder Jäger noch Angler sind. Viele Pauschalreisen führen in die Stadt, so dass manchmal sogar alle Hotels ausgebucht sind. Hier ziehen sich ungefähr 480 Kilometer gut gepflegter Schotterstraßen entlang der Küste und hinauf in die von Tundra bedeckten Berge der Halbinsel. Wer gut vorbereitet ist, kann die Region mit einem Mietwagen problemlos erkunden.

Ein guter Startpunkt ist das Visitor Center an der Front Street, die am Wasser entlang verläuft. Hier werden nicht nur Unterkünfte und Restaurants, sondern auch Führer vermittelt. Wer alleine umherreisen will, bekommt hier Karten- und Infomaterial – egal, ob es sich um historische oder noch aktive Goldgräberstätten, gute Angelmöglichkeiten oder seltene Vögel handelt. Informativ ist die Karte mit einem Spaziergang zu den his-

Nome

217 A3

Visitor Information

www.nomealaska.org/vc

301 Front St.

907/443-6624

Ende Mai–Mitte Sept. tägl., sonst Mo–Fr

Carrie M. McLain Memorial Museum
✉ 200 E. Front St.
☎ 907/443-6630
🕐 Mitte Sept.–Ende Mai So u. Mo geschl.

Board of Trade Ivory Shop
✉ 212 Front St.
☎ 907/443-2611

Arctic Trading Post
www.nomechamber.org/arctictrading.html
✉ Front & Bering Sts.
☎ 907/443-2686

Chukotka-Alaska Store
✉ 514 Lomen Ave.
☎ 907/443-4128

torischen Stätten des Ortes. Viele Gebäude aus der Zeit des Goldrausches sind jedoch entweder durch Feuer oder Sturm zerstört worden.

Einige Schritte vom Visitor Center entfernt ist im Untergeschoss der Library das **Carrie M. McLain Memorial Museum** untergebracht. Es konzentriert sich auf das Leben der Eskimos an der Beringstraße, auf den Goldrausch und die Diphtherie-Epidemie 1925. Erst ein aus dem 1050 Kilometer entfernten Nenana mit Hundeschlitten angeliefertes Gegenmittel konnte die Epidemie beenden. Aus dieser heroischen Schlittentour ging das Iditarod Sled Dog Race hervor, das jeden März von Anchorage nach Nome führt. Die Sammlung historischer Fotos im Museum ist ebenfalls sehr sehenswert.

Nome ist ein guter Platz, um Kunsthandwerk und einheimische Kunstgegenstände zu kaufen, insbesondere geschnitztes Elfenbein, das eine Spezialität der Dörfer des Nordwestens ist. Der **Board of Trade Ivory Shop** und der **Arctic Trading Post** sind gute Adressen. **Chukotka-Alaska Store** verkauft nicht nur Artikel der Yupik aus Alaska, sondern auch der Yupik aus Sibirien und dazu noch andere russische Waren: Sibirien liegt nur 260 Kilometer weit entfernt.

Drei Hauptstraßen durchschneiden die Wildnis der Seward Peninsula. Die 116 Kilometer lange **Council Road** verläuft rund 48 Kilometer Richtung Osten entlang des Beringmeeres und biegt dann nordöstlich ins Hinterland zum Niukluk River ab. Wenn im Frühsommer das Eis aufbricht, versammeln sich Meeressäuger und -vögel in den Wasserrinnen des Eises. Zu sehen sind Ringelrobben, Eider- und Harlekinenten sowie arktische und pazifische Seetaucher. 35 Kilometer von der Stadt entfernt liegt der **Safety Sound**, ebenfalls ein guter Ort, um Wasser- und Meeresvögel zu beobachten. Hütten aus der Goldrausch-Ära in Council künden das Ende der Straße an.

Die 138 Kilometer lange **Kigluaik Road** verläuft nördlich in die malerisch zerklüfteten **Kigluaik Mountains**, die zum Bergwandern einladen. Unterwegs stößt man auf Ruinen der Wild Goose Pipeline, die einst als Wasserversorgungsleitung für die Goldminen gebaut, jedoch niemals fertig gestellt wurde. Nach Meile 80 wird die Straße zunehmend schlechter.

Die 116 Kilometer lange **Teller Road** verläuft nordwestlich auf das Dorf Teller zu und ist ein weiterer guter Tipp für Vogelkundler. Doch auch auf Rentierherden mit ihren Hirten und auf Moschusochsen trifft man hier. ■

Eisbären und Packeis

Besucher denken bei Alaska zunächst eher an Grizzly- und Schwarzbären als an Eisbären – wahrscheinlich, weil nur die wenigsten jemals einen zu Gesicht bekommen. Eisbären sind für Menschen weitaus gefährlicher als die anderen beiden Bärenarten. Einige Tausend Eisbären verbringen Teile des Winters an den Nordwest- und Nordküsten Alaskas bis hinunter zum Yukon-Kuskokwim-Delta. Im Sommer jedoch, wenn die meisten Touristen unterwegs sind, tummeln sie sich auf dem Packeis im äußersten Norden. Einige Wissenschaftler befürchten, dass die Eisbären zu den ersten Opfern der globalen Erwärmung gehören könnten, weil das Packeis, auf dem sie die meiste Zeit ihres Lebens verbringen, immer weiter schmilzt. ■

Kotzebue

SO WIE EXTREME WETTERVERHÄLTNISSE DIE TUNDRA formen, so hat das harte arktische Klima Kotzebue geprägt. Kotzebue liegt auf einer 4,8 Kilometer langen Landzunge in der Chukchi Sea und muss mit harten Witterungsbedingungen kämpfen. Die Stadt hat 3130 Einwohner, 80 Prozent davon sind Inupiat. Dem Wetter entsprechend liegen ihre Häuser niedrig und sind solide gebaut – Schönheit muss hier hinter Zweckmäßigkeit zurücktreten. Dennoch offenbart sich manch Schönheit auf den zweiten Blick – bei den Menschen, in ihrer Kunst und in der arktischen Landschaft.

Kotzebue
217 A3

Visitor Information
www.cityofkotzebue.com
258A 3rd Ave.
907/442-3401

Unten: Kotzebue ist Ausgangspunkt für Ausflüge in die Dünen des Kobuk Valley National Park

Das **Northwest Arctic Heritage Center** (Eröffnung voraussichtlich 2008) soll diese Schönheit der Kunst und Kultur der Inupiat dokumentieren. Der National Park Service soll außerdem über die großartige Natur der nahe gelegenen Schutzgebiete informieren. Zum Staatsland (*public land*) zählen auch der Kobuk Valley National Park (siehe S. 229), das Noatak National Preserve und das Cape Krusenstern National Monument. Das **Visitor Information Center** in Kotzebue informiert über diese unberührten Regionen.

Viele Besucher des **Noatak National Preserve** (2,5 Mio. ha) durchqueren das Schutzgebiet mit dem Floß auf dem Noatak River. Von einigen rauen Abschnitten abgesehen, ist die – bis zu drei Wochen lange – Reise ein sanftes Dahingleiten. Doch ein lokaler Führer ist in dieser einsamen Landschaft ein Muss (Das Noatak National Preserve kann kundige Rafting-Anbieter und Piloten vermitteln). Die kahle Tundra und die Berge sind die Heimat der Grizzlybären, Wölfe, Gerfalken und Schwäne. Zwischen April und August trifft man mit Glück auf die westarktischen Karibuherden.

Von Kotzebue sind es nur 16 Kilometer per Flugzeug oder Boot zum **Cape Krusenstern National Monument**. Hier treffen sich ornithologisch Interessierte, um neben Moschusochsen und Meeressäugern auch nach seltenen Vögeln aus Asien Ausschau zu halten. In erster Linie ist Cape Krusenstern jedoch ein archäologisches Denkmal. Hier finden sich in Sand- und Kieskämmen entlang der Küste Spuren menschlicher Kulturen aus 9000 Jahren. ■

National Park Service Visitor Information Center
www.nps.gov/kova
154 2nd Ave.
907/442-3760 oder 907/442-3890 im Winter (Northwest Arctic Headquarters)
Aug.–Ende Mai geschl.

Jenseits des Arctic Circle führt der Dalton Highway noch 480 Kilometer weiter bis ans Nordpolarmeer

Dalton Highway

DIE LANGE UND TEILWEISE HOLPERIGE STRASSE FÜHRT durch wilde und wunderschöne Naturlandschaft: durch Taiga, über die Tundra und jenseits des Polarkreises zum North Slope und zum Nordpolarmeer. Die auch als Haul Road bekannte Straße wurde Mitte der 1970er Jahre als Materialtransportstraße für den Bau des nördlichen Teils der Trans-Alaska Pipeline angelegt. Sie ist ab dem Meilenstein 73,1 auf dem Elliott Highway (135 km nördlich von Fairbanks) 667 Kilometer lang und verläuft bis nach Deadhorse.

217 C3–C4

Bureau of Land Management Northern Field Office
www.blm.gov
1150 University Ave., Fairbanks, AK 99709
907/474-2200 oder 800/437-7021

Große, Schotter spritzende Trucks versorgen die Ölfelder noch immer über diesen Highway. Sobald einer in Sicht kommt, sollte man extrem vorsichtig sein. Zur Grundausstattung für den Notfall gehören Ersatzscheinwerfer und -keilriemen sowie zwei Ersatzreifen, Kühlflüssigkeit, ausreichend Essen und Trinken, Decken und Schlafsäcke. Auch ein großer Reservekanister ist sinnvoll, denn es gibt kaum Tankstellen an der Strecke.

Wer sich die Strecke nicht zutraut, kann an einer Geländewagentour auf dem Dalton (*Fairbanks Convention & Visitors Bureau, Tel. 907/456-5774)* teilnehmen.

Die Strecke Richtung Norden führt zunächst an einem Waldstück entlang, in dem Vogelkundler mehr als 100 verschiedene Arten identifiziert haben. Bei Meile 55,5 führt die Straße über die 698 Meter lange **Yukon River Bridge.** Informationen über die Pipeline und Alaskas längsten Fluss bietet die **Yukon Crossing Visitor Contact Station** (Anf. Sept.–Ende Mai geschl.).

Bei Meile 95 wechselt das Landschaftsbild von gemischtem Nadelwald zur mit Blumen übersäten Tundra. **Finger Mountain BLM Wayside** (Meile 98) ist ein guter Platz für einen Zwischenstopp.

Der Dalton Highway überquert den **Arctic Circle** bei Meile 115; Infotafeln säumen den **Arctic Circle BLM Wayside**. 26 Kilometer weiter liegt **Gobblers Knob**, wo die Sonne in der Mittsommernacht nie untergeht.

Bei Meile 175 bietet der Ort **Coldfoot** (11 Einw.) Benzin, Unterkunft, geführte Touren und Rundflüge. Das **Arctic Interagency Visitor Center** *(Tel. 907/678-5209, Labor Day–Memorial Day geschl.)* informiert über das Staatsland (*public land*).

Über der Baumgrenze (Meilenstein 244,7) erreicht die Straße ihren höchsten Punkt, den 1463 Meter hohen **Atigun Pass**, der in der eindrucksvollen Brooks Range liegt. Hier lassen sich unterwegs Dall-Schafe und Grizzlybären beobachten. Die Straße führt in den mit Tundra bedeckten **North Slope**. An den Hängen nisten und brüten Millionen Vögel, darunter auch die Tundra-Schwäne, arktische Seeschwalben, Falkenraubmöwen, Plüschkopfenten und Schneeeulen.

Der Highway endet bei Meile 414 in der Ölstadt **Deadhorse**. Wer die letzten paar Kilometer über die Ölfelder zum Nordpolarmeer weiterreisen will, muss sich einer Führung anschließen. ■

Winter in Alaska

Manchmal stimmen die Klischees über die harten Winter in Alaska: Im Landesinneren fällt das Thermometer teilweise bis weit unter Null; einmal war es in Fairbanks so kalt, dass ein Autoreifen am Boden zerschellte, als er von einem Lastwagen fiel. Am Golf von Alaska peitschen häufig orkanartige Winde und sintflutartige Regenfälle an die Küste. Unweit des Nordpolarmeeres lassen die Leute ihre Autos normalerweise den ganzen Winter über durchlaufen, da sie sonst Startprobleme hätten. Und dann ist da noch die Dunkelheit. Nördlich des Polarkreises (Arctic Circle), also in ungefähr einem Drittel Alaskas, geht die Sonne um die Zeit der Wintersonnenwende niemals auf, während die Gebiete etwas weiter südlich immerhin noch fünf bis sechs Stunden Tageslicht bekommen.

Das waren die schlechten Nachrichten. Die gute Nachricht für Reisende im Winter: Solche Klischees sind meistens Extremfälle. Das Winterwetter ist in den meisten Teilen Alaskas erstaunlich erträglich. Nehmen wir zum Beispiel Anchorage – im Februar beträgt die Durchschnittstemperatur lediglich -4 °C. Außerdem fallen in Anchorage im Winter viel geringere Niederschläge als im Sommer.

Die so unwirklich erscheinende Aurora Borealis ist eines der großartigsten Alaska-Erlebnisse im Winter

Das Gleiche gilt für das Landesinnere (Interior). Der Südosten Alaskas ist im Winter in der Tat sehr nass, doch sind die Temperaturen durch die ausgleichende Wirkung des Pazifiks sehr gemäßigt. Alles in allem ist der Winter in Alaska für Touristen also durchaus erträglich.

Autofahrer sollten dem Winterwetter zwar nicht mit Angst, aber doch mit Respekt begegnen. Niemals darf man auf abgelegenen Straßen mit nur einer Viertel-Tankfüllung ohne Decken, Ersatzkleidung, Essen oder Getränke unterwegs sein – man muss immer mit einem aufziehenden Sturm rechnen. Sand ist sehr hilfreich, falls man auf rutschiger Fahrbahn stecken bleibt. Wer dennoch einmal in einen Schneesturm gerät, sollte rechts an den Rand fahren und warten. Einmal pro Stunde kann man den Motor und die Heizung zehn Minuten laufen lassen – wichtig ist dabei, dass der Auspuff schneefrei bleibt, da sonst eine Kohlenmonoxydvergiftung droht. Weitere Sicherheitshinweise finden sich unter www.arh.noaa.gov/essd/safety/winter05.htm. Informieren Sie sich vor jeder Fahrt über die Straßen- und Witterungsverhältnisse.

AURORA BOREALIS

Harte Wetterbedingungen sind eigentlich keine gute Werbung. Warum also fahren die Leute im Winter nach Alaska?

Viele kommen, um die Polarlichter *(aurora borealis)* zu sehen, die in immer neuen, sich ständig wandelnden Lichtbändern über den Nachthimmel flimmern. Solche Nordlichter entstehen, wenn die Sonnenwinde mit geladenen Teilchen auf das Magnetfeld der Erde treffen, wo sie mit den Gasen der Atmosphäre reagieren und dabei dieses leuchtende Farbenspiel erzeugen. Zuschauer beobachten fasziniert, wie wellenförmige gelb-grüne Lichtstreifen plötzlich anschwellen und den ganzen Himmel bedecken. Manchmal tanzen blaue, purpur- und rosafarbene Lichter am Himmel. Die Gegend um Fairbanks ist der ideale Standort, um dieses Naturschauspiel zu beobachten. Einige Hotels und Veranstalter werben mit beheizten, verglasten Räumen, aus denen man die Polarlichter, die schneebedeckten Gipfel und andere phantastische Winterphänomene genießen kann.

WINTERAKTIVITÄTEN

Andere lieben den Wintersport. Einige versuchen sogar, nachts beim Nordlicht Ski zu fahren. Das größte Skigebiet ist Mount Alyeska, rund 64 Kilometer südlich von Anchorage, nahe Girdwood. Alaskas zweit- und drittgrößte Städte, Fairbanks und Juneau, verfügen ebenfalls über stadtnahe Skigebiete. Doch die meisten Besucher bevorzugen den Langlauf auf präparierten Loipen in der Nähe der Städte. Führer und Helikopter bringen Skibegeisterte aber auch tief ins Hinterland.

Die Schlittenhunde ziehen beim Start des Iditarod wie Raketen davon

Wenn Sie lieber andere für sich arbeiten lassen wollen, versuchen Sie es mit einer Hundeschlittentour. Landesweit gibt es genügend Hundezwinger voller heulender Huskys. Interessant ist auch der Besuch eines Schlittenhunderennens, seien es kurze Rennen auf präparierten Bahnen oder das berühmteste aller Rennen, der Iditarod, das über knapp 1700 Kilometer von Anchorage nach Nome führt. Das Rennen findet am ersten Samstag im März statt.

Die Einheimischen haben sich viele Aktivitäten ausgedacht, mit denen sie der Langeweile dieser kalten, dunklen Wintermonate begegnen. Dazu gehört das berühmte Fairbanks' Festival of Native Arts im Februar oder März, das Tänzer, Musiker und Künstler des ganzen Landes, aber auch aus Russland, Kanada und Japan, anzieht. Ein weiteres Muss ist das viel gepriesene Fur Rendevouz in Anchorage. Zu den vielen Attraktionen dieses mehr als zweiwöchigen Ereignisses gehören Schlittenhunderennen, Hundegewicht-Ziehen, Schneeschuh-Softball, Eisbowling, Curling, ein Schneeskulpturenwettbewerb, ein Wettbewerb im Austernöffnen, Feuerwerke, Karneval, Kutschfahrten, eine Motorradshow, ein Maskenball, ein Schachturnier, eine Oldtimertraktorenshow und natürlich eine Fellauktion.

Der Einfallsreichtum macht nicht an der Stadtgrenze von Anchorage Halt: Kleinere Gemeinden organisieren einfache Events, die oft zu größeren Ereignissen mutieren, weil rastlose Menschen aus den benachbarten Orten daran teilnehmen wollen. Ein Beispiel ist das Cordova Ice Worm Festival am ersten Februarwochenende, an dem ein 30 Meter langer Eiswurm eine Parade anführt. Oder auch das Bering Sea Ice Golf Classic in Nome am dritten Samstag im März: Hier werden orangefarbene Leuchtgolfbälle und alte Patronenhülsen als Tees verwendet. Golfspieler in Parkas und Boots stapfen mühsam übers Eis, um den notdürftig angelegten Kurs zu bespielen. Am dritten Wochenende im Januar findet in Seward der Polar Bear Jump Off statt. Obwohl es dort auch so »normale Dinge« wie Meeresfrüchteessen und Basketballturniere gibt, finden beim Jump off einmal mehr Wettkämpfe in ungewöhnlichen Disziplinen statt, z. B. Austernwettschlürfen, Fische-Werfen und das Hundegewicht-Ziehen, bei dem die Sieger gut eine Tonne über das Eis ziehen. Den Höhepunkt bildet jedoch der Sprung einer Horde kostümierter Verrückter in das eisige Wasser der Resurrection Bay.

Und wer immer noch nicht davon überzeugt ist, warum man im Winter nach Alaska fahren sollte: Es gibt keine Moskitos… ■

Kobuk Valley National Park

DER 730 000 HEKTAR GROSSE NATIONALPARK OHNE STRASSEN und Pfade liegt eingeklemmt zwischen zwei Bergregionen und bietet Wildnis pur. Kobuk liegt nördlich des Polarkreises am Nordrand der Taiga, wo dürre Fichten und Birken mitten in der endlosen Tundra überlebt haben. Besucher kommen selten hierher, aber die Einheimischen nutzen den Park zum Fischen und Jagen. Wer also Camps, Hütten oder Netze entdeckt, sollte diese Dinge nicht anrühren.

Kobuk Valley National Park

www.nps.gov/kova

217 B3

907/442-3890

Der Nationalpark ist entweder per gechartertem Flugzeug ab Kotzebue oder Nome erreichbar oder per Linienflug in eines der vielen Inupiat-Dörfer am Kobuk River (z. B. Ambler oder Kiana). Von dort geht es weiter per Lufttaxi oder Boot. Bei geführten Touren fahren die Gäste einen Teil des **Kobuk River** mit dem Floß entlang, denn der Fluss ist die Hauptverkehrsader des Parks. Der Oberlauf hat anspruchsvolle Wildwasserabschnitte, aber auf dem unteren Flussabschnitt gleiten die Boote entspannt dahin. Angler lieben den Fluss wegen der Rotforelle, Äschen und Weißfische.

Eine 2,4 Kilometer lange Wanderung vom Fluss führt zu den **Great Kobuk Sand Dunes**. Die Mini-Sahara (65 km²) ist die Hauptattraktion des Parks: Die goldenen Dünen erheben sich bis zu 30 Meter hoch, entfernter liegende Dünen ragen sogar 152 Meter auf. Sie bestehen aus Gletschermehl, das von Gletschern aus der Brooks Range zum Kobuk hintransportiert und dort verweht wurde. ■

Die Great Kobuk Sand Dunes erheben sich zwischen Tundra und Taiga im Kobuk National Park

Gates of the Arctic National Park and Preserve

Gates of the Arctic National Park & Preserve
www.nps.gov/gaar
217 B4 & 225

Fairbanks Headquarters
www.nps.gov/gaar
201 Ist Ave.
907/457-5752 oder 907/678-2004
Sa–So geschl.

Bettles Ranger Station/Visitor Center
907/692-5494

Arctic Interagency Visitor Center
Coldfoot
907/678-5209
Labor Day–Memorial Day geschl.

Gegenüberliegende Seite: Typisch für den hohen Norden ist die baumlose Tundra

FÜR REISENDE, DIE UNBEDINGT ALASKAS GROSSE NÖRDliche Wildnis erkunden möchten, ist der Nationalpark Gates of the Arctic die ideale Lösung. Der Park ist fast viermal so groß wie der Yellowstone National Park und völlig unerschlossen. »Es scheint, als sei die Zeit um Millionen von Jahren zurückgedreht worden und wir wären wieder in einer urzeitlichen Welt«, schrieb der berühmte Forscher und Naturschützer Robert Marshall, als er in den 1930er Jahren durch dieses Gebiet wanderte.

Wer heute im Nationalpark unterwegs ist, trifft die gleichen gezackten Berge, die gleichen klaren Flüsse, das gleiche Aufgebot an Wölfen, Grizzlybären, Adlern, Bibern, Karibus und anderen Tieren. Doch dank der Umwandlung in einen Nationalpark ist Gates of the Arctic heute viel zugänglicher als zu Marshalls Zeiten. Besucher können zwischen verschiedenen Touren wählen.

Für Konditionsstarke führt ein Wanderweg vom **Dalton Highway** (siehe S. 224f.) in den Park hinein, aber die meisten Besucher fliegen von Fairbanks in die Parkgemeinde **Bettles**, wo sich auch ein Visitor Center befindet. Von hier aus bringen Flugzeuge die Gäste tiefer in den Park hinein.

Statt mühsam durch unwegsame Tundra zu wandern, ziehen es die meisten Leute vor, den Park per Floß, Kanu oder Kayak auf einem seiner vielen Flüsse zu erkunden. Der **North Fork Koyuku** hat keine nennenswerten Stromschnellen. Ein Wasserflugzeug setzt Passagiere am **Summit Lake** oder an Seen nahe des **Redstar Creek** ab. Von dort geht es per Boot an Wasserfällen und Bergen wie den **Frigid Crags** und den **Boreal Mountain** vorbei.

Zwischendurch legen die Boote für einige kurze Wanderungen an, und nach vier oder fünf Tagen und 160 Flusskilometern ist Bettles erreicht.

Auch der **Alatna** ist ein wilder und malerischer Fluss, der die Südhänge der Brooks Range hinunterfließt. Da die ersten Kilometer unterhalb des Quellgebietes Stromschnellen und so genannte »*sweepers*« (Bäume, deren Äste die Wasseroberfläche streifen) aufweisen, sollten sich nur sehr erfahrene Kanuten mit einem einheimischen Führer an die Befahrung dieses Flussabschnitts wagen.

Wer stresslos durch üppige Tundra ins bewaldete Tiefland gleiten will, der lässt das Boot erst weiter flussabwärts zu Wasser. Viele steigen in **Allakaket** am Arctic Circle aus, wo der Altna auf den Koyuku trifft, und fliegen nach Bettles zurück. Die Tourlängen variieren zwischen vier und sieben Tagen.

Erfahrene Kanuten nehmen vielleicht sogar den **Noatak** in Angriff. Die Standardtour ist ungefähr 565 Kilometer lang und dauert zwei bis drei Wochen. Man steigt am **Lake Matcharak** ein und fährt bis zum Dorf **Noatak** an der Westküste. Die Herausforderung besteht darin, wochenlang mit dem Wetter oder Gesundheitsproblemen etc. zu kämpfen. Der Park Service hilft bei der Auswahl einer Tour, die der Fitness und Erfahrung der Teilnehmer entspricht. ■

Arctic National Wildlife Refuge

Arctic National Wildlife Refuge
http://arctic.fws.gov
217 C4 & 225
Visitor Information: U.S. Fish & Wildlife Service, 101 12th Ave., Room 236, Fairbanks
907/456-0250 oder 800/362-4546

DANK DER LANGJÄHRIGEN KONTROVERSE ÜBER MÖGLICHE Ölbohrungen im Arctic National Wildlife Refuge (ANWR) ist dieses 7,8 Millionen Hektar große Gebiet im Nordosten Alaskas zum berühmtesten Naturschutzgebiet des Landes geworden. Nur wenige Menschen wissen etwas über das Schutzgebiet.

Die Anreise zum ANWR ist schon ein Abenteuer an sich (kleine Charterflugzeuge landen auf schmalen Schotterpisten). Auch die Fortbewegung im Park ist abenteuerlich (wegloses Wandern, Fahren auf Wildflüssen). Und da wären dann noch Moskitos, Nebel und Bären, die dem Ganzen die nötige Würze geben. Das Schutzgebiet bietet die größte Vielfalt an Flora und Fauna in der gesamten polaren Arktis: Hier leben Wölfe, Elche, Moschusochsen, Dall-Schafe und alle drei Bärenarten – Braun-, Schwarz- und Eisbären. Dazu kommen noch die berühmten Porcupine-Karibus – insgesamt 123 000 Tiere – und 177 Vogelarten mit Millionen Individuen.

Zum Wandern eignet sich am besten die **Brooks Range**, die den gesamten Park durchzieht und sich über 177 Kilometer von Norden nach Süden erstreckt. Wanderer lassen sich oft mit Führern an Flussufern oder trockenen Kämmen absetzen – die Parkverwaltung arbeitet mit fast 40 Veranstaltern zusammen.

Flusswandern wird immer beliebter, besonders auf dem **Kongakut**, dem **Canning** (und seinem Nebenfluss **Marsh Fork**), dem **Hulahula** und dem **Sheenjek**. Die ersten drei fließen nördlich der Brooks Range zum Nordpolarmeer, in der Regel enden die Touren jedoch kurz vor der Mündung ins Meer. Wer den Kongakut in der richtigen Jahreszeit befährt, trifft auf Herden wandernder Karibus.

Der Sheenjek fließt von den höchsten Gipfeln der Region (bis zu 2740 m) südwärts zum Porcupine River. Dieser wildromantische Fluss, der meist sanft mit nur wenigen Stromschnellen der Klasse II dahinströmt, passiert felsige Bergnadeln und flache Waldgebiete. Gegründet wurde das Schutzgebiet 1960, nachdem u. a. Olaus und Margaret Murie sich einige Jahre für den Erhalt dieser Landschaft eingesetzt hatten ■

Karibuherden

Viele Leute haben schon vom Porcupine-Karibu gehört, meist im Zusammenhang mit der Diskussion um die Ölbohrungen im ANWR. Würden solche Bohrungen die Karibuherde stören? Mit 123 000 Tieren lebt hier eine große Herde, wenn auch längst nicht die größte Alaskas. Diese Ehre gebührt einer westarktischen Herde mit rund 500 000 Tieren. Insgesamt sind es fast eine Million Karibus, die sich zumindest eine Zeit lang in Alaska aufhalten. Einige wandern für einige Monate nach Kanada – solche lange Wanderungen sind typisch für die Tiere. Ein mit einem Peilsender ausgestattetes Karibu legte in einem Jahr 4827 Kilometer zurück – die längste Wanderstrecke eines Landsäugetieres, die jemals gemessen wurde. ■

Barrow

Warm eingepackt beobachtet dieses Paar den Sonnenuntergang über dem Nordpolarmeer

BARROW LIEGT VIELLEICHT NICHT AM ENDE DER WELT, aber es liegt zweifellos am nördlichen Ende der USA – am Nordpolarmeer 600 Kilometer nördlich des Polarkreises. Im Land der Mitternachtssonne geht hier die Sonne vom 10. Mai bis zum 2. August nicht unter.

Besucher bestaunen in dieser abgelegenen Gegend zunächst die Walknochen, die an Häuserwände gelehnt sind, oder das Robbenfleisch, das auf Gestellen vor barackenähnlichen Häusern trocknet. Eine Überraschung sind dann aber die Racquetballplätze und die 800 Millionen Dollar teure High School. Die Stadt mit ihren 4351 Einwohnern, von denen 60 Prozent zu den Inupiat zählen, bewegt sich zwischen Tradition und Moderne.

Der Stadtrundgang beginnt parallel zur Stevenson Street am Strand des atemberaubenden **Nordpolarmeers**. (Das Meer vor Barrow ist zehn Monate im Jahr gefroren; sogar im Hochsommer treibt Packeis entlang der Küste.) Am Westende stehen noch Überreste einiger aus Walknochen gebauten und mit Grasplatten bedeckten Häuser – hier haben mindestens 1500 Jahre lang Inupiat gelebt.

Sehenswert ist auch das **Inupiat Heritage Center**, das Kunstwerke und traditionelles Kunsthandwerk zeigt. Ein Schwerpunkt ist der Walfang, denn im 19. und 20. Jahrhundert arbeiteten Walfänger aus Neuengland hier mit den Inupiat zusammen. Interessant ist die Ausstellung »*The People of Whaling*«. Der Museumsladen verkauft hochwertige Inupiat-Erzeugnisse, einschließlich Parkas und geätzte Walbarten.

Führungen außerhalb des Ortes führen zu historischen Stätten, zu zeitgenössischer Kultur und in die Natur rund um Barrow. Millionen Vögel, darunter auch Schneeeulen, nisten und brüten im Umkreis von Barrow; nicht selten sieht man Eisbären. ■

Barrow
217 B4
Visitor Information
907/852-5211

Inupiat Heritage Center
www.nps.gov/inup
5421 North Star St.
907/852-4594
Sa–So geschl.
$$

In der Tundra an der Woolley Lagoon auf der Seward Peninsula wächst kein Baum

Weitere Sehenswürdigkeiten

BERING LAND BRIDGE NATIONAL PRESERVE

Vor 10 000 bis 30 000 Jahren begann hier an der westlichen Spitze der Seward Peninsula – 89 Kilometer östlich von Sibirien – die Besiedlung der westlichen Hemisphäre. Der Großteil des Wassers auf der Erde war damals im Eis gebunden, deshalb fiel dieses seichte Stück des heutigen Beringmeeres zwischen Asien und Nordamerika trocken. Der Theorie nach sind die Menschen aus Asien den Tieren gefolgt.

Der größte Teil des 1,1 Millionen Hektar großen Reservats besteht aus moskitoverseuchter Feuchttundra. Besucher sollten deshalb am besten die sanfte Hügellandschaft im Parkinneren zum Wandern wählen. Interessant sind die alten Lavaströme um den **Imuruk Lake** und die fünf Maare in der Gegend des **Devil Mountain-Cape Espenberg**.

Fragen Sie im **Visitor Center** in Nome nach Flugverbindungen in das Schutzgebiet. Dort stehen auch wollige Mammutknochen und ein riesiger Schädel. Am beliebtesten ist **Serpentine Hot Springs**, in dessen Zentrum ein dampfendes Badehaus und eine barackenähnliche Blockhütte stehen. Hier können bis zu 20 Personen übernachten. Von den nahe gelegenen Granitfelsen kann man nach Wild und Vögeln Ausschau halten.

217 A3 ☎ 907/443-2522, www.nps.gov/bela

ST. LAWRENCE ISLAND

Wer an der Küste in **Gambell** steht, einem der beiden wichtigsten Ortschaften auf St. Lawrence, und die Hand nach Westen ausstreckt, dringt fast schon in russischen Luftraum ein, denn Gambell liegt näher an Russland als an Alaska. An klaren Tagen kann man leicht über die 61 Kilometer breite Beringstraße nach Asien sehen. Daher ist es kein Wunder, dass fast alle 1358 Inselbewohner – die Hälfte davon lebt in Gambell – sibirische Yupik sind. Ihre Muttersprache ist Yupik, doch sie sprechen auch Englisch.

Die Menschen auf der 153 Kilometer langen Insel leben vom Meer; die Bewohner benutzen traditionelle Umiakboote aus Walrosshaut für den Walross-, Wal- und Robbenfang. Bekannt wurden sie auch durch ihre ausgefeilten Elfenbeinschnitzereien, die man kaufen kann. Die 710 Bewohner, die in der 63 Kilometer entfernt liegenden Ortschaft **Savoonga** leben, halten darüber hinaus bis zu 10 000 Rentiere, die erst 1900 auf der Insel eingeführt wurden.

Wer sich für die Inselbewohner, die Tierwelt und die eindrucksvolle Landschaft interessiert, kann einen der Flüge ab Nome buchen. Über organisierte Touren und Übernachtungsmöglichkeiten informiert die **Sivuquaq Native Corporation**.

217 A3 ☎ 907/985-5826 ■

Reiseinformationen

Kayaks an der Mündung des Reid Glacier

REISEINFORMATIONEN

REISEPLANUNG

REISEZEIT

Um dem arktischen Winter zu entgehen, bieten sich die Sommermonate als bevorzugte Reisezeit an. Im Winter verkürzen viele Hotels, Restaurants und andere Touristenattraktionen ihre Öffnungszeiten bzw. schließen sogar ganz. Doch in den letzten Jahren ist die Zahl der Urlauber, die Alaska im Winter besuchen, immer weiter gestiegen.

Die Hochsaison dauert von Mitte Mai bis Mitte September. Doch das Wetter kann von Region zu Region sehr unterschiedlich sein: In Fairbanks sind der Juli und der August die regenreichsten Monate, während es in dieser Zeit im Südwesten ausgesprochen trocken ist.

Neben den Wettervoraussagen sollte man sich bei seiner Reiseplanung auch über die Moskitos und andere lästige Stechmücken informieren. Für die meisten Urlaubsregionen in Alaska gilt: Die beste Kombination aus angenehmen Temperaturen, geringem Niederschlag und erträglicher Insektenplage bieten die Zeitspannen zwischen Mitte Mai und Anfang Juni und Mitte August und Anfang September.

Bei Reisen in den Südosten sollte man immer daran denken, dass die Inside Passage von zahlreichen Kreuzfahrtschiffen angelaufen wird und unzählige Touristen in die kleinen Hafenstädte strömen. Wer den Menschenmassen aus dem Weg gehen will, aber vernünftiges Wetter und lange Öffnungszeiten wünscht, der sollte zwischen Mitte Mai und Anfang Juni bzw. in der ersten Septemberhälfte in den Südosten Alaskas reisen.

NICHT VERGESSEN

Ein Aufenthalt im Hinterland Alaskas erfordert gute Planung und entsprechende Ausrüstung. In der Wildnis Alaskas sind z. B. Moskitonetze und robuste Lebensmittelbehälter (wegen der Bären) unbedingt notwendig. Gute Tipps und Hilfestellungen können die Mitarbeiter der Public Lands Offices vor Ort oder die Outdoor-Läden in Europa geben. Generell für alle Ausflüge in die Wildnis Alaskas braucht man leichte Regenbekleidung, wetterfeste Kopfbedeckung, Sonnenbrille und mehrlagige warme, atmungsaktive Kleidung. Wer eine Reise an die Arktische Küste und zu den Aleuten oder gar einen Winteraufenthalt in Alaska plant, sollte an extra warme Winterkleidung denken. In den extrem feuchten Regionen Alaskas ist regenfestes Schuhwerk –Gummistiefel oder gute wasserdichte Wanderschuhe – unerlässlich.

Zum Reisegepäck sollten im Sommer immer auch ein Insektenschutzmittel und Moskitonetze gehören – die Einheimischen kennen die besten Mittel.

Alaska ist zweifellos der Teil der USA, in dem am wenigsten formelle Kleidung erforderlich ist. In kleineren Städten kann ein Gast ein gutes Restaurant schon mal im Flanellhemd, Jeans und Gummistiefeln betreten. Vor allem in Anchorage gibt es aber sehr wohl auch Restaurants, Hotels, Bars, Ressorts und Clubs, die eine gepflegte Kleidung, selten aber Abendgarderobe, erwarten.

UNTERWEGS IN ALAKSA

MIT DEM FLUGZEUG

Ted Stevens Anchorage International Airport ist Alaskas Luftfahrtkreuz (Tel. 907/266-2525, www.dot.state.ak.us/anc), der Flughafen liegt rund fünf Kilometer südwestlich der Innenstadt. Andere wichtige Flughäfen sind **Fairbanks International Airport** (Tel. 907/474-2500 oder 907/479-7407, www.dot.state.ak.us/faiiap), der knapp fünf Kilometer südwestlich des Stadtzentrums liegt, und **Juneau International Airport** (Tel. 907/789-7821), rund 14,5 Kilometer südwestlich der Innenstadt.

Weil es in Alaska verhältnismäßig wenig Straßen gibt, haben die Flugzeuge – egal wie groß – einen besonderen Stellenwert im Transportwesen. Tägliche Flugverbindungen gibt es auch zu abgelegenen Orten wie Kotzebue. Einwohner anderer Orte wie z. B. Adak auf den Aleuten freuen sich über zwei Flugverbindungen pro Woche. Kleinere Fluggesellschaften mit Maschinen für etwa 20 Personen fliegen regelmäßig noch kleinere Ortschaften an, die ansonsten von der Außenwelt völlig isoliert wären. Reiseveranstalter, die lokalen Besucherinformationen oder Handelskammern wissen, ob es Flüge zu den gewünschten Destinationen gibt.

Buschflugzeuge (*bush planes*)
Diese kleinen, meistens dreioder sechssitzigen Propellermaschinen, die entweder mit normalen Reifen, Tundrareifen, mit Kufen oder mit Skiern ausgestattet sind, fliegen entweder nach Fahrplan oder im Charterbetrieb. Die *bush planes* können auf Seen, im kiesigen Flussbett, am Strand oder sogar auf Gletschern landen. Eines haben sie alle gemeinsam: Sie sind sehr teuer, ein Flug kostet zwischen 200 und 600 US-Dollar pro Flugzeug und Stunde.

Viele Reisende haben wenig Vertrauen in diese Flugzeuge. Wenn aber Flugunfälle in Alaska passieren oder passiert sind, dann meist wegen schlechten Wetterverhältnissen. Obwohl ab und zu auch die vorsichtigen erfahrenen Piloten mit modernen Maschinen verunglücken, passieren doch die meisten Unfälle den Piloten von Reiseveranstaltern, die Schlechtwetterlagen falsch einschätzen oder die Maschinenwartung vernachlässigen.

Bei der Suche nach einer zuverlässigen Fluggesellschaft sind vor allem die zu empfehlen, die regelmäßig im Auftrag des National Park Service oder für Kreuzfahrtunternehmen fliegen. Eine sichere Wahl sind auch alle Fluggesellschaften, die vom örtlichen Chamber of Commerce empfohlen werden, schon länger im Geschäft sind und eine gute Sicherheitsbilanz aufweisen. Man sollte sich nicht scheuen, nach dieser Bilanz oder auch der Flugerfahrung der Piloten zu fragen.

Auch das Bauchgefühl schadet nicht: Wenn Sie auf ein Ein-Mann-Unternehmen in einer Bretterbude treffen und der Pilot gerade einen Wodka trinkt, sollten Sie sofort wieder umdrehen. Sicherheitsberichte der Fluggesellschaften sind auf der Webseite der National Transportation Safety Board abrufbar.

Aber selbst noch an Bord eines Charterflugzeugs kann man Einfluss nehmen. Sind die Wetterverhältnisse miserabel, sollte man den Piloten bitten, das Sicherheitsrisiko noch einmal abzuwägen. Wie bei jedem Flug sollte man die Sicherheitshinweise aufmerksam verfolgen und sich merken, wo sich die Rettungsausrüstung befindet. Auch eine warme Kleidung ist sinnvoll. Wer Bärenspray oder Gasflaschen für den Campingkocher dabeihat, sollte den Piloten bitten, diese sorgfältig zu verstauen. Bringen Sie eigenen Ohrenschutz mit. Das Gepäck sollte nicht in Hartschalenkoffern, sondern in kleinen Taschen transportiert werden. Je kleiner die Flugzeuge, desto wichtiger ist eine gute Austarierung des Gewichts von Passagieren und Gepäck.

MIT DEM BUS

Der öffentliche Nahverkehr ist in Alaska bescheiden, Tourbusse sind ein verbreitetes Verkehrsmittel. Eine Liste der Busgesellschaften haben die lokalen Besucherinformationen. Auch auf der Webseite der Alaska Travel Industry Association findet man entsprechende Adressen.

MIT DEM SCHIFF

Die Zahl der Inseln und die Länge der Küstenlinie Alaskas liegen höher als die aller anderen US-amerikanischen Staaten zusammen. Auch viele schiffbare Flüsse bieten Zugang zu abgelegenen Gegenden. Kreuzfahrtschiffe mit 250 bis 3000 Passagieren sichern sich dabei den Löwenanteil am Kuchen: Jährlich besuchen so Tausende von Touristen Alaska. Dazu kommen noch kleine Kreuzfahrtschiffe mit maximal 250 Passagieren an Bord.

Die Aufsicht über die staatlichen Fähren hat das Alaska Marine Highway System (P.O. Box 25535, Juneau, AK 99802 oder 605 W. 4th Ave., Anchorage, AK 99501, Tel. 907/272-7116 oder 800-642-0066, www.ferryalaska.com). Die Fähren werden jährlich von Zehntausenden genutzt, um die Küste im Südosten und im Süden zu bereisen oder gar die Aleuten zu besuchen. Mit ihren 32 Hafenorten bieten die Schiffe der AMHS eine gute Möglichkeit, die Inside Passage zu erkunden.

Wer mit dem eigenen Auto aus dem Süden anreist, geht im Staat Washington oder im kanadischen British Columbia an Bord einer Fähre nach Prince Rupert, B.C., von dort fahren die Schiffe dann Richtung Norden.

Die so genannten *water taxis* steuern auch Orte an, die weder von Kreuzfahrtschiffen noch von Fähren angelaufen werden. Einige richten sich zwar nach einem Fahrplan, die meisten kann man aber mieten wie ein normales Taxi. Wenn das Wetter und die Gezeiten es erlauben, gelangt man so in kleine Fischerdörfer, zu den Startpunkten abgelegener Wanderwege oder zu einer der Alaska Public Cabins. Am häufigsten findet man Wassertaxis im Südosten und in der Kachemak Bay. Das örtliche Besucherzentrum oder die Chamber of Commerce kann diese organisieren.

MIT DEM AUTO

Die meisten Autourlauber reisen über Kanada und den *Alaska Highway* (auch *Alcan* genannt) nach Alaska. Der alternative *Top of the World Highway* ist eine Schotterstraße mit nur wenigen Rastmöglichkeiten und einer Schneedecke in den meisten Monaten des Jahres. Der 2238 Kilometer lange Alaska Highway dagegen ist asphaltiert und bietet ausreichend Rastmöglichkeiten, obwohl er über weite Strecken von Dawson Creek, B.C. nach Delta Junction in Alaska durch die Wildnis führt.

Im Südzentralalaska und in einigen Teilen Zentralalaskas gibt es im Gegensatz zum Rest des Landes ausreichend Straßen, die zudem meistens noch asphaltiert sind und durch schöne Landschaften führen. Doch immer ist man in einsamer Wildnis unterwegs, so dass die richtige Kleidung, ausreichend Lebensmittel, Wasser, Benzin, Ersatzreifen und Werkzeug überlebenswichtig sind. Über den Straßenzustand kann man sich telefonisch (Tel. 511) oder über das Internet (http://511.alaska.gov.) informieren.

Mit dem Mietwagen

Autovermietungen gibt es an den größeren Flughäfen, doch teilweise sind die Preise außerhalb der Flughäfen günstiger. Für beliebte Regionen Alaskas sollte man schon Monate im Voraus ein Auto reservieren. Aber auch in Städten, die gar nicht über das öffentliche Straßennetz erreichbar sind, gibt es lokale Autovermietungen. Ein normaler PKW ist für die Highways in der Regel ausreichend, für Schotterpisten und Nebenstrecken ist ein hoch gelegtes Fahrzeug mit Allradantrieb aber empfehlenswerter.

MIT DEM ZUG

Die zwei bestehenden Zugstrecken in Alaska sind Panoramastrecken: Die White Pass & Yukon Route führt von Skagway über Fraser und Bennet Lake nach Whitehorse in Kanada und wird vor allem von Touristen genutzt (siehe S. 88).

Die wichitgste Eisenbahngesellschaft ist die staatliche **Alaska Railroad** (Tel. 907/265-2494 oder 800/544-0552, www.alaskarailroad.com oder www.akrr.com). Im Sommer bietet sie tägliche Verbindungen zwischen Anchorage, Fairbanks und Seward an. Elf Kilometer lang ist der Tunnel von Portage nach Whittier.

Sowohl von der Alaska Railroad als auch von privaten Gesellschaften wird die Erste Klasse angeboten. Außerdem gibt es Spezialzüge wie den **Hurricane Turn Train**, der an einigen Tagen pro Woche Talkeetna und Hurricane miteinander verbindet (ca. 90 km) und die meiste Zeit am Susitna River entlangfährt. Der Hurricane ist einer der letzten Flag-Stop-Züge: Weit abgelegen wohnende Einheimische oder Wanderer in der Wildnis können per Fahnenzeichen den Zug anhalten.

PRAKTISCHE TIPPS

BESUCHER-INFORMATIONEN

Die wichtigste Touristeninformation ist die **Alaska Travel Industry Association** (2600 Cordova St., Suite 201, Anchorage, AK 99503, Tel. 907/ 929-2842, www.alaskatia.org). Über das Internet kann der *Vacation Planner* bestellt werden, der viele nützliche Informationen bietet.

Eine gute Informationsquelle sind auch die **Alaska Public Lands Information Centers** (605 W. 4th Ave., Suite 105, Anchorage, AK 99501, Tel. 907/271-2737 oder 250 Cushman St., Suite 1A, Fairbanks, AK 99701, Tel. 907/456-0527).

Im **Southeast Alaska Discovery Center** (50 Main St, Ketchikan, AK 99901, Tel. 907/228-6220 oder P.O. Box 359, Tok, AK 99780, Tel. 907/883-5667, www.nps.gov/aplic/) erhalten Reisende Informationen über öffentliches Staatsland und die notwendigen *permits*. Auch Hütten im Hinterland können über das Center gemietet werden.

Die **Alaska Natural History Association** ist in jedem dieser Center vertreten und hat naturhistorische Bücher, Landkarten und Reiseführer für alle Teile Alaskas im Angebot.

EINRICHTUNGEN FÜR BEHINDERTE

Alaska ist für behinderte Reisende kein einfaches Reiseland. Wer mit großen Reiseunternehmen unterwegs ist oder öffentliche Einrichtungen besucht, kann bis zu einem gewissen Grad mit behindertengerechten Einrichtungen rechnen. In kleineren Städten und abgelegenen Dörfern sind Behinderte aber mit Hindernissen konfrontiert. Nähere Informationen erteilt Access Alaska (Tel. 907/248-4777 oder 800/770-4488 in Achorage, 907/479-7940 oder 800/770-7940 in Fairbanks oder 907/357-2588 in Wasilla, www.accessalaska.org).

INTERNET

Informationsreiche Internetseiten sind www.travelalaska.com. Viele andere Internetseiten sind auf ein Thema oder eine Region spezialisiert: www.nps.gov (National Park Service)
www.nps.gov/aplic (Alaska Public Lands Information Centers)
www.r7.fws.gov (U.S. Fish & Wildlife Service, Alaska Region)
www.alaskastateparks.org (Alaska State Parks)
www.blm.gov (Bureau of Land Management)
www.fs.fed.us/r10/chugach oder www.fs.fed.us/r10/tongass (Forest Service, Chugach and Tongass National Forests, Region Alaska)
www.state.ak.us (staatliche Reiseinformationen).

KARTEN

Landkarten und Stadtpläne sind in den Besucherinformationen und Visitor Centers erhältlich. Detailliertere Informationen liefert der *Alaska Atlas & Gazetteer* (von DeLorme Mapping). Alle staatlichen Gebiete sind in Karten mit unterschiedlichen Maßstäben abgebildet. Für weitere Infos stehen die *Alaska Public Lands Information Centers* zur Verfügung.

SICHERHEIT

In Alaskas freier Natur lauern vielerlei Gefahren. Obwohl Bären von den Urlaubern in Alaska am meisten gefürchtet werden, ist die Gefahr einer Unterkühlung groß. Ein Wanderausflug kann tödlich enden, wenn man bei 10 °C in T-Shirts und Shorts startet und dann in einen Sturm gerät. Gleiches gilt für eine Kanufahrt, wenn Wind aufkommt und die Passagiere im eiskalten Wasser kentern. Umso wichtiger ist es, die Wetterverhältnisse genau zu studieren.

Über die Notfallnummer 911 sind die Polizei, der Notarzt und die Feuerwehr erreichbar. In manchen Landstrichen wählt man bei Notfällen nur eine 0. An einigen (wenigen) Straßen stehen Notruftelefone und »contact stations«.

STEUERN UND TRINKGELD

Ebenso wie im Rest der USA bekommt die Bedienung 15–20 Prozent Trinkgeld, Taxifahrer erhalten 10–15 Prozent, und 1–5 US-Dollar ist für das Hotelpersonal angemessen. Für Reiseführer oder -leiter gibt es keine allgemeinen Richtlinien. Nach einer kleinen, persönlichen Tour und bei gutem Service sind aber zehn Prozent Trinkgeld angebracht. In Alaska wird keine Mehrwertsteuer erhoben, dafür ziehen einige Gemeinden eigene Steuern ein.

ZEITUNTERSCHIED

Der Unterschied zwischen der MEZ und der *Alaska Standard Time* beträgt zehn Stunden. Auf den Aleuten und Saint Lawrence gilt dagegen die *Hawaii-Aleutian Standard Time* mit einem Unterschied von elf Stunden zur MEZ. Von April bis Oktober stellt auch Alaska auf Sommerzeit um.

JÄHRLICHE VERANSTALTUNGEN

JANUAR

Kuskokwim 300 Bethel, Mitte–Ende Jan., Tel. 907/543-3300, www.k300.org. Wichtigstes Mittelstrecken-Hunderennen mit den weltbesten Hundeschlittenführern.

Polar Bear Jump Off Seward, 3. Wochenende, Tel. 907/224-5230. Hauptereignis ist der Sprung von kostümierten Wagemutigen in die eisige Resurrection Bay; weitere Ereignisse sind Fischweitwurf, Eisbowling und Hundeschlittenrennen.

Anchorage Folk Festival Anchorage, zwei Wochenenden Mitte–Ende Jan., Tel. 907/566-2334, www.anchoragefolkfestival.org. Mehr als 120 Auftritte. Viele Folkgruppen, Jazz, Bluegrass, Klezmer … Eintritt frei.

FEBRUAR

Alaska Ski for Women Anchorage, Super Bowl So, Tel. 907/276-7609, www.alaskaskiforwomen.org. Größtes Langlaufrennen für Frauen als Benefizveranstaltung. Die Teilnehmerinnen tragen Hula-Röcke und Kleider.

Cordova Ice Worm Festival Cordova, Anfang Feb., Tel. 907/424-7260, www.iceworm.com Feuerwerk, Konzerte, Kulinarisches und eine Parade.

Tent City Days Wrangell, Anfang Feb., Tel. 907/874-2381, www.wrangell.com. In Erinnerung an die Goldsucher, die um 1900 hier eine Zeltstadt errichteten. Long-John-Wettbewerb, Betten-Rennen, Lügengeschichten- und Bartwettbewerbe.

Yukon Quest International Sled Dog Race Fairbanks (jedes Jahr) oder Whitehorse, Yukon Territory (ungerade Jahre), Mitte Feb., Tel. 907/452-7954 oder 867/668-4711 (Kanada), www.yukonquest.com. Ein 1000 Meilen langes Hundeschlittenrennen, das alten Goldrausch- und Postwegen folgt.

Fur Rendezvous Anchorage, Mitte Feb.–Anfang März, Tel. 907/274-1177, www.furrondy.net. Alaskas größtes Winterfestival mit Veranstaltungen von Pelzauktionen bis zum World Ice Bowling Championship.

MÄRZ

World Ice Art Championships Fairbanks, Ende Feb.–Ende März, Tel. 907/451-8250, www.icealaska.com. Die besten Künstler gestalten hier großartige Eisskulpturen.

Festival of Native Arts Fairbanks, 1. Do–Sa, Tel. 907/474-7181. Aufführungen und Kunsthandwerk von Alaskas Ureinwohnern.

Iditarod Trail Sled Dog Race von Anchorage nach Nome, Start 1. Sa, Tel. 907/376-5155 oder 907/248-6874, www.iditarod.com. Die Mutter aller Hundeschlittenrennen.

Bering Sea Ice Golf Classic Nome, 3. Sa, Tel. 907/443-6624, www.nomealaska.org. Eine Benefizveranstaltung auf einem provisorischen 6-Loch-Platz auf der zugefrorenen Beringsee. Die Golfer benutzen orangefarbene Bälle und Patronenhülsen als Tees.

APRIL

Alaska Folk Festival Juneau, Anfang–Mitte April, Tel. 907/463-3316, http://akfolkfest.org Einwöchiges Festival mit jährlich ca. 450 Musikern aus aller Welt. Freier Eintritt. Spontane Jamsessions in der ganzen Stadt.

Cama'i Dance Festival Bethel, Anfang–Mitte April, Tel. 907/543-2911, www.bethelarts.com. Zwischen 400 und 500 Teilnehmer nehmen am Festival für traditionelle Tänze teil.

MAI

Copper River Delta Shorebird Festival Cordova, Anfang Mai, Tel. 907/424-7260, www.ptialaska.net/~midtown. Anlass ist die Ankunft von Millionen von Küstenvögeln am Copper River Delta. Viele Workshops und Vogelexkursionen.

Kachemak Bay Shorebird Festival Homer, Anfang Mai, Tel. 907/235-7740, www.homeralaska.org/shorebird.htm. Vogelliebhaber können 100 verschiedene Vogelarten beobachten. Workshops, Exkursionen, Boots- und Seekayak-Touren.

Little Norway Festival Petersburg, Wochenende um den 17. Mai, Tel. 907/772-4636, www.petersburg.org/visitor/littlenorway.html. Die Einheimschen würdigen mit diesem Festival ihren norwegischen Ursprung, den Frühlingsbeginn, den U.S. Armed Forces Day und den Beginn des kommerziellen Fischfangs. Kulinarisches, Musik und eine große Parade in norwegischen Kostümen.

Juneau Jazz & Classics Juneau, Ende Mai, Tel. 907/463-3378, www.jazzandclassics.org. Neuntägiges Festival mit Weltklasse-Künstlern. auch Klassik.

Kodiak Crab Festival Kodiak, Ende Mai, Tel. 907/486-4782 oder 800/789-4782, www.kodiak.org/crabfest/html. Fünftägiges Festival, das der Krabben in jeder erdenklichen Form huldigt. Auch Golf, Tennis, Fechten und Tischtennis, Meereslyrik, russische Volkstänze und Kunsthandwerk.

JUNI

Sitka Summer Music Festival Sitka, Anfang Juni, Tel. 907/277-4852 (im Juni, Tel. 907/747-6774), www.sitkamusicfestival.org. Weltklasse-Künstler treten bei diesem Kammermusik-Festival auf.

Colony Days Palmer, Mitte–Ende Juni, Tel. 907/745-2880, www.palmerchamber.org. Parade, Street Dance, Wagenrennen, Kunsthandwerksmessen und anderes erinnern an den Ursprung der Stadt als landwirtschaftliche Kolonie.

Midnight Sun Baseball Game Fairbanks, 20.–22. Juni , Tel. 907/451-0095, www.goldpanners.com/midnight_sun_game.html. Zur Sommersonnenwende beginnen die Basketballspiele um 22.30 Uhr und enden am nächsten Tag, wenn die Sonne wieder steigt.

Doyon, Limited Yukon 800 Fairbanks, Ende Juni, Tel. 907/452-5377, www.yukon800.com. Während dieses längsten Speedboot-Rennens der Welt müssen die Teilnehmer an zwei Tagen 800 Meilen auf dem Chena, Tanana und dem Yukon zurücklegen.

JULI

Mount Marathon Race Seward, 4. Juli, Tel. 907/224-8051, www.sewardak.org. Seit 1915 starten die Läufer auf Meeresspiegelhöhe und laufen rund 2,5 km weit den 914 Meter hohen Berg hinauf und wieder hinunter. Das Rennen hat jedes Jahr 900 Teilnehmer und mehrere Zehntausend Zuschauer.

Moose Dropping Festival Talkeetna, zweites Wochenende, Tel. 907/746-5000 oder 907/733-2778. Als Wurfgeschoss wird beim *Moose Dropping Toss* der Kot von Elchen verwendet. Beim *Mountain Mother Contest* müssen die Teilnehmer in hüfthohen Stiefeln über einen 6 Meter langen Baumstamm balancieren und dabei zwei volle Einkaufstaschen in den Händen und eine 4,5 Kilogramm schwere Puppe auf dem Rücken tragen.

World Eskimo-Indian Olympics Fairbanks, Mitte–Ende Juli, Tel. 907/452-6646, www.weio.org. Die Athleten unter den Ureinwohnern kommen für vier Tage zusammen, um traditionelle Wettkämpfe zu bestreiten. Ursprünglich waren diese Fertigkeiten in den Disziplinen überlebenswichtig.
Golden Days Fairbanks, Wochenende um den 22. Juli, Tel. 907/452-1105, www.fairbankschamber.org. Über fünf Tage feiert man den Sommer mit einer großen Parade, Pancake Breakfast, einer Flussregatta, dem Rubber Duckie Race und historischen Aufführungen.
Southeast Alaska State Fair Haines, Ende Juli–Mitte August., Tel. 907/766-2476, www.seakfair.org.

AUGUST

Tanana Valley State Fair Fairbanks, Anfang Aug., Tel. 907/452-3750, www.tananavalleyfair.org.
Tanana Valley Sandhill Crane Festival Fairbanks, Mitte Aug., Tel. 907/452-5162, www.creamersfield.org. Anlass ist die Ankunft der Kraniche auf dem Creamer's Field während ihrer Herbstwanderung.
Alaska State Fair Palmer, Ende Aug.–Anfang Sept., Tel. 907/745-4827, www.alaskastatefair.org.

SEPTEMBER

Kodiak State Fair & Rodeo Kodiak, 1. Wochenende (Labour Day), Tel. 907/486-6380, www.kodiak.org.
Alaska Airlines' Autumn Classics Anchorage, Mitte–Ende Sept., Tel. 907/277-4852, www.sitkamusicfestival.org. Als Teil des Sitka Summer Festivals finden hier an zwei Wochenenden Kammermusikkonzerte statt.

OKTOBER

Make It Alaskan Festival Anchorage, 1. Wochenende, Tel. 907/279-0618, http://miafestival.com. Hunderte einheimische Kunsthandwerker präsentieren ihre Produkte.
Alaska Day Festival Sitka, Mitte Okt., Tel. 907/747-5940, www.sitka.org. Anlass ist die Übergabe Alaskas von Russland an die USA am 18. Oktober 1867. Besichtigungstouren, traditionelle russische Tänze und ein Festball.
Alaska Federation of Natives Convention Unterschiedliche Orte, Mitte–Ende Okt., Tel. 907/274-3611, www.nativefederation.org. Das größte Treffen von Ureinwohnern in Alaska mit 4000–5000 Delegierten. Einwöchiges Ereignis. Einige Events, z. B. die Kunsthandwerksmesse und Tanzdarbietungen sind öffentlich.

NOVEMBER

WhaleFest Sitka, Anfang Nov., Tel. 907/747-7964, www.sitkawhalefest.org. Walbeobachtungsfahrten, Dia-Shows und Workshops anlässlich der Rückkehr der Buckelwale in die nahe gelegenen Gewässer.
Alaska Bald Eagle Festival Haines, meist 2. Wochenende, Tel. 907/766-3094, http://baldeaglefestival.org. Vogelexperten, Künstler und Entertainer zieht es für einige Tage zu Vorlesungen, Foto-Workshops und geführten Adlerbeobachtungstouren.
Athabascan Fiddlers Festival Fairbanks, Mitte Nov., Tel. 907/474-5503, www.explorefairbanks.com. Foot-Stomping Festival mit der Fiedel im Mittelpunkt: Viele Athabascan haben die Fiedel entdeckt und eine spezielle Spielweise entwickelt.

DEZEMBER

Winterfest Talkeetna, jedes Wochenende, Tel. 907/733-2330, www.talkeetna-chamber.org. Kunst, Kulinarisches, Musik, aber auch Goofy Contests, Bachelor's Auction und Wilderness Women Contest.
Ivory Jacks Invitational Golf Tourney Fairbanks, Wochenende um den 21. Dez, Tel. 907/451-9401.
Zur Wintersonnenwende spielen die Golfer auf einem speziellen 5-Loch-Platz.

LESETIPPS

Jährlich wird die mehr als 800 Seiten starke, großformatige *Milepost* aktualisiert, in der genau beschrieben wird, was Sie entlang der Straßen Alaskas finden können – inkl. Hinweise auf Unterkünfte, Ausrüster und Sehenswürdigkeiten. Das Buch gibt die Entfernungen bis auf 160 Meter genau an und bietet praktische Informationen zum Straßenzustand, Veranstaltungen, Aktivitäten etc.

Im gleichen Verlag erscheint jährlich der *Alaska Wildernis Guide*, der abgelegene Dörfer und Siedlungen, National- und Staatsparks sowie Veranstaltungen und mögliche Aktivitäten beschreibt.

Zu den stets lesenswerten Klassikern gehört John Muir's *Travels in Alaska* (1915). Eine Generation später schrieb der Adolph Murie *The Walves of Mount McKinley* (1944). 1961 brachte er das noch ausführlichere *A Naturalist in Alaska* heraus. Von Margaret Murie stammt ein weiterer Klassiker, *Two in the Far North* (1968). Das wohl beste Buch über das Reisen in Alaska schrieb 1977 John McPhee: *Coming into the Country*.

Walter Borneman schrieb 2003 mit *Alaska: Saga of a Bold Land* ebenso eine gute historische Abhandlung wie Stephen Haycox mit *Alaska: An American Colony* (2002). Viele Bücher befassen sich mit spezielleren Themen der Vergangenheit, wie etwa *Wager with the Wind: The Don Sheldon Story* (1982) von James Greiner mit Erzählungen über einen der ersten Buschpiloten. Tappan Adney beschrieb 1994 in *The Klondike Stampede* den Goldrausch am Klondike. Erwähnenswert in Bezug auf die Geschichte der Ureinwohner Alaskas ist *The Epic of Qayaq: The Longest Story Ever Told by My People* (1995) von Lela Kiana Oman mit vielen traditionellen Geschichten der Inupiat.

Alaskas Ureinwohner haben viele faszinierende Berichte über ihr Leben in der Vergangenheit und in der Gegenwart geschrieben. Häufig haben Autoren Prosa und Poesie herangezogen, um das tägliche Leben in Alaska zu beschreiben (siehe S. 46).

HOTELS & RESTAURANTS

Alaska Hotels und Restaurants sind im Allgemeinen teurer verglichen mit Angeboten in den 48 anderen Staaten. Viele haben nur in der Sommersaison von Mitte Mai bis Mitte September geöffnet. Wenn nicht über Monate, so sind viele Lokale doch wenigstens ein paar Wochen im Winter geschlossen. Die Öffnungszeiten von abgelegenen Hütten, Rafting-Anbietern oder Tourschiffen lassen sich nicht genau vorhersagen und richten sich häufig nach dem Wetter: Sie öffnen im Mai vielleicht später und schließen dafür später im September. Die Städte und ihre Sehenswürdigkeiten sind einigermaßen behindertengerecht angelegt, ländliche Gebiete lassen in diesem Punkt aber zu wünschen übrig. Erkundigen Sie sich sicherheitshalber vor Ort oder bei Access Alaska (www.accessalaska.org).

UNTERKÜNFTE

In Alaska gibt es feine Stadthotels und luxuriöse Lodges in der Wildnis, Mittelklassehotels in kleinen Orten, B&Bs oder Hostels und Hütten. Bei der Beurteilung eines Hauses sollte man nie aus den Augen verlieren, unter welchen Bedingungen in Alaska gearbeitet wird: Das Klima ist rau, die Kosten hoch und dazu kommt noch die Abgelegenheit. Die hier aufgeführten Unterkünfte liegen in der Nähe der Orte, die in diesem Reiseführer beschrieben werden selbst Teil einer Sehenswürdigkeit.

Reservierungen

Insbesondere für die Hochsaison sollte man frühzeitig reservieren, da einige Häuser schon Monate im Voraus ausgebucht sind. Auch für Gegenden mit geringer Hoteldichte sind Reservierungen ratsam.

Hotelketten

In Alaska gibt es immer noch weniger Lodging Chains als in den restlichen USA, obwohl sich einige große Ketten hier schon angesiedelt haben. Meistens handelt es sich um gute, ja sogar besondere Häuser. Aber die Qualität ist sehr unterschiedlich. Die Besucherinformationen können bei der Auswahl helfen, dies gilt vor allem für Reisen in den Nordwesten (Alascan Bush).

Bed-and-Breakfast (B&B)

Die B&Bs sind in Alaska weit verbreitet. Die beste Informationsquelle ist:

Bed & Breakfast Association of Alaska;

Anchorage Alaska Bed & Breakfast Association, Tel. 907/272-5909 oder 888/584-5147;

Fairbanks Association of Bed & Breakfasts;

Kenai Peninsula Bed & Breakfast Association, www.kenaipeninsulabba.com;

Bed & Breakfast Association of Alaska INNside Passage Chapter, www.accommodations-alaska.com;

Mat-Su Bed & Breakfast Association, www.alaskabnbhosts.com.

Hostels

In Alaska gibt es Dutzende Hostels, in denen Reisende jeden Alters und jeder Herkunft zu erschwinglichen Preisen Zimmer oder Schlafplätze finden. Allerdings sind sie teilweise während des Tages geschlossen und haben nach Geschlechtern getrennte Schlafräume und Sperrstunden. Eigenes Bettzeug oder Schlafsack wird empfohlen. Infos: www.alaskahostels.com.

Wilderness Lodges

In Alaskas Hinterland gibt es Hunderte von Lodges, die das Übernachten in der Wildnis möglich machen. Manche sind nur per Flugzeug oder Boot zu erreichen. Viele Lodges richten sich zwar an Angler, aber inzwischen wächst die Klientel, die sich mehr für die einzigartige Landschaft und die Tierwelt interessiert. Für diese Gäste werden Rundflüge, Wanderungen, Kanufahrten, Raftingtouren und verschiedene Winteraktivitäten angeboten. Weil viele Lodges so weit abgelegen liegen, häufig luxuriös ausgestattet sind und eine Gourmet-Küche bieten, sind die Übernachtungen hier oft sehr teuer (300–500 US$ oder mehr pro Tag und Person). Die Preise verstehen sich dann mit Vollpension, Reiseleitung, Ausrüstung und manchmal auch mit der Anreise.

Camping

In Alaska gibt es – auch in den Nationalparks – relativ wenig Campingplätze. Wildes Campen ist dagegen weit verbreitet und sehr beliebt. Informationen erteilen die Alaska Public Lands Information Centers (Tel. 907/271-2737, www.nps.gov/aplic). Alternativ zum Campingplatz gibt es Hunderte kleine Hütten, die meist über den Forest Service und über die Alaska State Parks gemietet werden können.

RESTAURANTS

Alaskas Lokale sind sehr vielfältig, und meistens geht es sehr locker zu: Leute in Arbeitsbekleidung treffen dort auf Geschäftsleute in Anzug und Krawatte. Die Portionen sind in der Regel sehr groß. Natürlich ist das Angebot an Fischgerichten immens. Und scheinbar gibt es kein Gericht, zu dem man in Alaska nicht auch noch Heilbutt servieren könnte.

Sortierung

Die im Folgenden vorgestellten Hotels und Restaurants sind zunächst nach Regionen, dann innerhalb der Preiskategorien alphabetisch sortiert. Preise, Telefonnummern, Öffnungszeiten usw. ändern sich schnell: Zur Sicherheit sollten die Informationen vor dem Besuch überprüft werden. Frühzeitige Reservierungen sind notwendig.

Abkürzungen: M steht für mittags, A für abends.

Kreditkarten

Bei mindestens drei akzeptierten Kreditkarten bekommt ein Haus das Kreditkartensymbol. Akzeptiert es nur eine oder zwei, werden die folgenden Abkürzungen verwendet: AE (American Express), MC (Mastercard) oder V (Visa).

SÜDOST-ALASKA

KETCHIKAN

WESTCOAST CAPE FOX LODGE
$$$
800 VENETIA WAY
TEL. 907/225-8001 oder 866/225-8001
FAX 907/225-8286
Ketchikans elegantestes Hotel unterstreicht seine Verbundenheit mit dem Nordwesten durch sechs Totempfähle vor dem Haus und vielen Kunstwerken und Alltagsgegenstände der Tlingit und Haida in den Räumen. In der Lobby finden sich unter massiven Holzbalken Polstersessel, eine Bibliothek und ein gemauerter Kamin. Die Zimmer sind großzügig und haben Blick auf die Tongass Narrows oder den Deer Mountain. Vom Heen Kahidi Dining Room hat man Panoramablicke auf die Stadt und die Marina.
72 Zimmer, 2 Suiten. Alle gängigen Karten

MADAME'S MANOR
$$-$$$
324 CEDAR ST.
TEL/FAX 907/247-2774 oder 877/531-8159
www.madamesmanor.com
Ein prächtiges viktorianisches Haus im historischen Viertel Nob Hill mit Blick auf die Stadt und den Hafen. Alles harmonisiert miteinander: das Porzellan, das Waterford-Kristall, das antike Mobiliar, das feine Frühstück. Von der herrlichen Dachterrasse blickt man auf die Tongass Narrows.
3 Suiten, 2 Apartments
3
Alle gängigen Karten

ANNABELLE'S KEG & CHOWDER HOUSE
$$
326 FRONT ST.
TEL. 907/225-6009
Das Restaurant im Erdgeschoss des Gilmore Hotel gibt es schon seit 1927. Annabelle lebt zwar längst nicht mehr, aber in ihrem viktorianischen Restaurant werden immer noch verschiedene Fischsuppen und Bier sowie Fischgerichte, Steaks, Prime Rib oder Hühnchen angeboten. Die angenehme Atmosphäre zieht auch viele Einheimische hierher.
120 Alle gängigen Karten

WRANGELL

RAIN HAVEN PRIVATE FLOATING LODGE
$$$
TEL. 907/874-2549
www.rainwalkerexpeditions.com/rainhaven.html
Ein altmodisches Hausboot für einen außergewöhnlichen Alaskaaufenthalt (max. fünf Personen). Alles ist vorhanden: eine voll ausgestattete Kombüse, eine Dusche mit Warmwasser, ein Badezimmer, Federbetten und sogar eine Bibliothek. Das Boot legt am Hafen unweit von Wrangell ab. Ideal, um in abgelegenen Gegenden zu ankern und Bären, Buckelwale und Adler aus allernächster Nähe zu beobachten (Kajak oder Kanu werden gestellt). Zur Sicherheitsausrüstung gehört u. a. ein Funkgerät.
Boot (5 Personen)

BRUCE HARDING'S OLD SOURDOUGH LODGE
$$-$$$
1104 PENINSULA AVE.
TEL. 907/874-3613 oder 800/874-3613
FAX 907/874-3455
www.akgetaway.com
Eine hübsche Lodge aus handbearbeitetem Holz des Alaska Red Cedar (Riesen-Lebensbaum). Die Zimmer mit Blick auf den Hafen sind nicht luxuriös, aber komfortabel und mit Kunst der Ureinwohner und handgearbeiteten Quilts ausgestattet. Zum hausgemachten Essen gehört natürlich immer auch Sauerteigbrot.
16 Alle gängigen Karten

HOTELS
Die Preiskategorie für ein Doppelzimmer mit Frühstück in der Hauptsaison wird angegeben mit $. Häufig sind Zimmer aber auch günstiger zu haben.

$$$$$	über 300 US$
$$$$	200–300 US$
$$$	120–200 US$
$$	80–120 US$
$	unter 80 US$

RESTAURANTS
Die Preiskategorie für ein Drei-Gänge-Menü (nicht das billigste) ohne Getränke wird mit $ angegeben. Getränke sind nicht enthalten.

$$$$$	über 75 US$
$$$$	50–75 US$
$$$	35–50 US$
$$	$20–$35
$	unter $20

PETERSBURG

SCANDIA HOUSE
$$-$$$
110 N. NORDIC DR.
TEL. 907/772-4281 oder 800/722-5006
FAX 907/772-4301
www.scandiahousehotel.com
Das Hotel im europäischen Stil besteht zwar schon seit 1905 im Zentrum von Petersburg, wurde aber nach einem Brand 1994 komplett neu errichtet. Rosemaling an der Fassade erinnert an die enge Bindung der Stadt zu Norwegen. Geräumige, helle und moderne Zimmer.
33
Alle gängigen Karten

COASTAL COLD STORAGE
$
306 N. NORDIC DR.
TEL. 907/772-4177 oder 877/257-4767 (von außerhalb Alaskas)
Petersburg ist eine Fischereistadt, und somit dreht sich auch im Coastal Cold Storage alles um den Fisch. Ursprünglich lieferten Angler hier ihren Fang zur Weiterverarbeitung ab. Im Laden können Heilbutt-Bierhäppchen, Fischsuppen, Muscheln, Krabben und andere Fischgerichte probiert werden.
A geschl. Alle gängigen Karten

SITKA

ROCKWELL LIGHTHOUSE
$$$-$$$$
VIA 1315 HALIBUT POINT RD.
TEL./FAX 907/747-3056
Das zweistöckige Haus auf einer Insel im Sitka Sound (1,5 km außerhalb der Stadt) hat die Form eines Leuchtturms. Tatsächlich weisen die Lichter auf dem Dach den Schiffen immer noch den Weg. Die Gäste werden vom Eigentümer in einem kleinen Boot herumgefahren oder können es ausleihen. Die Aussicht ist unbeschreiblich, die Einrichtung seemännisch (Holz und Messing). Sogar eine Wendeltreppe wie in einem richtigen Leuchtturm gibt es. Bis zu acht Personen können in vier Zimmern übernachten (das Haus kann nur komplett gemietet werden). Reservierungen bis zu einem Jahr im Voraus erforderlich.
4 Keine

ALASKA OCEAN VIEW BED & BREAKFAST INN
$$-$$$
1101 EDGECUMBE DR.
TEL. 907/747-8310 oder 888/811-6870
FAX 907/747-3440
www.sitka-alaska-lodging.com
Elegantes einstöckiges Haus an der Küste mit Blick über Sitka und Mount Edgecumbe. Großzügige Zimmer mit Bad, DVD/Videogerät und Internetanschluss, einige sogar mit Sofa, Kamin und Whirlpool.
3 Alle gängigen Karten

SITKA HOTEL
$-$$
118 LINCOLN ST.
TEL. 907/747-3288
FAX 907/747-8499
www.sitkahotel.com
Das Hotel aus den 1930er Jahren wurde erst kürzlich renoviert und hat bescheidene Zimmer, aber eine Lobby mit viktorianischem Charme. Einige Zimmer haben ein eigenes Bad, andere nutzen ein Bad auf dem Flur. Restaurant und Bar.
60 P Alle Kreditkarten

DER BESONDERE TIPP

LUDVIG'S BISTRO

Zweifellos das beste Restaurant in Sitka und eines der besten in ganz Alaska. Das Essen wird hervorragend und einfallsreich zubereitet: Auf der Karte stehen Paella à la Andalucia mit Saffranreis, Garnelen, unterschiedlichen Muscheln, Calamari und Hühnchen, aber auch scharfe Chorizo-Würstchen mit Gemüse. Interessant ist auch die Tageskarte, der Küchenchef entwickelt ständig neue Kreationen und verwendet dabei natürlich häufig frischen Fisch. Der mediterrane Akzent spiegelt sich in der Einrichtung des Lokals mit seinen vielen warmen Gelbtönen wider. Einfacher, aber ausgezeichneter Mittagstisch und nachmittags spanische Tapas. Reservierung empfohlen. Im Herbst und Winter ist das Restaurant länger geschlossen.
$$-$$$$
256 KATLIAN ST.
TEL. 907/966-3663
www.ludvigsbistro.com
25 DSo u. Mo geschl. Alle gängigen Karten

BACK DOOR CAFÉ
$
104 BARRACKS ST.
TEL. 907/747-8856
Von der Barracks Street geht es eine kleine Gasse hinunter zum Hintereingang des Hauses. Viele aus der Literatur- und Kunstszene kehren hier ein, die Stimmung ist lebendig und laut. Neben Bagels gibt es hier verschiedene Kaffeegetränke und das berühmte Gebäck. Probieren Sie die Preiselbeer-Walnuss-Scones und den Mohnkuchen.
35 P Alle gängigen Karten

JUNEAU

PEARSON'S POND LUXURY INN & ADVENTURE SPA
$$$-$$$$$
4541 SAWA CIRCLE
TEL. 907/789-3772 oder 888/658-6328
FAX 907/790-1965
www.pearsonspond.com
Das exquisite Holzhaus liegt mitten im Wald an einem See unweit des Mendenhall Glacier – also nur ein paar Kilometer außerhalb der Stadt. Das Ambiente ist romantisch: Es gibt Kamine, Whirlpools für zwei Personen, Zimmerbrunnen und Blumen im ganzen Haus. Angeboten werden Yogastunden auf der Terrasse, Masssagen, Fitnessgeräte und viele Sportmöglichkeiten in der Umgebung (z. B. Mountainbiken, Paddeln, Wandern und Wintersport).
5 Suiten, 2 Wohnungen im Nebenhaus P Alle gängigen Karten

DER BESONDERE TIPP

ALASKA'S CAPITAL INN

Das B&B wurde gerade 100 Jahre alt und erstrahlt nach einer Renovierung 2003 in neuem Glanz. Das dreistöckige Haus wurde 1906 vom Goldrausch-Pionier John Olds auf einem Hügel erbaut und hat einen großartigen Ausblick auf das Wasser. Das historische Gebäude ist mit Antiquitäten ausgestattet (u. a. mit Betten in Form eines Schlittens oder ein aus Eiche gedrechseltes Bett). Das Inn bietet Video, Internetanschluss und ein Hot Tub im Freien. Im obersten Stock befindet sich ein einziges Zimmer, die Governor's Suite. Während des Sommers ist eine frühe Reservierung notwendig.

$$$-$$$$
113 W. 5TH ST.
TEL. 907/586-6507 oder 888/588-6507
FAX 907/586-6508
www.alaskacapitalinn.com
7 Alle gängigen Karten

WESTMARK BARANOF HOTEL

$$$-$$$$
127 N. FRANKLIN ST.
TEL. 907/586-2660 oder 800/544-0970
FAX 907/586-8315
www.westmarkhotels.com/juneau.php

Viel Holz, aufwendig gearbeitete Stühle und die Pracht in der Lobby lassen ahnen, welches Klientel hier angesprochen wird. Tatsächlich ist das Haus im Zentrum der Stadt schon immer ein Rückzugsort für Juristen, Lobbyisten und Geschäftsleute gewesen. Die Zimmer sind unterschiedlich gestaltet. Um dem Straßenlärm zu entgehen und einen besseren Blick zu haben, empfiehlt sich ein Zimmer in den oberen Stockwerken. Zum Hotel gehören ein bodenständiges und ein Restaurant für die großen Deals: Es heißt – nomen est omen – Gold Room.

196 Alle gängigen Karten

SENTINEL ISLAND LIGHTHOUSE

$$
TEL. 907/586-5338

Der zehn Meter hohe ehemalige Leuchtturm hat rustikale Zimmer. Die Lage ist einmalig, denn der Leuchtturm steht auf einer 2,4 Hektar großen Insel rund 40 Kilometer vor der Stadt. Die Gäste können Wale und vorbeifahrende Fähren beobachten oder einfach über die Insel spazieren. Es gibt sechs Schlafplätze, einen Zeltplatz sowie einfache Koch- und Waschgelegenheiten. Der Leuchtturm wird von der Gastineau Channel Historical Society zu fairen Preisen vermietet. Die Anfahrt erfolgt per Charterboot, Hubschrauber oder Seekajak – auf eigene Kosten.

6

DER BESONDERE TIPP

FIDDLEHEAD RESTAURANT & BAKERY/DI SOPRA

Das Fiddlehead im Erdgeschoss ist ein normales Restaurant mit Frühstück, Mittagstisch und Abendkarte. Sie mögen Alaska Fisherman's Pie, Heilbutt-Tacos oder Quesadillas mit Shrimps und Heilbutt? Dann sind Sie hier richtig. Empfehlenswert sind aber auch die Backwaren wie der Brioche mit Schokolade und Kirsche oder als Nachtisch der köstliche Schokoladenliebeskuchen. Das Di Sopra im ersten Stock hat nur abends geöffnet. Der elegante Raum mit Blick auf die Berge erstrahlt im Kerzenlicht. Beginnen Sie mit einem Carpaccio aus Elchtrüffeln oder einem gebackenen Cambozola, gefolgt von einem Entrée aus Fisherman's Stew.

$-$$$
429 W. WILLOUGHBY AVE.
TEL. 907/586-3150
FAX 907/586-1644
www.thefiddlehead.com
35 in Fiddlehead, 60 in Di Sopra Alle gängigen Karten

HANGAR ON THE WHARF

$-$$$
2 MARINE WAY, NO. 106
TEL. 907/586-5018
www.hangaronthewharf.com

Rund 15 Meter von der Eingangstür entfernt starten noch immer die Wasserflugzeuge. Aber in den umgebauten Hangars der Alaska Airlines zieht es jetzt lebenslustige Leute, die vor allen Dingen die vielen unterschiedlichen Biersorten (über 100) schätzen. Obwohl das Hangar einem Pub ähnelt, gibt es hier auch feinere Speisen wie z. B. Pfeffermuscheln, Jambalaya oder Kokusnuss-Garnelen. An sonnigen Tagen genießt man von der Terrasse den Blick über das Wasser.

175 Alle gängigen Karten

THANE ORE HOUSE SALMON BAKE

$$
4400 THANE RD.
TEL. 907/586-3442

Eine der ältesten und traditionellsten Lachsbratereien in Alaska befindet sich in einem Haus direkt am Ufer sechs Kilometer südlich der Innenstadt, ein kostenloser Busshuttle bringt die Gäste dorthin. »All-you-can-eat«-Lachs, aber auch Heilbutt, gegrillte Rippchen, gebackene Bohnen, Maisbrot und Salat.

200 Winter geschl. MC, V

THE HISTORIC SILVERBOW INN

$
120 2ND ST.
TEL. 907/586-4146 oder 800/586-4146
FAX 907/586-4242
www.silverbowinn.com

Das Silverbow ist eines von Alaskas Institutionen. Zunächst ist es die älteste Bäckerei des Landes: Das erste Sauerteigbrot wurde hier in den 1890er Jahren gebacken. Neben frischem Brot stellt die Bäckerei auch leckeren Schokoladen-Käsekuchen her, Kuchen aus Erdnussbuttermousse und Bagels. Das Silverbow ist aber auch ein hervorragendes Lokal zum Frühstücken und Mittagessen.

Es gibt phantasievolle Salate, Sandwiches und Suppen. Fast alles kann man mitnehmen, aber auch an einem der wenigen Tische drinnen oder draußen im Biergarten essen. Dazu kommen noch sechs kleine, aber feine Gästezimmer. Und schließlich ist das Silverbow ein Veranstaltungsort, wo Bands spielen, Dinner-Partys stattfinden und neue, anspruchsvolle Filme gezeigt werden.
20 P A geschl. Alle gängigen Karten

ADMIRALTY ISLAND

THAYER LAKE LODGE
$$$$$
TEL. 907/789-5646 oder 907/788-3203 (Sommer), 907/247-8897 oder 707/928-5523 (Winter)
FAX 907/247-7053
www.thayerlakelodge.com
Die Familie Nelson baute das Haus Mitte der 1950er Jahre mit den eigenen Händen. Es ist eine der wenigen alten Wilderness Lodges, die sich noch nicht ausschließlich auf Angler spezialisiert haben. Der Mindestaufenthalt liegt bei sechs Tagen und wird entsprechend den Wünschen der Gäste gestaltet: Man kann die berühmten Braunbären auf Admirality Island beobachten, durch den üppigen Regenwald wandern, Lachse angeln, auf dem Thayer Lake Kanufahren oder einen Kajak-Kurs belegen. Es gibt zwei Hütten für jeweils fünf Personen mit Küche, Warmwasserduschen, WC und Kamin.
2 Hütten P Winter geschl. MC, V

GLACIER BAY/GUSTAVUS

BEAR TRACK INN
$$$$$
255 RINK CREEK RD.
TEL. 907/697-3017 oder 888/697-2284
FAX 907/697-2284
www.beartrackinn.com
Luxuriöses Gästehaus aus Fichtenholz, das inmitten von Wäldern und Wildblumenwiesen mit Blick auf die Icy Strait liegt. In der neun Meter hohen Lobby stehen handgearbeitete Möbel, ein gemauerter Kamin und zwei Leuchter aus Elchgeweih. Die Zimmer sind geräumig und rustikal eingerichtet. Die Hotelgäste nehmen alle Mahlzeiten im Restaurant ein, auswärtige Gäste sind abends willkommen. Das große Angebot reicht von Steaks über Fischgerichte bis hin zu Karibu und Moschusochse. Das Inn bietet viele Ausflugsangebote an.
14 P Winter geschl. Alle gängigen Karten

GLACIER BAY COUNTRY INN
$$$$$
TEL. 907/697-2288 oder 800/628-0912
FAX 907/697-2289
www.glacierbayalaska.com
Das Inn liegt inmitten eines 65 Hektar großen Areals mit Regenwald und Wiesen – rund sechs Kilometer außerhalb von Gustavus an der Straße nach Bartlett Cove. Das zweistöckige Gebäude mit vielen Gauben, Giebeln, Kuppeln und Veranden kann man nicht verfehlen. Um das Hauptgebäude liegen fünf Hütten, eine Gartenlaube und ein Garten mit biologischem Gemüse für die berühmten Gerichte aus der Küche des Country Inn. Das Haus hat fünf unterschiedlich gestaltete Zimmer, eine Bibliothek und ein Speisezimmer, wo kulinarische Köstlichkeiten wie Wildbeeren aus dem nahen Wald, geräucherte Ente oder Lachs mit grüner Paprikasauce die Gäste erwarten. Angeln ist die Passion der Eigentümer. Sie bieten Angelausflüge, aber auch Wandertouren und Walbeobachtungsausflüge an.
10 P Winter geschl. Alle gängigen Karten

DER BESONDERE TIPP

GUSTAVUS INN AT GLACIER BAY

Nicht unbedingt die eleganteste Lodge und das stilvollste Restauraunt an der Glacier Bay, aber viele behaupten, es sei das beste Haus. Legeres Ambiente mit persönlicher Note. Die Familie des Besitzers hat das Haus vor rund 40 Jahren eröffnet. Sie wissen, wo es Walderdbeeren gibt und wo Sie einen Dolly Varden an den Haken bekommen. Die Besitzer fahren die Gäste zur Bartlett Cove und zum National Park Visitor Center. Auch das Essen für die Hotelgäste ist hervorragend, für Nicht-Hotelgäste gibt es ein Festpreis-Dinner ($$). Die Zutaten dafür stammen zum größten Teil aus dem eigenen Garten oder aus der Natur.
$$$$$
MILE 1, GUSTAVUS RD.
TEL. 907/697-2254 oder 800/649-5220
FAX 907/697-2255
www.gustavusinn.com
11 P Winter geschl. Alle gängigen Karten

ANNIE MAE LODGE
$$-$$$$
TEL. 907/697-2346 oder 800/478-2346
www.anniemae.com
Eine der wenigen ganzjährig geöffneten Lodges an der Glacier Bay. Hübsches, einstöckiges Haus auf einer Wiese am Good River, fünf Gehminuten von der Küste entfernt. Von der Veranda aus fällt der Blick auf Wälder, Berge und den Fluss. Im Preis enthalten sind drei Mahlzeiten pro Tag sowie die Anreise aus Juneau. Fast jeder gewünschte Ausflug wird organisiert.
11 P Alle Karten

GLACIER BAY LODGE
$$-$$$$
179 BARTLETT COVE RD.
TEL. 907/697-4000, 907/264-4600, oder 888/229-8687
FAX 907/258-3668
www.visitglacierbay.com

Die aus massivem Holz gebaute Lodge ist die einzige Lodge im Glacier Bay National Park. Das Visitor Center des Parks hat seinen Sitz im Haus, so dass die Gäste an allen Angeboten problemlos teilnehmen können (geführte Wanderungen und Bootstouren sowie Kajakausflüge). Die rustikale Lodge liegt in einem alten Regenwaldgebiet, den Gästen stehen ein gutes Restaurant, eine beliebte Bar, ein Mountainbike- und Angelausrüstungsverleih sowie ein Souvenirshop mit Kunsthandwerk aus Alaska zur Verfügung. Am großen gemauerten Kamin trifft man sich nach einem erlebnisreichen Tag inmitten der Gletscherwelt der Glacier Bay.
50 Winter geschl. Alle gängigen Karten

HAINES

HOTEL HÄLSINGLAND $-$$

13 FORT SEWARD DR.
TEL. 907/766-2000 oder 800/542-6363
FAX 907/766-2060
www.hotelhalsingland.com

Das Hälsingland wurde in das National Register of Historic Places aufgenommen, weil es das Offiziersquartier des Fort Seward, einer alten Militärbasis, war. Das hübsche viktorianische Haus wurde gefühlvoll renoviert, ohne dabei an Charme zu verlieren. Unter gleichem Dach befindet sich auch eines der besten Lokale von Haines, das Commander's Room Restaurant, in dem das Gemüse und die Kräuter aus dem Garten des Koches sowie frischer Fisch aus dem Chilkoot Inlet zu innovativen Gerichten verarbeitet werden.
60 Nov.–Anf. Mai geschl. (Restaurant ab Mitte Sept. geschl.) Alle gängigen Karten

SKAGWAY

THE HISTORIC SKAGWAY INN $$-$$$

655 BROADWAY AT 7TH
TEL. 907/983-2289 oder 888/752-4929
FAX 907/983-2713
www.skagwayinn.com

Das Gästehaus (1897) gehört zum Klondike Gold Rush National Historical Park. Es diente zunächst als Bordell, bis heute tragen die Zimmer die Namen der Frauen, die hier gearbeitet haben. 2004 wurde nach einer Renovierung der alte viktorianische Charme mit den eisernen Betten und den Antiquitäten wieder hergestellt. Frühstück gibt es in Olivia's Restaurant, das für andere Gäste erst ab mittag geöffnet ist.
10 Winter geschl. Alle gängigen Karten

THE WHITE HOUSE $$-$$$

475 8TH AVE. AT MAIN ST.
TEL. 907/983-9000
FAX 907/983-9010
www.atthewhitehouse.com

Das einstöckige, mit Schindel gedeckte Haus wurde 1902 von einem Spieler und Saloon-Besitzer erbaut, der offenbar mit beiden Leidenschaften Erfolg hatte. Es steht nur zwei Straßen vom Zentrum Skagways entfernt, ist in Schönheit alt geworden und zeigt auch heute noch viele alte Holzarbeiten. In den Zimmern stehen Antiquitäten, und auf den Betten liegen schöne handgearbeitete Quilts.
10 Alle gängigen Karten

THE STOWAWAY CAFÉ $$-$$$

205 CONGRESS WAY
TEL. 907/983-3463

Natürlich gibt es hier am Hafen viel frischen Fisch. Probieren Sie den Salat mit Muscheln und Speck oder die Garnelen mit Gorgonzola. Wem der Sinn nach anderem steht, wählt Steaks, Thai-Curry oder geräucherte Rippchen. Reservierung empfohlen.
40 Winter geschl. Alle gängigen Karten

HOTELS

Die Preiskategorie für ein Doppelzimmer mit Frühstück in der Hauptsaison wird angegeben mit $. Häufig sind Zimmer aber auch günstiger zu haben.

$$$$$	über 300 US$
$$$$	200–300 US$
$$$	120–200 US$
$$	80–120 US$
$	unter 80 US$

RESTAURANTS

Die Preiskategorie für ein Drei-Gänge-Menü (nicht das billigste) ohne Getränke wird mit $ angegeben. Getränke sind nicht enthalten.

$$$$$	über 75 US$
$$$$	50–75 US$
$$$	35–50 US$
$$	$20–$35
$	unter $20

ANCHORAGE & MAT-SU

ANCHORAGE

DER BESONDERE TIPP

HOTEL CAPTAIN COOK

Obwohl sich in Anchorage verstärkt nationale Hotelketten angesiedelt haben, ist dieses ehrwürdige Hotel mit seinen drei Türmen eines der besten. In Anlehnung an den Namen des Hotels sind die Zimmer im nautischen Stil eingerichtet. Es gibt etwa ein Dutzend Läden, ein Fitness-Center, ein Business-Center und vier Restaurants. Das beste Lokal ist das Crow's Nest Restaurant, das sich im obersten Stock des Gebäudes befindet und einen großartigen Blick auf die Chugach Mountains und den Cook Inlet bietet. Berühmt ist der 10 000 Flaschen umfassende Weinkeller.

$$$$-$$$$$
939 W. 5TH AVE.
TEL. 907/276-6000 oder 800/843-1950
FAX 907/343-2298
www.captaincook.com
547 Alle gängigen Karten

THE HISTORIC ANCHORAGE HOTEL
$$$$
330 E. ST.
TEL. 907/272-4553 oder 800/544-0988
FAX 907/277-4483
www.historicanchoragehotel.com

Kleines Hotel in der Innenstadt mit großer Geschichte. Der beliebte Komiker Will Rogers und der Flugpionier Wiley Post übernachteten hier für zwei Tage, bevor sie bei einem Flugzeugabsturz nahe Barrow ums Leben kamen. Alaskas bekanntester Maler Sydney Laurence lebte hier einige Jahre und schuf mehrere seiner Meisterwerke in einem Studio in der Lobby. Das Gebäude von 1916 wurde hübsch renoviert, die Zimmer sind mit Möbeln aus dunklem Kirschbaum, aber auch Internet-Anschluss und großformatiges digitales Fernsehen ausgestattet.

26 Alle gängigen Karten

INLET TOWER HOTEL & SUITEN
$$$-$$$$
1200 L ST.
TEL. 907/276-0110 oder 800/544-0786
FAX 907/258-4914
www.inlettower.com

1951 fertig gestellt, war das 13-stöckige Hochhaus am Rande der Innenstadt mit Blick auf das Cookinlet und die Chugach Mountains der erste Wolkenkratzer Alaskas. Nach einer umfangreichen Renovierung wirkt dieses Hotel jetzt leicht, sauber und modern. Geräumige Zimmer mit Großbildfernseher und hochwertiger Bettwäsche. Mick's at the Inlet ist ein elegantes Restaurant.

180 100 Alle gängigen Karten

15 CHANDELIERS B&B INN
$$$
14020 SABINE ST.
TEL. 907/345-3032
FAX 907/345-3990
www.15chandeliers.com

Kronleuchter hängen hier tatsächlich überall. Das 630 m² große Herrenhaus wird von großen Rasenflächen umgeben und hat einen mit Blumen übersäten Hof. Die Aufenthaltsräume sind großzügig und elegant, beeindruckend ist auch die geschwungene Treppe. Jedes der fünf Zimmer wurde nach einem anderen Motto gestaltet.

5 Alle gängigen Karten

COPPER WHALE INN
$$-$$$
440 L ST.
TEL. 907/258-7999 oder 888/942-5346
FAX 907/258-6213
www.copperwhale.com

Das saubere kleine Gästehaus befindet sich in Hügellage am westlichen Ende der Innenstadt. Der Blick reicht zum Cook Inlet, zur Alaska Range und zum Vulkan Mount Spurr. In jedem Zimmer liegt ein Fernglas! So können die Gäste das Meer nach Seehunden oder Weißwalen absuchen – sie sind die Lieblingstiere des Eigentümers und Meeresbiologen Tony Carter. Der Beruf erklärt auch die vielen Fotos mit Naturmotiven Alaskas an den Wänden der Räume. Ein gepflegtes, großes Haus von 1939 mit originalem Parkettfußboden, einem mit Messing verzierten Kamin und einem üppigen Blumengarten.

15 Alle gängigen Karten

DER BESONDERE TIPP

THE MARX BROS. CAFÉ

Die Besitzer des Restaurants in einem Fachwerkhaus von 1916 versprechen eine innovative, moderne Küche. Diese Beschreibung reicht aber kaum aus, um den Heilbutt in Macadamia-Kruste mit Kokusnuss-Curry-Sauce und Mango-Chutney zu beschreiben. Die Desserts sind auch nicht zu verachten: Der White Chocolate Coffee Tower besteht aus Schokoladenkuchen mit weißer Espresso-Mousse, einer Schokoladen-Glasur und einer Amareto-Crème Anglaise. Das Restaurant ist nur an fünf Abenden pro Woche für jeweils etwa 60 Gäste geöffnet.

$$$$-$$$$$
627 W. 3RD AVE.
TEL. 907/278-2133
FAX 907/258-6279
www.marxcafe.com
46 Sommer So u. Mo, im Winter Mo u. Di geschl. Alle gängigen Karten

Nichtraucher Aufzug Klimaanlage Hallenbad Schwimmbad Fitnessstudio Kreditkarten

RISTORANTE ORSO

$$$-$$$$
737 W. 5TH AVE. AT G ST.
TEL. 907/222-3232
www.orsoalaska.com

Durch die beliebte Bar hindurch führt der Weg in das Lokal mit vielen Orientteppichen, roten Wänden und einem mit Schiefer eingefassten Kamin. Zum toskanischen Ambiente passen Osso Buco (geschmortes Lamm) und Gemelli Pasta sautiert in Knoblauchcremesauce mit unterschiedlichen Muscheln, Shrimps und Rockfish. Auf der Karte finden sich viele traditionelle italienische Pastagerichte, manchmal aber auch typische Alaskaspezialitäten. Reservierung ratsam.

120 P Sa u. So mittags geschl. Alle gängigen Karten

SACKS CAFÉ & RESTAURANT

$$$-$$$$
328 G ST.
TEL. 907/274-4022 oder 907/276-3546
FAX 907/276-3548
www.sackscafe.com

Das korallenfarbene Äußere und die helle Southwestern-Inneneinrichtung lassen ahnen, dass das Essen hier kreativ gekocht wird und entsprechend in keine Standard-Kategorisierung passt. Aber das wird keinen Gast stören, wenn er Salat mit getrockneten Calamari und Spinat oder den Krabben- und Muschelkuchen probiert. Köstlich ist auch das Entrée aus gegrilltem Königslachs in Sashimi-Marinade und Soja-Ahorn-Glasur. Für Freunde spanischer Tapas gibt es eine Tapas-Bar mit Selbstbedienung. Reservierung sowohl mittags als auch abends ratsam.

84 Alle gängigen Karten

DOWNTOWN DELI & CAFÉ

$-$$
525 W. 4TH AVE.
TEL. 907/276-7116

Traditioneller Feinkostladen und Café im Stadtzentrum. Der Sauerteig-Pancake wird bis heute nach einem Rezept gemacht, das ein Goldsucher 1939 mitbrachte. Typische Alaskagerichte sind das Rentier-Stew und der gegrillte Lachs. Probieren Sie den Appetizer Alaska Sampler mit geräuchertem Heilbutt, einem Dip aus Räucherlachs und Käse oder die Rentierwürstchen.

50 Alle gängigen Karten

MOOSE'S TOOTH PUB & PIZZERIA

$-$$
3300 OLD SEWARD HWY.
TEL. 907/258-2537
FAX 907/258-7361
www.moosestooth.net

Der Brauerei-Pub und die Pizzeria sind bei den Bewohnern von Anchorage sehr beliebt. Das Pizzaangebot umfasst auch Pizzen mit Lachs und Heilbutt – wie sollte es in Alaska anders sein. Die Vielfalt an Biersorten ist beeindruckend, auf der Karte finden sich u. a. das einheimische Polar Pale Ale, das Northern Light Amber und das Pipeline Stout.

180 P Alle gängigen Karten

NEW SAGAYA'S CITY MARKET/MIDTOWN MARKET & LAROMA DELI

$-$$
900 W. 13TH AVE.
TEL. 907/274-6173 oder 800/764-1001
3700 OLD SEWARD HWY.
TEL. 907/561-5173
FAX 907/561-2042
www.newsagaya.com

Auf zwei Stockwerken werden Lebensmittel aller Art verkauft, vor allem frischer Fisch und exotische Spezialitäten aus Thailand, Korea, China und Spanien. Vieles kann man an Tischen drinnen und draußen direkt probieren oder mitnehmen: asiatische Gerichte, Feinschmecker-Sandwiches, ausgezeichnetes Gebäck, Salate und köstliche Fischgerichte.

P Alle gängigen Karten

THAI KITCHEN

$-$$
3405 E. TUDOR
TEL. 907/561-0082
FAX 907/563-6868
www.thaikitchenalaska.com

Das erste thailändische Restaurant der Stadt liegt zwar in keiner besonders einladenden Gegend, lohnt sich aber dennoch. Die Einheimischen genießen hier echte thailändische Küche, z. B. Pad Thai, grüner Curry, aber auch eher Untypisches wie Jungle Beef. Wer sich angesichts der langen Speisekarte nicht entscheiden kann, sollte den Thai Kitchen Platter mit vielen unterschiedlichen Vorspeisen probieren.

60 P Sa M und So geschl. Alle gängigen Karten

TURNAGAIN ARM

DER BESONDERE TIPP

ALYESKA PRINCE HOTEL

Das Alyeska ist Alaskas luxuriösestes Resort. Jedes Zimmer verfügt über eine hochwertige Ausstattung mit beheizten Handtuchhaltern, flauschigen Morgenmänteln, einer Bar und einem Safe. Ein unvergessenes Erlebnis bietet das Seven Glaciers Restaurant oberhalb der Skipisten, zu dem eine Gondel hinauffährt. Mit Blick auf die Gletscher genießen Sie hier z. B. über Holzkohle gegrillten Lachs oder Buffalo-Rippchen.

$$$$-$$$$$
1000 ARLBERG AVE. (GIRDWOOD)
TEL. 907/754-1111 oder 800/880-3880
FAX 907/754-2200
www.alyeskaresort.com
307 Alle gängigen Karten

DOUBLE MUSKY INN
$$$-$$$$
MILE 0.3 CROW CREEK RD. (GIRDWOOD)
TEL. 907/783-2822
FAX 907/783-5520
www.doublemuskyinn.com
Eine eigenwillige Mischung aus feinem Restaurant und schäbiger Kneipe mit einem Hauch Cajun-Louisiana-Atmosphäre. Es ist häufig überfüllt und die Bedienung auch nicht die schnellste, aber die Stimmung ist relaxed. Auf den Tisch kommen Gerichte, die einem das Wasser im Mund, aber auch in den Augen zusammenlaufen lassen, weil sie extrem scharf sind. Probieren Sie Shrimps Étouffee oder Lobster-Kabobs. Doch auch die Steaks (insbesondere das Pfeffersteak) genießen einen landesweit guten Ruf.
85 Mo und 6 Wochen im Spätherbst geschl. Alle gängigen Karten

MAT-SU

COLONY INN
$$-$$$
325 E. ELMWOOD AVE. (PALMER)
TEL. 907/746-3330
FAX 907/746-3330
Lehrer, die während der großen Depression nach Mat-Su kamen, fanden im Colony Inn ein Dach überm Kopf. Seit seiner Renovierung erstrahlt es in neuem, wenn auch nicht luxuriösen Glanz. Die Zimmer haben Videorecorder und Internetzugang. Im Sommer serviert das gemütliche Restaurant, das für seine preisgekrönten *pies* berühmt ist, täglich Frühstück und Mittagessen, am Freitag und Samstag auch Abendessen. Reservierung und Check-In über das nahe gelegene Valley Hotel (606 S. Alaska St.).
12 Alle gängigen Karten

HATCHER PASS LODGE
$$-$$$
MILE 17 HATCHER PASS RD. (PALMER-FISHHOOK RD.)
TEL. 907/745-5897 oder 907/745-1200
www.hatcherpasslodge.com
Die Lodge steht unweit des Hatcher Pass an der Straße zum Independence Mine State Historical Park. Die einzelnen Hütten liegen eingebettet in eine Bergtundra und sind von rauen Bergen umgeben. Die Gäste kommen zum Langlaufen oder Wandern und genießen die grandiosen Ausblicke. Die Hütten haben fließend Wasser und chemische Toiletten, die Lodge ist mit Duschen ausgestattet. Ein Restaurant bietet täglich drei Mahlzeiten.
12 Alle gängigen Karten

PIONEER RIDGE BED & BREAKFAST
$$-$$$
2221 YUKON DR.
TEL. 907/376-7472 oder 800/478-7472
FAX 907/376-7470
www.pioneerridge.com
Das Pioneer Ridge liegt auf dem Land außerhalb von Wasilla. Den Weg dorthin findet man nur mit der Wegbeschreibung der Besitzer oder über die Homepage. Das B&B wurde in einer 900 Quadratmeter großen Scheune aus der Kolonialzeit integriert und ist im alten Alaska-Stil eingerichtet: Elchköpfe hängen an den Wänden und Geweihleuchter von den Decken. Die Zimmer stehen alle unter einem anderen Alaska-spezifischen Motto, wie z. B. der Denali-Room mit seinen Schneeschuhen und Steigeisen.
7 Alle gängigen Karten

EVANGELO'S TRATTORIA
$-$$$
301 PARKS HWY. (MILE 40, WASILLA)
TEL. 907/376-1212
Im großzügigen und behaglichen Evangelo's können Bankette und Konferenzen abgehalten werden. Vom Essen wird man angenehm überrascht: feine Salat-Bar, gute Pizzen und auch Spezialitäten wie Shrimps in Weißwein-Buttersauce.
200 Alle gängigen Karten

CADILLAC CAFÉ
$-$$
MILE 49 PARKS HWY. AT SYLVAN RD.
TEL. 907/357-5533
Als Teil einer Tankstelle ist das Diner unspektakulär, bietet aber gute, bodenständige Gerichte, z. B. deftige Hamburger, South-Western-Food, hausgemachte *pies* und teilweise ungewöhnliche Pizzen aus dem Holzofen.
30 Alle gängigen Karten

VAGABOND BLUES
$
642 S. ALASKA ST. (PALMER)
TEL. 907/745-2233
Ein Café wie dieses im Zentrum von Old Downtown Palmer würde man vielleicht eher inmitten von San Francisco erwarten. Zum vegetarischen Angebot gehören Pasta-Salate, Bagel-Sandwiches und große Portionen hausgemachter Suppe, serviert in den handbemalten Schalen eines ortsansässigen Künstlers. Die Desserts sind ein weiteres Highlight, insbesondere der Erdbeer-*pie*. Manchmal spielen abends lokale Bands.
70

VALLEY BISTRO
$
300 E. HERNING AVE.
(WASILLA)
TEL. 907/357-5633
Das nette Bistro befindet sich in einem ehemaligen Gemischtwarenladen von 1920; es gehört jetzt der örtlichen Historical Society. Fotos des alten Wasilla hängen an den Wänden, viele der Möbel sind Antiquitäten. Ideal für den morgendlichen Espresso mit einem Scone oder für leckere Sandwiches und Salate um die Mittagszeit.
45 Alle gängigen Karten

KENAI PENINSULA

SEWARD

KENAI FJORDS WILDERNESS LODGE
$$$$$
TEL. 907/224-8068 oder 800/478-8068
FAX 907/777-2888
www.kenaifjords.com
Die Lodge, die von Kenai Fjords Tours (siehe S. 264) vermietet wird, befindet sich auf Fox Island nahe der Mündung der Resurrection Bay, etwa 23 Kilometer von Seward entfernt. Im Preis eingeschlossen sind die einstündige Bootsfahrt zur Lodge, eine Nacht in einer hübschen Hütte auf einer schönen Insel in einer malerischen Bucht, Lachs-Grillen, Abendessen sowie Frühstück am nächsten Tag und schließlich eine Tagestour durch den Kenai Fjords National Park. Wer will, darf gerne länger bleiben.
8 Winter geschl.
Alle gängigen Karten

HOTEL EDGEWATER
$$$-$$$$
200 5TH AVE.
TEL. 907/224-2700 oder 888/793-6800
FAX 907/224-2701
www.hoteledgewater.com
Das neueste unter den Hotels in Seward hat Internetzugang und ein modernes Business-Center. An die alten Zeiten erinnert ein Service wie der Gefrierschrank für den selbst gefangenen Fisch der Gäste. Außerdem Spa und Kunstgewerbeladen. Wegen Renovierung ist das Hotel bis März 2008 geschlossen.
76
Alle gängigen Karten

HOTEL SEWARD
$$$-$$$$
221 5TH AVE.
TEL. 907/224-2378 oder 800/655-8785
FAX 907/224-3112
www.hotelsewardalaska.com
Die historische Goldrausch-Atmosphäre, die schönen Zimmer, die wunderbare Lage in der gemütlichen Altstadt von Seward und vieles mehr tragen zum Charme des Hauses bei. Direkt neben dem berühmten Alaska Sea-Life Center (eine Straße vom Meer entfernt) – mit Blick auf die Berge und auf die herrliche Resurrection Bay.
38
Alle gängigen Karten

VAN GILDER HOTEL
$$$
308 ADAMS ST.
TEL. 907/224-3079 oder 800/204-6835
FAX 907/224-3689
www.vangilderhotel.com
Das Hotel von 1916 hat zwar nicht allen modernen Komfort, aber dafür viel viktorianischen Charme und guten Service. Abgesehen von den vier Suiten sind die Zimmer klein, aber makellos und mit Messingbetten und Antiquitäten ausgestattet. In der Eingangshalle stehen ein Klavier und viele Bücher über Alaska, überall an den Wänden hängen alte Fotos mit informativen Erklärungen.
24 Alle gängigen Karten

HOTELS
Die Preiskategorie für ein Doppelzimmer mit Frühstück in der Hauptsaison wird angegeben mit $. Häufig sind Zimmer aber auch günstiger zu haben.

$$$$$	über 300 US$
$$$$	200–300 US$
$$$	120–200 US$
$$	80–120 US$
$	unter 80 US$

RESTAURANTS
Die Preiskategorie für ein Drei-Gänge-Menü (nicht das billigste) ohne Getränke wird mit $ angegeben. Getränke sind nicht enthalten.

$$$$$	über 75 US$
$$$$	50–75 US$
$$$	35–50 US$
$$	$20–$35
$	unter $20

CHINOOKS WATERFRONT RESTAURANT
$$-$$$
1404 4TH AVE.
TEL. 907/224-2207
FAX 907/224-2414
www.chinookswaterfront.com
Nicht das Rindfleisch, die Pasta und der schöne Ausblick vom oberen Raum auf den Hafen machen dieses Lokal so beliebt. Es sind vielmehr die Fischgerichte, die es hier mittags und abends frisch und reichlich gibt. Renner sind das Heilbutt-Filet (gefüllt mit Krabben und Shrimps) und die Fisch-Sauté, eine Fischplatte, die unter dem Gewicht von Krabben, Heilbutt, Lachs und verschiedenen Muschelsorten schier zusammenbricht.
100
Nov.–April geschl.
Alle gängigen Karten

CHRISTO'S PALACE
$$-$$$
133 4TH AVE.
TEL. 907/224-5255
FAX 907/224-2699
Man kann verstehen, warum sich Passanten angesichts der reizlosen Fassade über den Namen Christo's Palace wundern. Doch wer durch die Eingangstür getreten ist, wird eines Besseren belehrt. Hier ist alles elegant, ja fast opulent: dunkles, glänzendes Holz, Gewölbe, edle Möbel und eine wunderschöne Mahagoni-Bar aus dem 19. Jahrhundert. Etwas Stilbruch ist, dass das Restaurant vor allem für seine Pizzen bekannt ist. Doch es gibt auch Fischgerichte und griechische, italienische und mexikanische Küche.
102 Alle gängigen Karten

RAY'S WATERFRONT
$$-$$$
1316 4TH AVE.
TEL. 907/224-5606
FAX 907/224-3861
Das Ray's ist aus Seward nicht mehr wegzudenken. Viele Jahre schon kehren die Sportangler nach einem Tag auf dem Meer hier ein. Wahrscheinlich liegt es an den einfachen, aber sehr guten Fischgerichten (deshalb teilweise lange Wartezeiten). Spezialität des Hauses ist die Fischsuppe. Wunderschöner Blick auf den Hafen.
175 Mitte Okt.–Ende April geschl.
Alle gängigen Karten

SOLDOTNA

ASPEN HOTEL
$$$
326 BINKLEY CIRCLE
TEL. 907/260-7736 oder 866/308-7848
FAX 907/260-7786
www.aspenhotelsak.com
Das neue Hotel liegt an einem Steilhang mit Blick über den Kenai River, eines der berühmtesten Lachsreviere der Welt. Das Haus hat zwar nicht viel Charme, aber die Zimmer sind makellos sauber, hell, geräumig und gut ausgestattet (Bar, Mikrowelle, Video und Internetzugang). Ab Frühling 2008 eröffnet ein weiteres Hotel in Kenai
63
Alle gängigen Karten

DUCK INN
$-$$
43187 KALIFORNSKY BEACH RD.
TEL. 907/262-1849
FAX 907/262-4588
Hier gibt es fast alles – außer Ente: von Steaks bis Fisch, von Hühnchen bis Pizza. Bekannt sind die kreativen Hamburger und der Heilbutt frisch vom Cook Inlet. Wer von einem ganztägigen Angelwettbewerb zurückkehrt, wird das sanfte Licht und die ruhige Musik genießen. Zum Inn gehören ein kleiner Pub und eine Lounge.
60 Alle gängigen Karten

KENAI

KENAI LANDING
$$-$$$$
2101 BOWPICKER LANE
TEL. 907/335-2500
FAX 907/335-2505
www.kenailanding.com
Die ehemalige Konservenfabrik aus den 1920er Jahren wurde erst kürzlich in ein modernes Resort umgewandelt. Einige Zimmer sind klein und haben das Bad auf dem Flur des ehemaligen Frauen-Trakts »Hen House«, daneben gibt es aber auch Drei-Zimmer-Cottages in den ehemaligen Schlafbaracken der Fischer. Zum Resort gehören Docks, ein Theater, mehr als 25 Geschäfte, ein Naturlehrpfad, ein Restaurant und Reste einer Fisch verarbeitenden Fabrik.
44 Mitte Sept.–Mitte Mai geschl.
Alle gängigen Karten

CHARLOTTE'S BAKERY
$
115 S. WILLOW ST.
TEL. 907/283-2777
Die helle und ansprechende Bäckerei wird von Charlotte Legg geführt. Die Einheimische lieben ihre Produkte und das abwechslungsreiche Essen zu vernünftigen Preisen. Zum Tee werden Waldbeerengebäck, Kekse und andere süße Leckereien gereicht, und alles kann auch mitgenommen werden. Das köstlich riechende Brot für Charlottes ausgezeichnete Sandwiches ist hausgemacht. Die Salate stammen aus dem eigenen Garten, auf der Karte stehen außerdem Suppen, Omeletts oder Sauerteig-Pfannkuchen.
70 Anf.–Mitte Jan. geschl. MC, V

SAL'S KLONDIKE DINER
$
44619 STERLING HWY.
TEL. 907/262-2220
Der klassische, günstige Diner sieht etwas touristisch aus, ist aber gleichermaßen bei Einheimischen und Urlaubern beliebt. Sie kommen wegen des schmackhaften Essens, der großzügigen Portionen und der schnellen, aufmerksamen Bedienung. Es gibt jeden Tag frische *pies* und frisches Brot.
100 Alle gängigen Karten

HOMER

DER BESONDERE TIPP

ALASKA ADVENTURE CABINS

Das Anwesen erstreckt sich über den Baycrest Hill nördlich von Homer – die Aussicht auf den Cook Inlet ist atemberaubend. Zwei hübsche, zweistöckige Hütten schmiegen sich an den Berg, aber der eigentliche Blickfang sind ein Eisenbahnwaggon und ein Schiff. Die Moose Caboose ist ein rund 18 Meter langer Pullman, der zwar lang und dünn ist, aber dennoch wundervoll mit Küche, Kamin, Parkettfußboden, Satelliten-TV, zwei Bädern, einem Panoramafenster und einer zehn Meter langen Terrasse ausgestattet wurde. Der Double Eagle ist ein ehemaliger Krabbenkahn mit edlen Möbeln, zwei Schlafräumen, einem Aufenthaltsraum und zweieinhalb Bäder sowie drei Terrassen.

$$$$
2525 STERLING HWY.
TEL. 907/223-6681 oder 907/235-6089
www.alaskaadventurecabins.com
4 P Alle gängigen Karten

ALASKAN Suiten

$$$-$$$$
42485 STERLING HIGHWAY
TEL. 907/235-1972 oder 888/239-1972
FAX 907/235-7641
www.alaskansuites.com

Die phantastische Aussicht fällt den Gästen des Hotels auf den Hügeln westlich von Homer zuerst auf. Die allein stehenden Blockhütten (die größte für 8 Personen) haben Terrassen, die nur rund zehn Meter vom Abhang entfernt angelegt wurden. Die Hütten für fünf Personen sind großzügig und luxuriös und haben viele Extras (z. B. gekacheltes Bad, kleiner Kühlschrank, Satelliten-TV, Sofa und Fernsehsessel).

6 P Alle gängigen Karten

CHOCOLATE DROP INN

$$$
57745 CLOVER AVE.
TEL. 907/235-3668 oder 800/530-6015
FAX 907/235-3729
www.chocolatedropinn.com

Das Chocolate Drop ist so gelegen, dass man von dort auf einen Großteil der Kachemak Bay, die Kenai Mountains, vier Gletscher und die Spitze des Chocolate Drop sehen kann, der dem Hotel den Namen gab. Die Zimmer sind groß, hell und schön möbliert. Die Gäste können entweder in einer Sauna schwitzen oder den Hot Tub auf der Terrasse genießen. Die Eigentümer sind für ihr Frühstück mit Rentierwürstchen und Fischomeletts bekannt.

6 P MC, V

OLD TOWN BED & BREAKFAST

$-$$
106 W. BUNNELL ST.
TEL. 907/235-7558
www.oldtownbedandbreakfast.com

Das B&B befindet sich im ersten Stock eines Hauses aus dem Jahr 1939. Über Jahrzehnte war hier die Post von Homer ansässig, heute liegt im Erdgeschoss die Bunnell Street Art Gallery, eine der schönsten in Homer (siehe S. 262). Das Haus liegt unweit des Strandes und hat ein Apartment für vier Personen. Die Betten sind aus Kirschbaumholz, dazu kommen Parkettfußboden, handgearbeitete Quilts mit Wildblumen aus Alaska und antike Stühle. Das Frühstück wird in einem benachbarten Café eingenommen.

4 P MC, V

HOMESTEAD RESTAURANT

$$-$$$$
MILE 8.2 EAST END RD.
TEL. 907/235-8723
www.homesteadrestaurant.net

Früher war es eher schäbig, jetzt werden hier auch raffinierte Gerichte gekocht. Der Raum steht voller Kunstgegenstände, doch die Wände sind noch die der alten Hütte. Auf den Tisch kommen Fisch, Steak, großartige Rippchen und Lammrücken, der Blick schweift über die Kachemak Bay hin zu den weiter entfernt liegenden Bergen und Gletschern. Reservierung empfehlenswert.

60 P Alle gängigen Karten

CAFÉ CUPS

$$-$$$
162 W. PIONEER AVE.
TEL. 907/235-8330

Verrücktes Lokal mit vier riesigen Teetassen am Eingang. Gemütlich wirken die Pflanzen, Blumen und das dunkle Holz. Der Küchenchef zaubert hervorragende Gerichte. Der Schwerpunkt liegt auf Fischgerichten.

30 P So geschl. MC, V

FAT OLIVES RESTAURANT

$-$$
276 OLSON LANE
TEL. 907/235-8488

Laut, lustig und unkompliziert – im Fat Olives herrscht die herzliche Atmosphäre eines italienischen Cafés. Die hochwertigen Gerichte halten für jeden etwas bereit: Holzofenpizza, frischer Fisch, gebratenes Hühnchen, Calzones, Salate, Rindfleisch und viele Kleinigkeiten.

60 P Alle gängigen Karten

FRESH SOURDOUGH EXPRESS

$-$$
1316 OCEAN DR.
TEL. 907/235-7571
www.freshsourdoughexpress.com

Alle Mahlzeiten mit schmackhaften, gesunden Zutaten, die häufig aus biologischem Anbau stammen. Die großen Portionen sind für Alaka verhältnismäßig günstig. Probieren Sie Gegrilltes vom Rentier, die großartige Pizza oder das Heilbutt-Baguette. Die Bäckerei arbeitet nach alten Rezepten. Hier gibt es Puffin Muffins, Moose Mounds, Obscene Brownies und wunderbares Sauerteigbrot.

250 P Winter geschl. MC, V

ACROSS KACHEMAK BAY

DER BESONDERE TIPP

KACHEMAK BAY WILDERNESS LODGE

Maximal zwölf Gäste werden hier mit viel Aufmerksamkeit und außergewöhnlichem Luxus umsorgt – so wie man es angesichts der Preise erwartet. Die naturverbundenen Besitzer geben der Lodge ihre spezielle Note. Sie fahren ihre Gäste zu Seeottern, Seehunden und Walen, sie führen sie durch Regenwald und über die Bergwiesen des angrenzenden State Parks, bieten Wattwanderungen in der Bucht an, fahren mit Kajaks zu den Nistplätzen von Seevögeln und mieten Wasserflugzeuge, um Braunbären zu beobachten. Und was den rustikalen Luxus anbelangt: Neben den vier traumhaften Hütten (teilweise zwei Schlafräume) stehen für die Gäste eine Sauna, ein Hot Tub unter freiem Himmel und ein Wintergarten zur Verfügung. Das exquisite Essen rundet den Aufenthalt ab. Die Aufenthalte dauern von Montag (Abholung in Homer) bis Freitag. Rechtzeitige Reservierung erforderlich.

$$$$$
CHINA POOT BAY
TEL. 907/235-8910
FAX 907/235-8911
www.alaskawildernesslodge.com
4 Hütten
Okt.–April geschl.

QUIET PLACE LODGE

$$$$$
HALIBUT COVE
TEL. 907/235-1800 oder
907/296-2212 (Sommer)
FAX 907/235-1800
www.quietplace.com

Die Lodge und die drei hervorragenden Hütten verstecken sich in der kleinen Halibut Cove, wo ein paar Künstler und Fischer mit ihren Booten leben. Die Gäste beobachten von der Terrasse aus die Seeotter, schlendern über die Stege, wandern zu den nahen Gletschern, fahren mit Kajaks oder Ruderbooten oder gehen am Strand spazieren. Viertägige Aufenthalte mit Vollpension. Rechtzeitige Reservierung erforderlich.

3 P
Winter geschl.
MC, V

TUTKA BAY WILDERNESS LODGE

$$$$$
TUTKA BAY
TEL. 907/235-3905 oder
800/606-3909
FAX 907/235-3909
www.tutkabaylodge.com

Der Inbegriff des rustikalen Luxus: Hütten mit Panoramafenstern und edlen Möbeln; gutes Essen mit vielen Fischgerichten; Gartenlaube mit Hot Tub und Sauna. Trotzdem dominiert die Natur: Der Wald, die Berge, die Bucht und die Seeotter vor den Fenstern machen den Aufenthalt unvergesslich. Organisation von Exkursionen (teilweise mit Zusatzkosten). Anreise per Schiff oder Flugzeug von Homer. Rechtzeitige Reservierung erforderlich.

3 Hütten, 2 Suiten
Mitte Sept.–Mitte Mai geschl.
Alle gängigen Karten

PETERSON BAY LODGE

$$$
PETERSON BAY
TEL. 907/235-7156 oder
866/899-7156
www.petersonbaylodge.com

Die hübsche Lodge bietet eine große Palette an Naturausflügen: Kajak, Angeln, Wandern, Tierbeobachtungen. Und die Gäste bekommen einen guten Einblick in den Alltag in Alaskas Wildnis. Die Besitzer leben im Hauptgebäude und betreiben neben der Lodge auch eine Austernfarm. Einige Gäste finden das Mithelfen auf der Austernfarm interessanter als die Ausflüge. Die Holzhütten stehen am Hügel und haben eine grandiose Aussicht. Frühe Reservierung erforderlich.

4 cabins
Winter geschl.
MC, V

ALASKA DANCING EAGLES BED & BREAKFAST

$$-$$$
165 MAIN ST. AT WATER ST.,
(SELDOVIA)
TEL. 907/234-7627 (Sommer)
oder
907/360-6363 (Winter)
www.dancingeagles.com

Am Ende der Main Street blickt man vom Haus am Wasser über den Hafen und die Mündung des Seldovia Slough. Die Lodge, die für maximal zehn Personen Platz bietet, kann komplett gemietet werden. Die benachbarte Hütte, in der weitere sechs Personen unterkommen können, ist ein umgestaltetes Bootshaus auf Pfählen. Rustikale, ungezwungene und natürliche Atmosphäre.

2 P Labor Day–Memorial Day geschl.
Alle gängigen Karten

DER BESONDERE TIPP

THE SALTRY

Der frisch gefangene Fisch, das hausgemachte Brot, das Gemüse direkt aus dem Garten, das aufwendige Sushi, das selbst gebraute Bier, die künstlerisch-kreativen Räume und die vernünftigen Preise sind grandios. Tagesgäste kommen mit der M.V. Danny J. nach Halibut Cove. Die Reederei organisiert auch die Tischreservierungen für mittags und abends.

$$-$$$
HALIBUT COVE
TEL. 907/235-7847 oder
800/478-7847
www.centralcharter.com (mit Links zur Halibut Cove)

Nichtraucher · Aufzug · Klimaanlage · Hallenbad · Schwimmbad · Fitnessstudio · Kreditkarten

50 Labor Day –Memorial Day geschl. MC, V

ALASKA PENINSULA UND DIE ALEUTIAN ISLANDS

KATMAI NATIONAL PARK & PRESERVE

BROOKS LODGE
$$$$$
KATMAI NATIONAL PARK
TEL. 907/243-5448 oder 800/544-0551
FAX 907/243-0649
www.katmainationalpark.com
Abgelegener und wilder kann es im Katmai National Park nicht werden: Brooks Lodge besteht aus einem Haupthaus und 16 Hütten. Die meisten Leute kommen hierher, um den berühmten Braunbären beim Fischen im Brooks River zuzuschauen, andere wollen selber angeln gehen oder das Valley of Ten Thousand Smokes besichtigen. Die Hütten sind einfach und haben Toiletten, Heizung und Elektrizität. Viele Gäste buchen pauschal über Katmailand Inc. in Anchorage (Tel. 800/ 544-0551, www.katmailand.com).
16 Hütten Mitte Sept.–Mai geschl. MC, V

DER BESONDERE TIPP

HALLO BAY BEAR CAMP

Inmitten des Katmai National Parks ist die Hallo Bay einer der besten Plätze Alaska, um Braunbären zu beobachten – aber dennoch sind normalerweise nicht mehr als ein Dutzend Tierliebhaber in der Nacht vor Ort. Die Zahl der Gäste wird zum Schutz der Bären bewusst gering gehalten. Besonderes Augenmerk wird darauf gelegt, dass sich die Bären nicht gestört fühlen,wenn sie zwischen den Menschen umherlaufen – ja richtig gelesen! Es gab zwar noch nie Unfälle, aber es ist sicherlich auch nicht jedermanns Sache, das sollte man vor der Buchung wissen. Bis zu vier Personen schlafen in einer Art beheizter Wellblechhütte.

$$$$$
KATMAI NATIONAL PARK
TEL. 907/235-2237 (Homer)
FAX 907/235-9461
www.hallobay.com
5 Okt.– April geschl.

KODIAK

BEST WESTERN KODIAK INN
$$$
236 W. REZANOF DR.
TEL. 907/486-5712 oder 888/563-4254
FAX 907/486-3430
www.kodiakinn.com
Es gehört zwar zu einer Motelkette, aber es gibt sonst nur wenige und teure Hotels in Kodiak. Dies hier ist neu eingerichtet und liegt in der Innenstadt mit Blick auf den St. Paul Harbor. Das Chart Room ist eines der besten Restaurants der Stadt (Fischgerichte und Steaks).
80 Winter geschl. Alle gängigen Karten

2ND FLOOR RESTAURANT
$$-$$$
116 W. REZANOF DR.
TEL. 907/486-8555
Das feine japanische Restaurant liegt einen Stock über dem chinesischen Lokal. Hervorragende Tempura; viele Zutaten für das Sushi kommen direkt aus Kodiak.
100 Sa u.So M geschl. MC, V

EL CHICANO
$-$$
103 CENTER ST.
TEL. 907/486-6116
Erstaunlich mexikanisch – so weit weg von der Heimat. Die Portionen orientieren sich an hungrigen Fischern; wer großen Hunger hat, sollte den License-Plate Burrito bestellen, der wirklich so groß ist wie ein Autokennzeichen.
60 Winter Mo geschl.

HOTELS
Die Preiskategorie für ein Doppelzimmer mit Frühstück in der Hauptsaison wird angegeben mit $. Häufig sind Zimmer aber auch günstiger zu haben.

$$$$$	über 300 US$
$$$$	200–300 US$
$$$	120–200 US$
$$	80–120 US$
$	unter 80 US$

RESTAURANTS
Die Preiskategorie für ein Drei-Gänge-Menü (nicht das billigste) ohne Getränke wird mit $ angegeben. Getränke sind nicht enthalten.

$$$$$	über 75 US$
$$$$	50–75 US$
$$$	35–50 US$
$$	$20–$35
$	unter $20

KING'S DINER
$
1941 MILL BAY RD.
TEL. 907/486-4100
Lebhaftes Lokal, in das sowohl Familien als auch Fischer in Arbeitskluft zum frühstücken (Sauerteig-Pfannkuchen) kommen. Mittags stehen Cheeseburger und abends Fisch und Prime Rib auf den Tisch.
50 MC, V

ALEUTIAN ISLANDS

GRAND ALEUTIAN HOTEL
$$$-$$$$
498 SALMON WAY
TEL. 907/581-3844 oder 866/581-3844
FAX 907/581-7150
www.grandaleutian.com
Das luxuriöse und vornehme Hotel scheint in der abgelegenen Wildnis der Aleuten

fehl am Platz. Helle, großzügige Zimmer mit aleutischer oder regionaler Kunst, aber auch Extras wie Internetanschluss. Im Hotel befindet sich das Chart Room (siehe unten), ein Café, eine Lounge, eine Sport-Bar und ein Grill.
114 P
Alle gängigen Karten

CHART ROOM
$$-$$$
498 SALMON WAY
(GRAND ALEUTIAN)
TEL. 907/581-3844 oder
800/891-1194
www.grandaleutian.com
Das vornehme Chart Room wird den umliegenden, zu den reichsten der Welt zählenden Fischgründen gerecht: Auf der Karte finden sich Lachs, Shrimps, Krabben und Heilbutt. Die Einheimischen lieben die Spezialabende: Mittwochs gibt es ein aufwendiges Fisch-Buffet, freitags ein großes Barbeque auf der Terrasse, sonntags einen opulenten Brunch. Reservierung empfehlenswert.
100 P geschl., außer beim Brunch am So
Alle gängigen Karten

PRINCE WILLIAM SOUND

VALDEZ

ASPEN HOTEL
$$$
100 MEALS AVE.
TEL. 907/835-4445
FAX 907/835-2437
www.aspenhotelsak.com
Als Teil einer kleinen Hotelkette bietet das Aspen das, was man erwartet, aber auch Extras, die nicht in jedem Kleinstadthotel zu finden sind: Kabelloser Internetanschluss, Videogeräte, Business-Center, Pool, Spa, Fitnessraum und ein gutes kontinentales Frühstück.
103 P
Alle gängigen Karten

WILD ROSES BY THE SEA B&B RETREAT
$$$
629 FIDDLEHEAD LANE
TEL. 907/835-2930
www.bythesea.alaska.net
Das B&B von Rose liegt auf dem Blueberry Hill am Waldrand etwa 1,5 km außerhalb von Valdez. Großartiger Blick auf die Meerenge, die Mündung des Mineral Creek Canyon und die Chugach Mountains. Eines der Zimmer ist eine Suite mit Jacuzzi. Es gibt auch ein Einzimmer-Apartment mit eigenem Eingang.
3 P MC, V

ALASKA'S BISTRO
$$-$$$
100 FIDALGO DR.
TEL. 907/835-5688
FAX 907/835-4240
www.alaskasbistro.com/
Als Teil des Best Western gibt es hier anspruchsvolles Essen mit mediterranem Flair. Auf der Speisekarte stehen ungewöhnliche Rindfleisch-Kreationen, Hühnchen, Schwein und nicht alltägliche Pizzen, vor allem aber Fischgerichte. Berühmt sind die Chef-Paella mit frischem Fisch oder die Shrimps und Muscheln in einer Sauce aus spanischem Saffran, Sahne und Sherry. Der Blick reicht über die Bucht und den Bootshafen.
100 P Alle gängigen Karten

MIKE'S PALACE
$-$$
201 N. HARBOR DR.
TEL. 907/835-2365
Es überrascht nicht, dass das Mike's so beliebt ist: Blick auf den Hafen, abwechslungsreiches Essen, fröhliche Atmosphäre und gute Preise. Auf der Karte stehen Lasagne, Enchiladas, Steak, Fisch, Gyros, Kalbfleisch und die heiß begehrte Pizza.
80 Alle gängigen Karten

CORDOVA

ORCA ADVENTURE LODGE
$-$$$
2 MEILEN (3 KM) NÖRDLICH DER STADT
TEL. 907/424-7249 oder
866/424-6722
FAX 907/424-3579
www.orcaadventurelodge.com
Wenn Sie Naturliebhaber sind, ist dies genau der richtige Ort. Von der Lodge am Orca Inlet ist man schnell in den Bergen, im Wald oder am Meer. 140 US$ kostet die Übernachtung, aber für nur 15 US$ mehr bekommt man Vollpension sowie eine Angelausrüstung und kann Kajaks, Kanus und Mountainbikes nutzen. Eisklettern, Rafting und Heli-Skiing werden ebenfalls angeboten. Die Zimmer befinden sich in einer renovierten Konservenfabrik.
34 P
Nov.– Dez. geschl.
Alle gängigen Karten

CORDOVA ROSE LODGE
$$
1315 WHITSHED RD.
TEL. 907/424-7673
www.cordovarose.com
Die Lodge wurde auf einem alten Kahn, der neben einem Leuchtturm an der Mündung des Odiak Slough ankert, gebaut. Die Gäste können Vögel und Otter im Slough beobachten oder die Aussicht über den Hafen zu den Bergen und Inseln am Horizont genießen. Kostenlose Benutzung der Sauna und der Bibliothek. Einige Zimmer

haben Zugang zu einer Küche und einem Grillplatz auf der Terrasse. Die Lodge liegt nicht einmal einen Kilometer vom Zentrum entfernt.
12 P MC, V

NORTHERN NIGHTS INN
$-$$
500 3RD ST.
TEL. 907/424-5356
FAX 907/424-3291
www.northernnightsinn.com
Das stattliche, zentral gelegene Haus von 1908 bietet große Zimmer mit Antiquitäten und Extras wie Küchen, eigene Eingänge und traumhaften Blick aufs Meer. Der freundliche Eigentümer weiß viel und kümmert sich intensiv um seine Gäste.
4 P Alle gängigen Karten

BAJA TACO
$
NICHOLOFF ST. AT THE HARBOR
TEL. 907/424-5599
Jahrelang kam der Besitzer im Sommer aus Mexiko, um – sehr erfolgreich – aus einem alten Schulbus heraus einen Imbiss zu führen. Inzwischen führt er ein kleines Café mit schöner Terrasse – aber immer noch dient ein umgebauter Bus (allerdings ein größerer) als Küche. Die Fisch-Tacos sind köstlich.
40 P Okt.–Mitte April geschl.

KILLER WHALE CAFÉ
$
507 1ST AVE.
TEL. 907/424-7733
Das Café im hinteren Teil eines kleinen Buch- und Musikladens ist ein beliebter örtlicher Treffpunkt. Geboten werden ein traditionelles Frühstück am Morgen und mittags eine große Auswahl an Suppen, Sandwiches und Salaten. Favorit bei den Einheimischen ist der Käsekuchen.
30 A & So geschl.

PRINCE WILLIAM SOUND

PRINCE WILLIAM SOUND LODGE
$$$$$
ELLAMAR
TEL. 907/248-0909 (Anchorage) oder 907/440-0909 (Handy in der Lodge)
www.alaska.net/~pwslodge
Die abgelegenen kleinen Holzhütten verstecken sich in einer bewaldeten kleinen Bucht in den Tatitlek Narrows, rund 40 Kilometer von Valdez entfernt (Anreise per Wasserflugzeug). Die Lodge bietet Heilbutt-Angeln, Wandern, Besuche in den Dörfern der Ureinwohner, Walbeobachtung, Angeln und Vogelbeobachtung an. Wer will, kann auch einfach nur Faulenzen. Hübsche Zimmer.
5 Sept.–April geschl.

WRANGELL–ST. ELIAS NATIONAL PARK

ULTIMA THULE LODGE
$$$$$
WRANGELL–ST. ELIAS NP
TEL. 907/688-1200
www.ultimathulelodge.com
Gemütliche Lodge im Herzen des Wrangell-St. Elias National Park. Anreise mit dem Flugzeug, der Mindestaufenthalt liegt bei vier Nächten. Angeboten werden Rundflüge, Wanderungen, Angelausflüge, Camping, Gletscher-Wanderungen, Hundeschlittenrennen und Naturbeobachtung.
6 Okt.–Mitte März geschl.

COPPER RIVER PRINCESS WILDERNESS LODGE
$$$
MILE 102 RICHARDSON HWY. (COPPER CENTER)
TEL. 907/822-4000 oder 800/426-0500
FAX 907/822-4480
www.princesslodges.com
Eines von mehreren Häusern einer Hotelkette, die sich die schönsten Plätze in Alaska ausgesucht hat. Von den Zimmern blickt man auf den Zusammenfluss von Copper und Klutina River und über die Wrangell-St. Elias Mountains mit hoch aufragenden Bergen.
85 P Mitte Sept.–Mitte Mai geschl. Alle gängigen Karten

McCARTHY/KENNICOTT

KENNICOTT GLACIER LODGE
$$$-$$$$
KENNICOTT
TEL. 907/258-2350 oder 800/582-5128
FAX 907/248-7975
www.kennicottlodge.com
Im Herzen des Wrangell-St. Elias National Park liegt der Nachbau eines historischen Minengebäudes mitten in einer »Geisterstadt« – der alten Kennecott Copper Mill. Die überdachte Terrasse mit Blick auf Berge, Wälder und Gletscher zieht sich über die gesamte Länge des Hauses. Das Restaurant bietet frisches, herzhaftes Essen und steht auch anderen Gästen offen. Reservierung empfehlenswert.
25 Mitte Sept.–Mitte Mai geschl. Alle gängigen Karten

MCCARTHY LODGE
$$$
DOWNTOWN MCCARTHY
TEL. 907/554-4402
FAX 907/554-4404
www.mccarthylodge.com
Zum Angebot der Lodge gehört ein bescheidenes Backpacker-Hotel und auf der anderen Straßenseite das Ma Johnson's, ein hübsch restauriertes Gebäude von 1916, das historische Eleganz mit ein wenig Verrücktheit mischt. Zum Angebot gehören ein Restaurant, eine Bar und ein Shuttle-Serivce zur Goldmühle und zum Gletscher.
6 Winter geschl.
MC, V

ZENTRALALASKA

TALKEETNA

DENALI OVERLOOK INN
$$$-$$$$
MILE 8.5 TALKEETNA SPUR RD.
TEL. 907/733-3555
Das auffallende Gästehaus an einem Steilhang acht Kilometer südlich von Talkeetna verdient wirklich seinen Namen: Der Blick auf den Mount McKinley und die Alaska Range ist spektakulär. Das Gebäude selbst erinnert an einen Berg: Es zieht sich über zwei Stockwerke und hat spitze Dächer, Giebel und überall große Fenster. Auch die Zimmergrößen sind ungewöhnlich: Der verwinkelte Great Room ist 16 Meter lang.
5 Zimmer, 1 Hütte P
Mitte Dez.–Mitte Jan. geschl. MC, V

TALKEETNA CABINS
$$$
N. C ST. AT MAIN ST.
TEL. 907/733-2227 oder 888/733-9933
www.talkeetnacabins.org
Die neuen, selbst gebauten Hütten sind von außen sehr hübsch und innen sehr großzügig und gut eingerichtet. Jede Hütte hat eine Küche, einen Wohnbereich und ein Bad. Sie liegen unweit des Flusses am Rand des historischen Talkeetna. Zusätzlich wird ein Haus mit drei Schlafzimmern vermietet.
3 Hütten, 1 Haus P

CAFÉ MICHELE
$$-$$$$
MILE 13.7 TALKEETNA SPUR RD.
TEL. 907/733-5300
FAX 907/733-5302
www.cafemichele.com
Das am Rande von Talkeetna gelegene französische Bistro (der Besitzer/Koch ist Franzose) gehört mit seiner anspruchsvollen Speisekarte zu den besten Speiselokalen des Landes. Empfehlenswert sind King Salmon in einer Sauce aus Soja-, Ingwer-, Knoblauch- und Sesamöl oder die Shrimps, Muscheln und Gemüse in einer Madras-Curry-Kokusnuss-Sauce. Wenn möglich, werden Bioprodukte verwendet.
35 P Winter geschl.
MC, V

TALKEETNA ROADHOUSE
$-$$
MAIN ST. BETWEEN B & C STS.
TEL. 907/733-1351
www.talkeetnaroadhouse.com
Die Bäckerei mit Café ist typisch für Talkeetna. Seit 1944 kommen Einheimische und Gäste wegen der herzhaften Gerichte, des starken Kaffees und der berühmten Zimtrollen hierher. Oben werden acht einfache Zimmer vermietet.
50 M geschl. MC, V

DENALI NATIONAL PARK

DER BESONDERE TIPP

CAMP DENALI
Die Lodge befindet sich tief im Herzen des Denali National Park. Die am Hügel verstreut liegenden Hütten sind zwar sehr gemütlich und das Essen ist ausgezeichnet, aber der Schwerpunkt ist eindeutig der Nationalpark. Naturkundler begleiten die Exkursionen, und jeden Abend halten Experten Vorträge zu unterschiedlichen Aspekten des Parks. Camp Denali ist die einzige Park-Lodge mit Blick auf den »Great One«.
$$$$$
DENALI NATIONAL PARK
TEL. 907/683-2290
FAX 907/683-1568
www.campdenali.com
17 Mitte Sept.–Anfang Juni geschl.

DENALI CROW'S NEST
$$$
MILE 238.5 PARKS HWY.
TEL. 907/683-2723 oder 888/917-8130
FAX 907/683-2323
www.denalicrowsnest.com
Das Crow's Nest sitzt hoch oben auf einer Flanke des Sugarloaf Mountain mit Blick auf den Eingang des Denali National Park. Viel Ruhe und phantastische Aussicht von den hoch gelegenen geräumigen und hellen Hütten. Gutes Restaurant mit Steak, Chili, Pasta, Burger.
39 P
Okt.–Mitte Mai geschl.
MC, V

THE PERCH
$$-$$$
MILE 224 PARKS HWY.
TEL. 907/683-2523 oder 888/322-2523
www.denaliperchresort.com
Wie der Name andeutet, liegt das Perch 21 Kilometer südlich des Parks auf einer Gletschermoräne auf Höhe der Baumwipfel. Die Gäste lehnen sich zurück und genießen die herrliche Aussicht bei Rind, Fisch, vegetarischen Gerichten, Pasta und Wild (z. B. Karibu Medaillons mit Portobello-Pilzen). Das Perch ist für sein Brot berühmt, das auch an andere Lokale geliefert wird.
50 P
Winter So–Do geschl.
Alle gängigen Karten

MCKINLEY CREEKSIDE CAFÉ
$-$$
MILE 224 PARKS HWY.
TEL. 907/683-2277 oder 888/533-6254
FAX 907/683-1558
www.mckinleycabins.com
Lässiges Familienlokal für die ganze Familie. Abwechslungsreiches, umfangreiches Frühstück und riesige Mittags- und Abendkarte (Chili, Heilbutt, Suppen, Sandwiches, Lachs, Hamburger, Salate, Steaks).

40 P Winter geschl. Alle gängigen Karten

FAIRBANKS

WEDGEWOOD RESORT
$$$-$$$$
212 WEDGEWOOD DR.
TEL. 907/452-1442 oder 800/528-4916
FAX 907/451-8184
www.fountainheadhotels.com

Mit dem Creamer's Field Migratory Waterfowl Refuge in der Nachbarschaft und dem Alaska Bird Observatory direkt auf dem Gelände kommt hier mitten in der Stadt eine ländliche Atmosphäre auf. Die geschmackvoll im Wedgewood-Stil eingerichteten Einzel- und Doppelzimmer haben Küche, Wohn- und Esszimmer. Das Zach's ist ein gemütliches und einladendes Lokal. Zur Lodge gehört das Bear Lodge Hotel mit 157 großzügigen Zimmern (nur im Sommer).

297 Alle gängigen Karten

AURORA EXPRESS
$$-$$$
1540 CHENA RIDGE RD.
TEL. 907/474-0949 oder 800/221-0073
FAX 907/474-8173
www.aurora-express.com

Das B&B befindet sich in sieben Eisenbahnwaggons, die auf 231 Meter Gleis mitten im Wald gestellt wurden. Die Waggons (der älteste stammt von 1924) baute man in luxuriöse Unterkünfte um, die auch alten Eisenbahn-Magnaten gefallen hätten. Einer der Schlafwagen hat vier Suiten, während die anderen drei Waggons als Ganzes vermietet werden. Frühstück gibt es im Speisewagen.

4 Anf. Sept.–Ende Mai geschl. MC, V

BRIDGEWATER HOTEL
$$-$$$
723 1ST AVE.
TEL. 907/452-6661 oder 800/528-4916
FAX 907/452-6126
www.fountainheadhotels.com/

Das ruhige, edle Boutique-Hotel liegt am Chena River mitten im historischen Zentrum der Stadt. Es gehört wegen seines guten Services und dem hervorragenden Management zu den besten der Stadt. Am schönsten sind die Zimmer mit Blick auf den Fluss.

94 P Winter geschl. MC

CLOUDBERRY LOOKOUT
$$
310 YANA CT.
TEL. 907/479-7334
FAX 907/479-7134
www.mosquitonet.com/~cloudberry

Das B&B bietet einen Wintergarten, ein Musikzimmer mit Klavier, eine Bibliothek mit Büchern zum Thema Alaska, überall Antiquitäten und viele Angebote zum Schneeschuh- und Sommerwandern. Schöner Blick auf den angrenzenden See und den Wald. Das Highlight ist aber der Aurora-Borealis-Aussichtsturm.

4 Nov.–Ende Feb. geschl. P Alle gängigen Karten

PIKE'S LANDING
$$-$$$$
4438 AIRPORT WAY
TEL. 907/479-7113
www.pikeslanding.net

Das Pike's Landing ist aus Fairbanks nicht wegzudenken: lebhaft und laut, so wie die Gäste es eben lieben. Im luxuriösen Teil können Sie Ihr Bedürfnis nach Steak und Hummer befriedigen und sich dann später zu den anderen Gästen auf die riesige Sommerterrasse gesellen. Sie bietet rund 400 Personen Platz und hat eine eigene Anlegestelle. Beliebt sind die Desserts und der Samstags-Brunch.

530 P Sa M geschl. Alle gängigen Karten

THE PUMP HOUSE
$$-$$$$
796 CHENA PUMP RD. (MILE 2)
TEL. 907/479-8452
www.pumphouse.com

Das Restaurant befindet sich in einer Minenpumpstation aus dem frühen 20. Jahrhundert und ist ein National Historic Monument. Auf dem Rasen und der Terrasse am Chena River lässt sich die warme Sommersonne genießen. Auf der langen Karte stehen sowohl Fischgerichte wie auch Rind, Schwein, Hühnchen, Pasta, Vegetarisches und Wild mit Wildbeeren-Halbgefrorenem.

220 P Alle gängigen Karten

HOTELS

Die Preiskategorie für ein Doppelzimmer mit Frühstück in der Hauptsaison wird angegeben mit $. Häufig sind Zimmer aber auch günstiger zu haben.

$$$$$	über 300 US$
$$$$	200–300 US$
$$$	120–200 US$
$$	80–120 US$
$	unter 80 US$

RESTAURANTS

Die Preiskategorie für ein Drei-Gänge-Menü (nicht das billigste) ohne Getränke wird mit $ angegeben. Getränke sind nicht enthalten.

$$$$$	über 75 US$
$$$$	50–75 US$
$$$	35–50 US$
$$	$20–$35
$	unter $20

GAMBARDELLA'S PASTA BELLA
$$
706 2ND AVE.
TEL. 907/457-4992
www.gambardellas.com
Ein gemütliches, bei den Einheimischen beliebtes Restaurant mit italienischem Ambiente und ebensolcher Speisekarte. Die italienische Wurst und das Brot sind hausgemacht; die Lasagne hat einen landesweit guten Ruf: zehn Lagen frische Pasta, Ricotta und die hausgemachte Wurst.
200 P So M geschl.
Alle gängigen Karten

BUN ON THE RUN
$
3480 COLLEGE RD.
(IN PARKING LOT BY BEAVER SPORTS)
Der weithin bekannte LKW-Anhänger in weiß und pink bietet schnelles und günstiges Essen. Das Lokal wird von zwei Schwestern geführt, die hervorragend backen. Zu den besten Angeboten gehören die Kokusnuss-Schnittchen, Muffins, Zimtrollen, Brownies und Calzones.
P Sept.–Mai geschl.

CHENA HOT SPRINGS ROAD

CHENA HOT SPRINGS RESORT
$-$$$$
MILE 56.6 CHENA HOT SPRINGS RD.
TEL. 907/451-8104 oder 800/478-4681
FAX 907/451-8151
www.chenahotsprings.com
Das Resort am Ende der schönen Straße hat sowohl ein Außen- als auch ein Innenbecken mit warmem Thermalwasser. Angeboten werden Wanderungen, Kanufahrten, Ausritte, Mountainbiketouren, Rundflüge, Kutschfahrten, Goldschürfen, Hundeschlittenfahrten, Besuch des Ice Museums und der Ice-Bar und viele Wintersportarten. Die Unterkünfte variieren: Es gibt Zelte, Jurten und rustikal-protzige Zimmer in der Lodge.
80 Zimmer, 10 Hütten
P Alle Karten

TWO RIVERS LODGE
$$$
MILE 16 CHENA HOT SPRINGS RD.
TEL. 907/488-6815
FAX 907/488-9761
www.tworiverslodge.com
Der Koch im alten Holzhaus kocht hervorragende, zeitgemäße Gerichte. Auf der abwechslungsreichen Karte stehen einfacher gegrillter Fisch, Steak, Krabben mit rotem Curry, knusprige Ente oder Fasan mit Aprikosen und andere phantasievolle Kreationen. An sonnigen Tagen werden im Holzofen eine ausgezeichnete Foccacia und Pizza gebacken.
90 P M geschl.
Alle gängigen Karten

THE ALASCAN BUSH

DILLINGHAM

THAI INN
$$-$$$
119 E ST., W
TEL. 907/842-7378
www.thaiinn.com
In der abgelegenen Stadt gibt es eigentlich nur einfache Hotels – abgesehen von diesem etwas exotisch wirkenden Inn, das ein kleines Stück Thailand nach Alaska importiert. Auf dem höchsten bewohnten Punkt von Dillingham bietet das B&B einen großartigen Blick auf die Bucht und die Berge, Zimmer mit handgeschnitzten Möbeln sowie Kunst und Dekoration aus Thailand. Besonders groß und luxuriös ist die Royal Orchid Suite.
8 P

BETHEL

BENTLEY'S PORTER HOUSE BED & BREAKFAST
$$-$$$
624 1ST AVE
TEL. 907/543-3552
FAX 907/543-3230
Die Zimmer des großen und freundlichen B&B's sind nach unterschiedlichen Themen eingerichtet, z. B. englischer Landhausstil oder afrikanisch. Empfehlenswert sind die Zimmer mit Blick auf den Kuskokwim River. Jeweils zwei Zimmer teilen sich ein Bad.
30 P Alle Karten

PACIFICA GUEST HOUSE
$$-$$$
1220 HOFFMAN HWY.
TEL. 907/543-4305
FAX 907/543-3403
Ruhige, moderne Zimmer (manche mit Bad auf dem Flur) in drei Gebäuden. Kunst der Ureinwohner Alaskas verschönert viele Zimmer und Aufenthaltsräume. Ein Café im Wintergarten bietet gute Fischgerichte.
30 P Alle Karten

NOME

AURORA INN
$$$-$$$$
302 E. FRONT ST.
TEL. 907/443-3838 oder 800/354-4606
www.aurorainnome.com
Wenn dieses attraktive neue Hotel auch etwas Charakter vermissen lässt, so hat es doch viele Extras. Von einigen Zimmern fällt der Blick auf die Beringsee, während die Suiten Küche haben. Wem es kühl wird, geht in die Sauna.
68 P
Alle gängigen Karten

NOME NUGGET INN
$$$
FRONT ST. & BERING AVE.
TEL. 907/443-4189 oder 877/443-2323
FAX 907/443-5966

Es liegt direkt an der Beringsee und ist mit vielen Erinnerungsstücken und Kitsch aus der Zeit des Goldrausches ausgestattet. Zum Inn gehört eines der beliebtesten Lokale in Nome, das Fat Freddie's, wo man sich bei Burgern und Fischsuppe trifft.
Zimmer 47, P, Alle gängigen Karten

KOTZEBUE

NULLAGVIK HOTEL
$$$
308 SHORE AVE.
TEL. 907/442-3331
FAX 907/442-3340
www.nullagvik.com
Es war nicht ganz leicht, dieses Hotel nördlich des Polarkreises zu bauen, wegen des Permafrostes musste es z. B. auf Pfählen errichtet werden. Die Einrichtung spiegelt die Kultur der hier lebenden Inupiat. Im Restaurant (Winter oft geschl.) können die Gäste Rentierwürstchen, aber auch Steaks und Fischgerichte bestellen. Es ist sehr beliebt bei den Touristen – eine frühe Reservierung ist deshalb notwendig.
Zimmer 75, Alle gängigen Karten

DALTON HIGHWAY/ DEADHORSE

PRUDHOE BAY HOTEL
$$$
DEADHORSE
TEL. 907/659-2449
FAX 907/659-2752
www.prudhoebayhotel.com
Das Hotel gleicht überdimensionierten Wohnwagen. Hier am Nordpolarmeer in der Nähe des Endes des Dalton Highways arbeiten die Gäste meistens auf den Ölfeldern. Einige Zimmer sind eher spartanisch eingerichtet, andere haben TV und Telefon. Das Hotel vermietet Autos und arrangiert eine Tour zu den Ölfeldern. Die Cafeteria gehört zu den wenigen Lokalen in Deadhorse.
Zimmer 170, P, Alle gängigen Karten

GATES OF THE ARCTIC NATIONAL PARK AND PRESERVE

DER BESONDERE TIPP

IINIAKUK LAKE WILDERNESS LODGE
Exklusive Fly-In Lodge mit rustikalem Luxus zehn Kilometer vom Gates of the Arctiv National Park entfernt. Der Park zählt zu den wildesten und abgelegensten Gegenden der Welt. Die selbst errichtete Lodge aus Holz gleicht einem Wunder und hat – dank der Sonnen- und Windenergie – sogar Strom und Warmwasser. Die Gäste können Kanu fahren, wandern, angeln, Tiere beobachten (Karibus, Grizzlybären, Elche und Wölfe). Wer es noch abgeschiedener wünscht, wird vom Eigentümer zusammen mit einem Führer zu einer von zwei Hütten im Park geflogen. Auch Winteraufenthalte sind möglich.
$$$$$
INIAKUK LAKE
TEL. 907/479-6354 oder 877/479-6354
FAX 907/474-2096
www.gofarnorth.com
5 Zimmer, 2 Hütten
MC, V

PEACE OF SELBY WILDERNESS
$$$$$
SELBY LAKE
TEL. 907/672-3206
www.alaskawilderness.net
Die einsame Lodge bietet die Möglichkeit, dem Alltag zu entfliehen und die arktische Wildnis hautnah zu erleben. Das hübsche Haupthaus wurde aus weißer Fichte errichtet. Das große und schön eingerichtete Loft wird als Ganzes vermietet. Außerdem gibt es vier rustikale, weit voneinander entfernt liegende Hütten innerhalb des Parks.
1 Zimmer, 4 Hütten
Keine Kreditkarten

BARROW

KING EIDER INN
$$$-$$$$
1752 AHKOVAK ST.
TEL. 907/852-4700
FAX 907/852-2025
www.kingeider.net
So ein neues, gut ausgestattetes und zeitgemäßes Hotel erwartet man nicht unbedingt in der nördlichsten Stadt des Landes unweit des Nordpolarmeeres. Große Zimmer mit hellen Kiefermöbeln und modernen Extras, die Hälfte der Zimmer haben eine Küchenzeile. Die Presidential Suite hat darüber hinaus noch einen gemauerten Kamin, eine Küche, Kiefernholzbetten und ein Jacuzzi.
Zimmer 19, Alle Karten

TOP OF THE WORLD HOTEL
$$$
1200 AGVIQ ST.
TEL. 907/852-3900 oder 800/882-8478
FAX 907/852-6752
Jahren aus Barrow nicht mehr wegzudenken und bei den Touristen sehr beliebt. Alle Zimmer sind sauber und ordentlich, insbesondere diejenigen im Neubau. Schön sind die Zimmer mit Meerblick. Was man unternehmen kann: Wanderungen, Sightseeing-Exkursionen und die Teilnahme am Kulturangeboten der Inupiat.
Zimmer 50, P, Alle gängigen Karten

PEPE'S NORTH OF THE BORDER
$$-$$$
1204 AGVIK ST.
TEL. 907/852-8200
Es liegt direkt neben dem Top of the World Hotel und ist ein beliebtes Lokal mit hauptsächlich mexikanischem und amerikanischem Essen. Neben *flautas* und Soft Tacos können auch Steak und Hummer bestellt werden.
Sitzplätze 220, P, Alle gängigen Karten

EINKAUFEN

Viele Kunsthandwerker Alaskas greifen bei ihrer Arbeit auf eine tief verwurzelte Verbundenheit zur Natur zurück. Aber auch die hier hergestellte Bekleidung, die Buchveröffentlichungen und die Lebensmittel sind Ausdruck der Naturverbundenheit. Generell gilt, dass die Produkte der Ureinwohner Alaskas insgesamt sehr traditionell sind, aber manchmal auch moderne Züge tragen.

SÜDOSTALASKA

KUNSTHANDWERK und GESCHENKE

Alaska Indian Arts Historic 13 Fort Seward Dr., Haines, Tel. 907/766-2160. Geschnitzte Totems, Drucke, Silberschmuck und andere traditionelle Gegenstände der Nordwestküsten-Indianer.

Juneau Artists Gallery 175 S. Franklin St., Juneau, Tel. 907/586-9891. Ortsansässige Künstler bieten Arbeiten an, z.B. Quilts, Aquarelle, Glasgegenstände und ukrainische Kunst.

Raven's Journey 439 S. Franklin St., Juneau, Tel. 907/463-4686. Kunsthandwerk wie Masken, Elfenbeinschnitzereien, fein gewebte Körbe aus Gräsern und Puppen. Viele Produkte der Tlingit, aber auch anderer Volksstämme des Nordwestens sowie Arbeiten der Inupiat und der Yupik.

Sea Wolf/Whale Rider Galleries Fort Seward Parade Grounds, Haines, Tel. 907/766-2540. Eigentümer ist Tresham Gregg, ein Künstler und Sohn von »Natives«. Zu seinen Werken gehören Totems, Bronzestatuen, Schmuck oder Wandskulpturen.

Soho Coho Contemporary Art & Craft Gallery 5 Creek St., Ketchikan, Tel. 907/225-5954 oder 800/888/4070. Ray Troll stellt hier seine Kunstwerke aus, die alle etwas mit dem Meer zu tun haben, und verkauft sie auch. Er entwirft zudem lustige T-Shirts und Kalender. Auch Arbeiten anderer Künstler werden präsentiert.

BÜCHER & LANDKARTEN

The Observatory 200 N. Franklin St., Juneau, Tel. 907/586-9676. Der Buchladen ist spezialisiert auf Bücher und Landkarten aus Alaska und anderen arktischen Regionen – insgesamt werden über 3000 Artikel angeboten.

Old Harbor Books 201 Lincoln St., Sitka, Tel. 907/747-8808. Mit der Vielzahl an Büchern über Alaska ist dieser Buchladen eine richtige Institution in Sitka.

Parnassus Books 5 Creek St., Ketchikan, Tel. 907/225-7690. Auf einem Holzsteg nahe der Creek Street bietet dieser Laden eine schöne Sammlung von Büchern zu den Themen Alaska, Kunst und Feminismus.

ESSEN

Taku Smokeries 550 S. Franklin St., Juneau, Tel. 907/463-3474 oder 800/582-5122. Hier kann man bei der Lachsräucherei zusehen und den Räucherlachs auch probieren. Neben dem heiß geräucherten Sockey gibt es andere Produkte aus Lachs und sonstigem Fisch.

Theobroma Chocolate Company Sitka, Tel. 907/966-2345 oder 888/985-2345. In der alten Papierfabrik wird heute eine hervorragende Schokolade produziert, die sich mit großem Erfolg verkauft. Zwar gibt es keinen Fabrikverkauf, doch die Schokolade findet sich in vielen Geschäften der Stadt.

ANCHORAGE & MAT-SU

KUNSTHANDWERK und GESCHENKE

Alaska Glass Gallery 423 G St., Anchorage, Tel. 907/279-4527. Hier verkauft der Künstler selbst seine schillernden Glasvasen und -schalen sowie andere abstrakte Skulpturen.

Anchorage Museum of History & Art 121 W. 7th Ave., Anchorage, Tel. 907/343-4326. Das große, ausgezeichnete Museum ist vermutlich das beste in Alaska, und der Museumsladen hat nicht unwesentlich Anteil an diesem guten Ruf. Ideal, um Souvenirs zu erstehen.

Alaska Native Heritage Center 8800 Heritage Center Dr., Anchorage, Tel. 907/330-8000 oder 800/315-6608. Wichtigste staatliche Institution zur Würdigung der Ureinwohner Alaskas. Der Museumsladen bietet eine Vielzahl authentischer Artikel.

Alaska Native Medical Center 4315 Diplomacy Dr., Anchorage, Tel. 907/729-1122. Bei Touristen weitgehend unbekannt, kann man in diesem Museumsladen hochwertige Kunst der Urbevölkerung Alaskas zu guten Preisen erstehen.

Aurora Fine Art Gallery 737 W. 5th Ave., Anchorage, Tel. 907/274-0234. Eine von vielen schönen Galerien in Downtown, die sowohl traditionelle als auch moderne Werke verkaufen – einige davon sind aber sehr teuer, andere wieder erschwinglicher.

BÜCHER

Cook Inlet Book Company 415 W. 5th Ave., Anchorage, Tel. 907/258-4544 oder 800/240-4148. Der Buchladen im Stadtzentrum behauptet von sich selbst, die größte Auswahl zum Thema Alaska zu haben; es gibt hier aber auch viele andere Bücher.

Title Wave Books 1360 W. Northern Lights Blvd., Anchorage, Tel. 907/278-9283 oder 888/7323. Als größter unabhängiger Buchladen des Landes hat Title Wave eine halbe Million Titel im Angebot.

KLEIDUNG

Oomingmak 604 H St., Anchorage, Tel. 907/272-9225 oder 888/360-9665. Über 250 Frauen haben sich hier zusammengeschlossen und stellen aus Qiviut (daunenartige Unterwolle der Moschusochsen) handgestrickte Hüte, Schals und Tuniken her.

MARKT

Saturday Market 3rd Ave. & E St., Anchorage, Tel. 907/272-5634. Trotz des Namens findet dieser ausgedehnte Markt im Sommer an Samstagen und Sonntagen statt. Hunderte von Verkäufern bieten hier alle Arten von Kunsthandwerk und Lebensmitteln an.

VERSCHIEDENES

Alaska Wild Berry Products Edds Juneau Street, Anchorage, Tel. 907/562-8858. 1946 gegründet, bietet diese kleine Ladenkette Spezialitäten aus Alaska wie z. B. Lachs in Dosen, Honig und natürlich die Produkte aus handgepflückten Beeren der Kenai Peninsula an.

KENAI PENINSULA

KUNSTHANDWERK und GESCHENKE

Bunnell Street Gallery 106 W. Bunnell St., Suite A, Homer, Tel. 907/235-2662. Das Non-Profit Unternehmen beherbergt die Inlet Trading Post, wo man Arbeiten von über 40 Künstlern findet.

Experience Gallery Am Steg, Halibut Cove, Tel. 907/296-2215. An diesem Ort stellt eine Gemeinschaft von Künstlern ihre Werke aus, die von Töpferarbeiten über Bilder bis zu Schmuck und andere Gegenstände reichen.

Fireweed Gallery 475 E. Pioneer Ave., Homer, Tel. 235-3411. Hübsche Galerie mit einer Auswahl an hochwertiger Kunst aus Alaska. Hierzu gehören z. B. Tierskulpturen aus versteinerten Knochen von Walflossen.

Inua – The Spirit of Alaska Cannery Row Boardwalk, Homer, Tel. 907/235-6644. In diesem Laden wird gutes Kunsthandwerk verkauft, insbesondere von abgelegenen Inupiat- und Yupikdörfern aus Westalaska, z. B. Schnitzereien aus versteinerten Kieferknochen von Walrossen, Barten-Körbe, Messer, Rentierfelle, Geweihschnitzereien und Totempfähle.

Kenai Fine Arts Center 816 Cook Ave., Kenai, Tel. 907/283-7040. Hier ist die Peninsula Art Guild ansässig, eine Organisation darstellender Künstler, die Bilder, Töpferwaren, Skulpturen, Textilkunst und andere Kunstwerke ausstellt und verkauft.

Resurrect Art Coffeehouse Gallery 320 3rd Ave., Seward, Tel. 907/224-7161. Ehemals eine lutherische Kirche, befindet sich hier jetzt ein beliebter örtlicher Treffpunkt. Als Beilage zum Espresso und köstlichem Gebäck gibt es einheimische Kunst zu bewundern. Die Bandbreite reicht von einfachem Kunsthandwerk bis hin zu teuren Bildern.

Resurrection Bay Galerie 500 4th Ave., Seward, Tel. 907/224-3212. Diese anspruchsvolle Galerie zeigt hochwertige zeitgenössische Bilder und Skulpturen.

KLEIDUNG

Nomar 104 E. Pioneer Ave., Homer, Tel. 907/235-8363 oder 800/478-8364, www.nomaralaska.com. Für Urlauber, die hochwertige Alaska-taugliche Bekleidung und Ausrüstung suchen.

VERSCHIEDENES

Kenai Landing 2101 Bowpicker Lane, Kenai, Tel. 907/335-2500. Ein Gebäudekomplex mit Galerien, Museum und einem Markt mit 40 Ständen. Verkauft werden neben Alaska-Spezialitäten, Töpferware und Angelausrüstung.

ALASKA PENINSULA

KUNSTHANDWERK und GESCHENKE

Alutiiq Museum & Archaeological Repository 215 Mission Rd., Kodiak, Tel. 907/ 486-7004. Der Museumsladen hat sich zur Aufgabe gemacht, Alutiiq-Kultur wiederzuentdecken und zu erhalten. Im Laden werden Produkte einheimischer Künstler – Puppen, Körbe, Elfenbeinschnitzereien und Masken – als Kommissionsware verkauft.

Baranov Museum 101 Marine Way, Kodiak, Tel. 907/486-5920. Im Museumsladen werden klassische russische Gegenstände angeboten, z. B. Ikonen, Samoware, bemalte Ostereier, Babuschkas und Lackarbeiten.

PRINCE WILLIAM SOUND

KUNSTHANDWERK und GESCHENKE

Spirit Mountain Artworks Mile 33 Edgerton Hwy., Chitina, Tel. 907/823-2222. Trotz der Lage am Ortsrand des abgelegenen Wrangell-St. Elias National Park ist dies eine der besten Galerien Alaskas.

BÜCHER

Orca Book & Sound Co 507 1st St., Cordova, Tel. 907/424-5305. Legendärer Buchladen mit Büchern, die nicht mehr gedruckt werden, andere Raritäten oder Ersterscheinungen. Der Laden ist zugleich eine Kunstgalerie – zum Anschauen und Kaufen.

ZENTRALALASKA

KUNSTHANDWERK UND GESCHENKE

Goose Lake Studio Mile 239 Parks Hwy. (Eingang Denali), Tel. 907/683-2904 oder 907/683-2570. Die Galerie in einer Blockhütte zeigt Bilder, Quilts und Töpferwaren einheimischer Künstler inkl. der Werke der Inhaberin Donna Gates King.

Judie Gumm Designs 3600 Main St., Ester (bei Fairbanks), Tel. 907/479-4568. Aurora-Borealis-Nadeln aus Silber und mit Perlen, Flying-Geese-Halsbänder, Lachs-Ohrringe – Julie Gumm entwirft Schmuckstücke, die eher Skulpturen gleichen.

Santa Claus House 101 St. Nicholas Dr., North Pole (bei Fairbanks), Tel. 907/488-2200. In diesem großen Haus wird nahezu alles verkauft, was mit Weihnachten zu tun hat.

Talkeetna Artisans Main St., Talkeetna, Tel. 907/733-4222. Die Galerie stellt Werke von einem Dutzend Künstler aus. Dazu gehören Töpferarbeiten, Ölgemälde, Korbwaren, Glaswaren und digitale Kunst.

ALASKAN BUSH

KUNSTHANDWERK und GESCHENKE

Arctic Trading Post Front & Bering Sts., Nome, Tel. 907/443-2686. Zwischen den T-Shirts finden sich gute Arbeiten von Künstlern aus Alaska, z.B. Elfenbeinschnitzereien und aus Gräsern geflochtene Körbe.

Chukotka-Alaska 514 Lomen St., Nome, Tel. 907/443-4128. Hier lebt die Verbindung zwischen Alaska und Russland: Zum Verkauf steht Kunsthandwerk der Beringstraße.

UNTERHALTUNG

Die Bewohner von Alaska feiern im Sommer wie im Winter viele Feste, zu denen Reisende herzlich willkommen sind. Neben jährlich wiederkehrenden Events gibt es in den Städten verschiedene Angebote in den Sparten Musik, Theater, Tanz, Comedy u.a.

SÜDOSTALASKA

Days of '98 Show Eagles Hall, 6th und Broadway, Skagway, Tel. 907/983-2545, www.scapysmith.net/page35.html. Seit mehr als 70 Jahren werden hier in einer Musikkomödie die letzten Tage des Gauners Soapy Smith erzählt. Vorher sollten Sie *The Vagabond of Verse* über den hoch im Norden lebenden Dichter Robert Service sehen. Oder versuchen Sie Ihr Glück mit *Soapy's money* am Roulette-Tisch und beim Kartenspiel.

New Archangel Dancers Harrigan Centennial Hall, Sitka Harbor, Tel. 907/747-5516, www.newarchangeldancers.com. Die hoch angesehene Gruppe aus lauter Damen führt in Downtown Sitka regelmäßig traditionelle russische Tänze auf. In farbenfrohen Kostümen präsentieren sie Kosakentänze oder die Moldavische Suite und singen altrussische Lieder.

Perseverance Theatre 914 3rd St., Douglas (bei Juneau), Tel. 907/364-2421, www.perseverancetheatre.org. Als eines der besten Regionaltheater bietet es Klassisches und Neuinszenierungen. So stand *Der Tod eines Handlungsreisenden* ebenso auf dem Spielplan wie ein Tlingit-MacBeth mit Schauspielern aus allen Volksstämmen Alaskas.

Sheet'ka Kwaan Naa Kahidi Native Dancers 200 Katlian St., Sitka, Tel. 907/747-7137 oder 888/270-8687, www.sitkatribal.com. In einem schönen Gemeindezentrum, das Tlingit in Downtown Sitka gebaut haben, werden traditionelle Aufführungen mit Darstellern in prächtiger Tlingit-Tracht gezeigt.

ANCHORAGE & MAT-SU

Alaska Dance Theatre 2602 Gambell St., Anchorage, Tel. 907/277-9591, www.alaskadancetheatre.org. Alaskas beste Dance Company und Dance School zeigt klassisches Ballet und modernen Tanz. In Zusammenarbeit mit großen Musikveranstaltern aus Alaska treten hier auch bekannte Tänzer aus anderen Teilen der Welt auf.

Anchorage Opera 1507 Spar Ave., Anchorage, Tel. 907/279-2557, www.anchorageopera.org. Alaskas einziges professionelles Opernensemble gehört zu den besten der USA. Jedes Jahr präsentiert es im Alaska Performing Arts Center drei aufwendig inszenierte, meistens klassische Opern, manchmal mit internationalen Weltklassesängern.

Anchorage Symphony Orchestra 400 D St., Anchorage, Tel. 907/274-8668, www.anchoragesymphony.org. Die mehr als 80 professionellen Musiker des Symphonieorchesters geben jedes Jahr mehrere Konzerte im Alaska Performing Arts Center, häufig begleitet von prominenten Gastmusikern. Neben speziellen Konzerten für Kinder präsentiert das Orchester eine Vielzahl anderer Aufführungen; es spielte z.B. die Begleitmusik zu Charlie Chaplins berühmten Stummfilm *Lichter der Großstadt.*

Chilkoot Charlie's 1071 W. 25th Ave., Anchorage, Tel. 907/279-1692, www.koots.com. Das wohl bekannteste Nachtlokal in Alaska hat zehn verschiedene Bars. In dem weitläufigen Blockhaus wird getanzt, gesungen und getrunken.

Fly by Night Club 3300 Spenard Rd., Anchorage, Tel. 907/279-7726, www.flybynightclub.com. In dieser Bar unter der Leitung Mr. Whitekeys treten manchmal sogar weltbekannte Bands auf. Sehr beliebt sind auch die Vorstellungen der *Whale Fat Follies*, einer satirischen Revuetruppe aus Alaska.

KENAI PENINSULA

Pier One Theater am Homer Spit, Homer, Tel. 907/235-7333, www.pieronetheatre.org. Durchweg verblüffende und überraschende Theater- und Musikaufführungen eines angesehenen Theaterhauses. Zum Programm gehört z. B. ein Stück von Edward Albee, The Beggar's Opera, ein Jazz-Harfen-Trio oder eine Musikkomödie über ein Jahrhundert Musik von Frauen.

ZENTRALALASKA

Blue Loon Mile 353,5 Parks Hwy., ca. 5 km südlich von Fairbanks, Tel. 907/457-5666, www.theblueloon.com. Das einzigartige, selbst ernannte kulturelle Epizentrum von Fairbanks bietet ausgezeichnetes Essen, Konzerte landesweit bekannter Musiker, Comedy, Tanzveranstaltungen und aktuelle Kinofilme unterschiedlicher Genres. Hier gibt es eine Campfire Area, einen Wohnmobilpark und ein Volleyballfeld. Erwähnenswert sind der Monday Night Football auf dem riesigen Bildschirm, das HipHop-Festival und die wissenschaftliche Vorlesungsreihe.

Malemute Saloon am Ester Gold Camp, Main St. Ester (Fairbanks), Tel. 907/479-2500 oder 800/676-6925. In diesem historischen Saloon aus der Zeit des Goldrausches wird eine Show rund um den Goldrausch u. a. mit Gedichten von Robert Service und vielen Liedern und Tänzen präsentiert. Etwas verrückt, aber gut inszeniert.

Palace Theatre & Saloon Pioneer Park, am Airport Way und Peger Rd., Fairbanks, Tel. 800/354-7274, www.akvisit.com. Abendvorstellung der *Golden Heart Revue*, ein fröhlicher Rückblick auf bekannte Persönlichkeiten der großen Goldrausch-Vergangenheit von Fairbanks. Die Garderobe der Schauspieler gibt einen schönen Einblick in die modische Geschmackswelt der Alaska-Bewohner mit ihrer Vorliebe für Gummistiefel.

FREIZEIT

In Alaska wartet ein riesiges Gebiet großartiger Natur darauf, entdeckt zu werden; aber auch kulturell hat das Land viel zu bieten. Deshalb ist es nicht verwunderlich, dass Hunderte, ja vielleicht sogar Tausende von Reiseveranstaltern hier ansässig sind. In diesem Kapitel können deshalb nur einige Anbieter exemplarisch genannt werden. Viele haben ein gutes, einige ein ausgezeichnetes Angebot. Aber letztendlich liegt die Entscheidung bei jedem Einzelnen, welchem Veranstalter er vertrauen will. Gute Informationsquellen sind die lokalen Chamber of Commerce, Visitor Center oder die Alaska Public Lands Information Center.

SÜDOSTALASKA

BOOTS- und SCHIFFSTOUREN

Breakaway Adventures
P.O. Box 2107, Wrangell, AK 99929, Tel. 907/874-2488 oder 888/385-2488, www.breakawayadventures.com. Die Mitarbeiter von Breakaway befahren seit 1989 in kleinen Gruppen den mächtigen Stikine River. Sie führen durch die Kanäle, zeigen Elche, Gletscher und Bären und halten an heißen Quellen entlang des Flusses. Die neuen Boote sind mit Schiebefenster ausgestattet, die einen schönen Rundblick gewährleisten und auch gegen Zugluft schützen. Außerdem Fahrten zum LeConte Glacier und zum Anan Bear Observatorium.

Esther G Sea Taxi
215 Shotgun Alley, Sitka, Tel. 907/747-6481, www.puffinsand whales.com. Capt. Davey Lubin ist ein ehemaliger Fischer, erfahrener Seemann, ein Biologe, Botaniker und ein der Erhaltung der Natur verpflichteter Lehrmeister, der vieles über den wunderschönen Sitka Sound zu berichten weiß. Kleine, individuelle Touren für maximal sechs Personen.

WANDERN und TREKKEN

Gastineau Guiding 1330 Eastaugh Way, Juneau, Tel. 907/586-8231 oder 907/586-2666, www.stepintoalaska.com. Führt sowohl Kreuzfahrtschifffahrtspassagiere als auch Individualreisende durch den Regenwald, die Tundra oder zu einem Gletscher. Auch Seekajak- und Walbeobachtungstouren sowie Fotosafaris.

KAJAKFAHREN

Alaska Discovery
5310 Glacier Hwy., Juneau, Tel. 907/780-6226 oder 800/586-1911, www.akdiscovery.com. Einfache Ausflüge mit Unterricht für Anfänger oder zehntägige Expeditionen. Vielleicht eine Kajaktour zu den Braunbären auf Admirality Island oder zu den Eisflüssen in der Glacier Bay? Rafting-, Kanu- und Wandertouren sowie Unterkünfte.

RUNDFLÜGE

Southeast Aviation 1249 Tongass Ave., Ketchikan, Tel. 907/225-2900 oder 888/359-6478, www.southeastaviation.com. Die Piloten dieser kleinen Firma fliegen fast die gesamte Region ab. Jeder blickt auf eine 25-jährige Flugerfahrung in der Inside Passage zurück. Das Unternehmen hat sich auf Flüge zum wunderschönen Misty Fjords National Monument in einem sechssitzigen Wasserflugzeug spezialisiert. Die Flugzeit über den Gletscher und die vom Regenwald umgebenen Berge kann zwischen 30 Minuten und 2,5 Stunden betragen.

EXKURSIONEN

Alaska Nature Tours
P.O. Box 491, Haines, AK 99827, Tel. 907/766-2876. http://kcd.com/aknature. Die Touren mit Bus, Van, Schiff oder zu Fuß konzentrieren sich auf die Umgebung von Haines, insbesondere das Chilkat Bald Eagle Preserve, wo sich im Herbst mehr als 3000 Adler einfinden. Einige Touren beginnen unten am Ufer, wo Wale, Seehunde und Seevögel zu sehen sind, und gehen hinauf in die Tundra mit ihren Bären, Murmeltieren und Schneeziegen.

Chilkat Guides Ltd. P.O. Box 170, Haines, AK, 99827, Tel. 888/292-7789, www.chilkatguides.com. Seit mehr als drei Jahrzehnten Anbieter von Rafting-Touren und Wanderungen durch das Arctic National Wildlife Refuge und entlang des Flusses der Tatshenshini-Alsek World Heritage Site.

ANCHORAGE UND MAT-SU

Rust's Flying Service Lake Hood P.O. Box 190867, Anchorage, AK 99519, Tel. 907/243-1595 oder 800/544-2299, www.flyrusts.com. Die Flugzeuge starten vom belebtesten Wasserflugzeughafen. Das Unternehmen zeigt schon seit Jahrzehnten das südliche Alaska aus der Vogelperspektive. Auch Bärenbeobachtungstouren und Flüge zu Jagd-, Angel- oder Rafting-Abenteuern.

MOUNTAINBIKEN

Alaska Backcountry Bike Tours LLC, P.O. Box 6754-JA, Palmer, AK 99645, Tel. 907/746-2018 oder 866/354-2453, www.mountainbikealaska.com. Ideal für Urlauber, die mit dem Fahrrad durch Alaska fahren wollen, auf Reiseleitung aber nicht verzichten möchten. Zweistündiger Familienausflug auf städtischen Fahrradwegen oder neuntägige Ausflüge in die Berge des Chugach National Forest.

KENAI PENINSULA

BOOTSFAHRTEN

Kenai Fjords Tours Seward
Tel. 907/276-6249 oder 800/478-8068, www.alaskaheritagetours.com. Bietet mehr als ein Dutzend unterschiedliche Bootsausflüge in die Resurrection Bay und dem Kenai Fjords National Park. Zu sehen sind Wale, Nistplätze von Seevögeln, Seeotter und kalbende Gletscher. Die angeschlossenen **Mariah Tours** betreiben kleine-

re Boote mit bis zu 16 Personen und bieten deshalb einen ganz anderen Einblick in den Nationalpark.

KANUFAHREN

Alaska Canoe & Campground 35292 Sterling Hwy., Sterling, Tel. 907/262-2331, www.alaskacanoetrips.com. Vermietung von Booten und Ausrüstung, Shuttles und anderen Dienstleistungen. Die Firma hat ihren Sitz beim 810 000 Hektar großen Kenai National Wildlife Refuge mit dem bekannten Canoe Lakes Trails System.

WANDERN und TREKKEN

Center for Alaskan Coastal Studies P.O. Box 2225 Homer, AK 99603, Tel. 907/235-6667, www.akcoastalstudies.org. Gemeinnütziges Unternehmen, das Besuchern Informationen über die Kachemak Bay und das umliegende Gebiet bietet. Die Tagestouren beginnen mit einer Bootsfahrt durch die Bucht, es folgt ein Aufenthalt in einem abgelegenen Forschungszentrum, eine Wanderung durch den Regenwald und das Studium der Gezeitentümpel. Auch Kajaktouren.

ALASKA PENINSULA UND DIE ALEUTIAN ISLAND

TOUREN INS HINTERLAND

Alaska Alpine Adventures General Delivery, Port Alsworth, AK 99653, Tel. 877/525-2577, www.alaskaalpineadventures.com. Spezialisierung auf die Erkundung des nahe gelegenen, aber schwer zugänglichen Parks um den Lake Clark und andere abgelegene Schutzgebiete wie Katmai, Gates of the Arctic und Alaska National Wildlife Refuge.

BÄRENBEOBACHTUNG

Hallo Bay Katmai National Park P.O. Box 2904, Homer, AK 99603, Tel. 907/235-2237, www.hallobay.com. Maximal zwölf Personen transportiert das Flugzeug 190 Kilometer weit von Homer zu diesem äußerst abgelegenen Camp am Wasser mitten im Katmai National Park. Zwischen fünf Stunden und einer Woche dauert der Aufenthalt, bei dem die Braunbären ganz aus der Nähe beobachtet werden können.

Sea Hawk Air Kodiak P.O. Box 3561, Kodiak, AK 99615, Tel. 907/486-8282 oder 800/770-4295, www.seahawkair.com. Das Unternehmen zeigt seinen Gästen im Kodiak National Wildlife Refuge oder im Katmai National Park die Kodiak-Bären, die größten ihrer Art in Alaska.

PRINCE WILLIAM SOUND UND UMGEBUNG

BOOTSFAHRTEN

Stan Stephens Glacier & Wildlife Cruises 112 N. Harbor Dr., Valdez, Tel. 866/867-1297, www.stan stephenscruises.com. Die Familie Stephens fährt mit ihren Booten seit 1971 über den Prince William Sound. Auf dem Weg zum Columbia Glacier sieht man häufig Seeotter, Papageientaucher und Seelöwen, manchmal auch Schwert- und Buckelwale.

RAFTING

Alaska River Rafting Mile 13 Copper River Hwy., Cordova, Tel. 907/424-7238 oder 800/776-1864, www.alaskarafters.com. Halb- bis zehntägige Rafting-Abenteuer im Chugach National Forest und im Wrangell-St. Elias National Park. Der halbtägige Ausflug beginnt zwischen Eisbergen am Fuße eines Gletschers und führt dann durch das tierreiche Copper River Delta.

RUNDFLÜGE

Wrangell Mountain Air No. 25, P.O. Box MXY, McCarthy, AK 99588, Tel. 907/554-4411 oder 800/478-1160, www.wrangell mountainair.com. Die Piloten decken von ihrem Stützpunkt mitten im Park einen großen Teil des Wrangell-St. Elias National Parks ab. Zu sehen sind das Bagley Icefield, die hohen Berge der Wrangell Mountains, der Stairway Icefall und viele Wildtiere.

ZENTRALALASKA

Alaska Mountaineering School P.O. Box 566, 3rd St., Talkeetna, AK 99676, Tel. 907/733-1016, Fax 907/733-1362, www.climbalaska.org. Viele Kletterkurse und Kletterexpeditionen im Denali National Park und anderswo in Alaska.

RUNDFLÜGE

Talkeetna Air Taxi P.O. Box 73, Talkeetna, AK 99676, Tel. 907/733-2218 oder 800/533-2219, www.talkeetnaair.com. Kleine, mit Skiern ausgestattete Flugzeuge fliegen über die raue Alaska Range und den 72 Kilometer langen Kahiltna Glacier am Mount Hunter (4442 m) und Mount Foraker (5300 m) vorbei zum Mount McKinley (6194 m). Manchmal landen sie auch auf einem Gletscher am Fuße des Berges.

ALASKAN BUSH

RUNDFLÜGE

Northern Alaska Tour Company P.O. Box 82991W, Fairbanks, AK 99708, Tel. 907/474-8600 oder 800/474-1986, www.northernalaska.com. Der wilde und einsame Dalton Highway macht die Arktis zugänglich. Im Van für zehn Personen oder im Bus für 25 Personen werden Tagesausflüge zum Polarkreis angeboten. Zu den Klassikern gehört der Flug in die Prudhoe Bay, mit dem Auto geht es dann zurück nach Fairbanks.

EXKURSIONEN

Sourdough Outfitters P.O. Box 26066, Bettles Field, AK 99726, Tel. 970/692-5252, www.sourdough.com. Hundeschlittenrennen auf der North Slope im Winter sowie Wandern, Angeln und Rafting in der Brooks Range im Sommer.

REGISTER

Fettgedruckte Seiten verweisen auf Abbildungen

A

B

C

L

M

ABBILDUNGSNACHWEIS

Alle Fotos von Michael Melford, mit Ausnahme der folgenden:

22-23, Bettmann/CORBIS; 24, Galen Rowell/CORBIS; 29, Norbert Rosing/NGS Image Collection; 33, Archivo Iconografico, S.A./CORBIS; 34-35, Bettmann/CORBIS; 36 and 37, The Library of Congress; 38, CORBIS; 39, Gary Braasch/CORBIS; 43, Bates Littlehales/NGS Image Collection; 45, Adam Rountree/Getty Images; 46, Stewart Allison; 68-69, Ron Niebrugge/Graham/Accent Alaska.com; 96, Ken Graham/Accent Alaska.com; 153, Galen Rowell/CORBIS; 182, Didier Lindsey/Graham/Accent Alaska.com; 214, Ray Hafen/Graham/Accent Alaska.com; 220, Wolfgang Kaehler/CORBIS; 228, Paul A. Souders/CORBIS; 229, Hugh Rose/Accent Alaska.com; 233, Galen Rowell/CORBIS; 234, Matthias Breiter/Accent Alaska.com.

In der Reihe NATIONAL GEOGRAPHIC TRAVELER sind bisher folgende Titel erschienen:

ÄGYPTEN
ALASKA
AMSTERDAM
AUSTRALIEN
BARCELONA
BERLIN
BOSTON UND UMGEBUNG
CHINA
COSTA RICA
FLORENZ UND TOSKANA
FLORIDA
FRANKREICH
GRIECHENLAND
GROSSBRITANNIEN
HAWAII
HONGKONG
INDIEN
IRLAND
ITALIEN
JAPAN
KALIFORNIEN
KANADA
KARIBIK
KUBA
LONDON
MADRID
MEXIKO
MIAMI UND DIE FLORIDA KEYS
NEAPEL UND SÜDITALIEN
NEW YORK
PARIS
PEKING
PIEMONT UND NORDWEST-ITALIEN MIT TURIN UND DEN ALPEN
PORTUGAL
PRAG UND TSCHECHIEN
PROVENCE UND CÔTE D'AZUR
ROM
SAN FRANCISCO
SHANGHAI
SIZILIEN
SPANIEN
STATE PARKS
ST. PETERSBURG
SYDNEY
TAIWAN
THAILAND
USA-NATIONALPARKS
VENEDIG
VIETNAM
WASHINGTON, D.C.

Weitere Titel in Vorbereitung

Deutsche Ausgabe veröffentlicht von G+J/RBA GmbH & Co KG, Hamburg 2006
2. aktualisierte Auflage, Hamburg 2008
Übersetzung: Dr. Dagmar Ahrens, Dr. Eva Dempewolf, Jutta König, Dr. Annegret Pago, Christiane Radünz, Linde Wiesner; Anja Wiebensohn-Jagla (Reiseinformationen)
Gesamtproducing: CLP • Carlo Lauer & Partner
Satz: Typographischer Betrieb Biering Numberger
Druck und Verarbeitung: Offizin Andersen Nexö Leipzig GmbH
Printed in Germany
ISBN 978-3-937606-60-6

Titel der amerikanischen Originalausgabe:
NATIONAL GEOGRAPHIC TRAVELER ALASKA

Veröffentlicht von der National Geographic Society, Washington, D.C. 2006. Alle Rechte vorbehalten.

Mitarbeiter an diesem Band
Caroline Hickey, *Projektleitung*
Kay Kobor Hankins, *Layout*
John C. Anderson, *Bildredaktion*
David Lauterborn und Jane Sunderland, *Redaktion*
Leah Boltz, *Dokumentation*
Lise Sajewski, *Redaktionelle Beratung*
XNR Productions, *Kartografie*
R. Gary Colbert, *Herstellungsleitung*
Mike Horenstein, *Herstellung*
Teresa Neva Tate, *Mitarbeit in der Bildredaktion*
Connie D. Binder, *Register*
Carolinda E. Averitt, Dana Chivvis, Steven D. Gardner, *Beiträge*

Rebecca Hinds, *Leitende Redakteurin*

Illustrationen: Maltings Partnership, Derby, England

Die National Geographic Society wurde 1888 gegründet, um »die geographischen Kenntnisse zu mehren und zu verbreiten«. Seither unterstützt sie die wissenschaftliche Forschung und informiert ihre mehr als neun Millionen Mitglieder in aller Welt.

Die National Geographic Society informiert durch Magazine, Bücher, Fernsehprogramme, Videos, Landkarten, Atlanten und moderne Lehrmittel. Außerdem vergibt sie Forschungsstipendien und organisiert den Wettbewerb *National Geographic Bee* sowie Workshops für Lehrer. Die Gesellschaft finanziert sich durch Mitgliedsbeiträge und den Verkauf der Lehrmittel.

Die Mitglieder erhalten regelmäßig das offizielle Journal der Gesellschaft: das NATIONAL GEOGRAPHIC-Magazin. Falls Sie mehr über die National Geographic Society, ihre Lehrprogramme und Publikationen wissen wollen: Nutzen Sie die Website unter www.nationalgeographic.com.

Die Website von NATIONAL GEOGRAPHIC DEUTSCHLAND können Sie unter www.nationalgeographic.de besuchen.